引力交易
股票波段操作技术

金 铁◎著

中国宇航出版社
·北京·

版权所有　侵权必究

图书在版编目（CIP）数据

引力交易：股票波段操作技术 / 金铁著. -- 北京：中国宇航出版社，2023.5

ISBN 978-7-5159-2228-7

Ⅰ．①引… Ⅱ．①金… Ⅲ．①股票交易 Ⅳ.①F830.91

中国国家版本馆CIP数据核字(2023)第068070号

策划编辑	卢　册	封面设计	王晓武
责任编辑	卢　册	责任校对	吴媛媛

出版发行　**中国宇航出版社**

社　址　北京市阜成路8号　　　邮　编　100830
　　　　（010）68768548
网　址　www.caphbook.com
经　销　新华书店
发行部　（010）68767386　　　（010）68371900
　　　　（010）68767382　　　（010）88100613（传真）
零售店　读者服务部
　　　　（010）68371105
承　印　北京中科印刷有限公司
版　次　2023年5月第1版　　2023年5月第1次印刷
规　格　710×1000　　　　开　本　1/16
印　张　14.25　　　　　　字　数　203千字
书　号　ISBN 978-7-5159-2228-7
定　价　49.00元

本书如有印装质量问题，可与发行部联系调换

前 言

什么是引力交易？

简单地说，就是当股价与成本之间拉开较大的距离，分析股价成本引力将要发生的作用，并据此买入或者卖出的交易行为。

交易者经常会发现一种现象：利用常规技术分析手段，某股并没有下跌的技术因素，但股价却不明所以地开始下跌；而某股经过分析不具有上涨的技术环境，股价却偏偏展开凌厉的涨势。

常规技术分析手段不能发现的秘密，其实就是因为引力（包括反向引力）的存在，这也是引力分析与交易存在的土壤。引力之所以存在，根本就在于成本。

成本是交易中无法逾越、不可替代的；成本也是流动的、灵动的，绝不是静止的。

任何股票在二级市场的交易中，持仓者的成本不可能都一样，甚至因操作方法的不同而大相径庭。同样价位的多位买入者，经过一段时间的操作，有人的成本可能远低于当初的买入价，有人的成本并没有变化，而有人的成本却高于当初的买入价。

持仓成本的这种变化，主要是由交易者的操作带来的，而能够降低持仓成本的技术操作中，引力交易下的波段操作就是一个较为理想的选择。所谓波段操作，就是在一段升势的相对低点买入，升势基本结束时选择卖出，只做上涨波段的交易行为。

什么是引力交易与波段操作？本书从分析均线、缺口、趋势、成交量这四个技术要点与引力之间密不可分的关联展开讲解，通过四种不同的技术切入点，立体化地确认引力的存在和作用，并由此发现适合波段操作的时点，让交易者更为精准地把控买卖点。当然，引力交易理论的探索还在路上，必然还存在不足，需要不断地完善和改进，希望能够得到各方朋友的不吝指正，感谢！

另，近期发现有不法分子盗用我的名字和作品，以QQ股票群或企业微信等不同方式行骗。我在发现骗子存在的第一时间已经报警。为避免类似事件再次发生，特此郑重声明：**本人没有任何形式的股票群，也不做股票咨询，从不违法荐股**。请读者朋友保护好资金安全，避免上当受骗。

金铁

目 录 CONTENTS

第一章 引力是波段交易的关键

第一节 什么是引力交易和波段操作 /1

第二节 引力交易与研判模式 /4

 一、均线与引力 /4

 二、趋势与引力 /13

 三、缺口与引力 /16

 四、成交量与引力 /17

第三节 波段操作的优越性 /20

第二章 均线引力和波段操作技术

第一节 均线系统形态分析 /23

 一、均线基础 /23

 二、均线交叉 /23

 三、封闭空间 /25

 四、黏合 /27

 五、发散 /29

第二节　顺逆关系——均线看盘的核心技术 /31
　　一、顺水行舟形态 /31
　　二、逆水行舟形态 /33
　　三、顺逆关系的转化 /35

第三节　均线与股价的七种实战形态 /37
　　一、七种实战形态分析 /37
　　二、形态的循环 /51

第四节　均线厚度空间与引力交易 /57

第五节　牵引形态下的波段操作 /62

第六节　回家与吻别形态下的波段操作 /65

第三章　趋势引力和波段操作方法

第一节　趋势及趋势线绘制 /69
　　一、趋势简述 /69
　　二、趋势线绘制 /71

第二节　真假突破——下跌趋势的引力 /73

第三节　真假破位——上涨趋势的引力 /75

第四节　箱体引力的波段实战操作 /77
　　一、箱体折返振荡的引力构成 /77
　　二、箱体振荡的波段买卖时机 /79

第五节　旗形振荡与确认趋势强度 /82
　　一、上升旗形和交易时机 /83
　　二、下降旗形和交易时机 /86

第六节　过度下跌的反向引力——尖底波段操作 /88

第七节　确认升势形成——双底波段操作 /92

第八节　过度上涨的反向引力——尖顶波段操作 /96

第九节　确认跌势形成——双顶波段操作 /101

　　一、左峰放量 /103

　　二、右峰放量 /104

　　三、双峰放量 /105

第四章　缺口引力和波段操作方法

第一节　股价缺口的性质和类别 /107

　　一、普通缺口 /107

　　二、突破缺口 /108

　　三、持续缺口 /110

　　四、衰竭缺口 /110

第二节　缺口都会回补吗 /111

　　一、缺口为什么具有引力 /111

　　二、未被回补的缺口 /113

　　三、摆脱缺口引力 /114

第三节　缺口引力与交易时机 /117

　　一、回补缺口的卖出时机 /117

　　二、向上跳空缺口的低吸机会 /119

　　三、向下跳空缺口的低吸机会 /120

第四节　次新股缺口引力与交易策略 /123

　　一、上市次日向下跳空缺口 /123

　　二、连续下跳缺口 /126

　　三、超跌次新股的两怕 /129

第五章　引力与成交量实战分析

第一节　成交量基础 /132

　　一、基本图示 /132

　　二、成交金额 /134

　　三、总量、现量、外盘、内盘 /134

　　四、量比 /135

第二节　四种重要的成交量分析形态 /135

　　一、常量形态 /136

　　二、变量形态 /137

　　三、聚量形态 /140

　　四、量能消散形态 /142

第三节　股价暴涨阶段——量不减，引力不显 /146

第四节　大涨过后出现量能消散——反向引力正在生效 /148

第五节　跌势阶段出现变量上涨——反向引力难以持久 /151

第六节　跌势阶段出现聚量上涨——真假尽在盘口 /152

第七节　大跌过后再现变量下跌——杀跌不可取 /154

第八节　挖坑——波段操作的量能分析 /157

　　一、如何识别挖坑 /158

二、填坑与突破 /161

第九节 引力与密集成交区的实战分析 /167

一、密集成交的相对性 /168

二、密集成交的支撑与测试 /170

三、密集成交的压制与突破 /173

四、涨势中的密集成交 /175

五、跌势中的密集成交 /177

六、向上突破密集成交区 /180

七、密集成交区破位 /182

八、历史密集成交区的时效性和心理关口 /184

第六章 引力与波段操作的技术要点

第一节 引力让你发现股价波段高点和低点 /188

一、大波段与小波段 /188

二、急速上涨个股的波段高点 /189

三、急速下跌个股的波段低点 /193

第二节 冲高止盈——盘中回购 /194

第三节 急跌补仓——回升减仓 /197

第四节 关注 10 点 30 分到 11 点的杀跌低点 /200

第五节 持续降低波段持仓成本 /202

第六节 超跌与超涨 /204

一、超跌和超卖 /205

二、超涨和超买 /209

第七节 股价涨跌与仓位资金变化 /212

一、涨势初期的个股 /212

二、涨势中期的个股 /213

三、涨势后期的个股 /213

四、股价反转阶段 /213

五、跌势中期的个股 /214

六、跌势后期的个股 /214

第八节 加仓、补仓、做 T/214

第一章

引力是波段交易的关键

第一节 什么是引力交易和波段操作

提到引力这个词，我们首先会想到牛顿的万有引力定律，即物体之间彼此吸引的力，这个力与物体的质量乘积成正比，与物体间距离的平方成反比。爱因斯坦认为，引力的本质其实是时空的弯曲。

之所以借用物理学上引力这个词，是因为在股票分析上，用引力这个词能够准确地表达和分析一些技术现象。物理学上的引力是如何产生的，至今仍存在争论。但作为本书所述及的"引力"这个名词，在技术分析体系中产生的根源就是成本。

成本是交易中无法逾越、不可替代的。任何交易都缺少不了成本的存在，即使是一桩违法的交易，行为人也必须承担可能遭受法律制裁或道德谴责的后果，这也是成本存在的另一种方式。

飞翔在空中的风筝，无论飞得有多高，线总是牵在某个人的手里。如果把风筝比作价格，那么线和放风筝的人就是成本，高飞的风筝，总是要回到地面上来的。

可能有人会认为这个比喻不太恰当，因为有些股票的价格已经远离"地面"很多年，再也未回到"地面"上，那么这种股票的价格与成本之间，引力已经消失了吗？

如图 1-1 所示，这是贵州茅台自 2001 年上市至 2022 年间的走势，20余年间股价整体处于上涨的趋势中，确实从不曾回到最初的低点。那么，在该股股价运行过程中，引力并不存在吗？

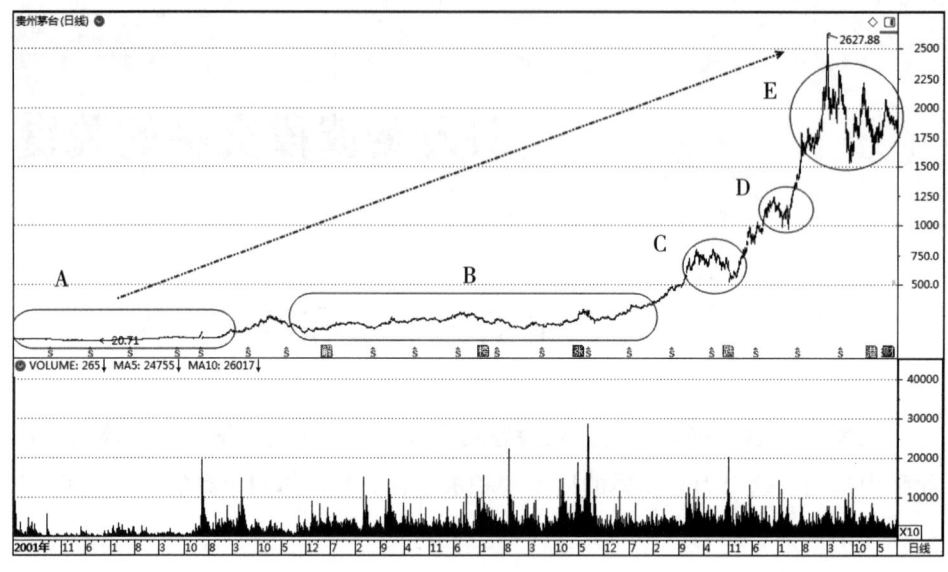

图 1-1

很多时候，我们迫切地想知道事件的结果，而不是过程。但是，作为技术分析者，其实过程才是最珍贵的。

图 1-1 中所标示的 A、B、C、D、E 诸段，都是股价发生不同等级调整的地方，这些股价发生回落调整的地方，会告诉交易者股价的引力究竟是不是存在。

比如，在 A 区域，股价整体处于相对横向振荡的时间长达 5 年多，在 B 区域更是长达 8 年多。图 1-1 中，A、B 两段股价的振荡显得比较平缓，但如果显示这两点的局部 K 线图，就会发现其间的振荡绝不是那么好应对的。如图 1-2 所示，就是图 1-1 中 A 段末段局部 K 线走势，股价的振荡幅度并不小。

仅仅是在 A 区域，股价一直维持 5 年多振荡盘升的走势，能够一直持仓不动的人必然非常少。一部分资金介入参与其中，便意味着有人退出，如此周而复始，长此以往，A 段便会成为大多数介入资金的成本区。

第一章 引力是波段交易的关键

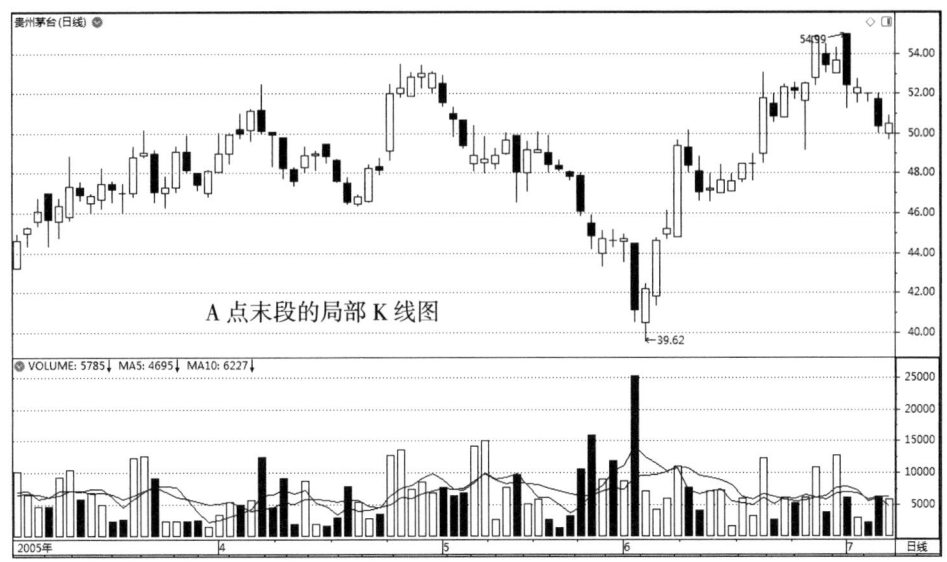

图 1-2

经过一段拉升之后，进入到 B 区域。又是一个漫长的相对横向振荡走势，这里运行了 8 年的时间。与 A 段相同的故事必然一再发生，B 段也顺理成章地成为资金新的成本区。

讲到这里，交易者应该已经明白股价为什么回不到 2001 年的低点了。在股价长期缓慢盘升的过程中，成本区一直在上升。在股价不断振荡调整的过程中，引力不断被消耗和压缩。

图 1-1 中 C 段之后，股价进入到快速拉升阶段，之后的 D 段股价调整回落幅度并不大，随后来到了 E 段，引力开始发生明显的作用，股价的回落调整级别也随之开始增加。

引力从不曾消失，只是未被股价拉开足够的显示空间。这是引力交易的关键。

引力交易，就是当股价与成本之间拉开较大距离，分析引力发生的作用，并据此买入或者卖出的交易行为。由此也引申出波段操作的概念，所谓的波段操作，就是在一段升势的低点买入，升势基本结束时选择卖出，只做上涨波段的交易行为。波段操作是有别于短线交易和长线交易的一种操作方式。

在实盘分析研判过程中，主要通过四个技术点来确认引力的存在，并由此发现适合波段交易的时点，包括均线、缺口、趋势、成交量。这四个技术点都与引力之间存在密不可分的关联。

第二节　引力交易与研判模式

一、均线与引力

均线，又称移动平均线，是指对最近某个时间段内的收盘价进行平均，将这些值以线段的形式相连接，即构成了均线。均线的基本原理是：随着市场成本的变化，价格也将体现这种变化，而成本的变化可能会导致价格运行趋势的延续或逆转。均线的沉浮俯仰代表着一段时间内市场平均持仓成本的消长盈虚。

均线本身具有成本属性，所以在研判引力的过程中能够发挥极其重要的作用。后文会详细讲解均线与引力的研判技术，本节主要讲解均线与引力应用的核心法则，这个法则就是大名鼎鼎的葛兰威尔均线八法。

均线源自道氏理论，创立者是美国人葛兰威尔（Joseph E. Granville）。在学习均线理论的过程中，葛兰威尔的均线八法是一个必须精读的部分。在这八条法则中，前四条是关于买入的法则，后四条是关于卖出的法则。

法则一： 均线从下降逐渐走平且略向上方抬头，而股价从均线下方向上方突破，为买进信号。见图1-3中标示1。

解析： 法则一所提示的买点，其实就是顺势而为。当均线和股价从跌势中转为走平、上行，做多的技术环境初步具备。但是，在实战中，当短期均线从下降逐渐走平且略向上方抬头，而股价从均线下方向上方突破时，有时可能仅是一个适合短线或量化交易者的买点信号。

如图1-4所示，股价突破短期均线后的上升空间非常狭小，而且最佳的做多时点一闪而逝，对于波段交易者来说，这种情况并不是合适的交易时机。

第一章 引力是波段交易的关键

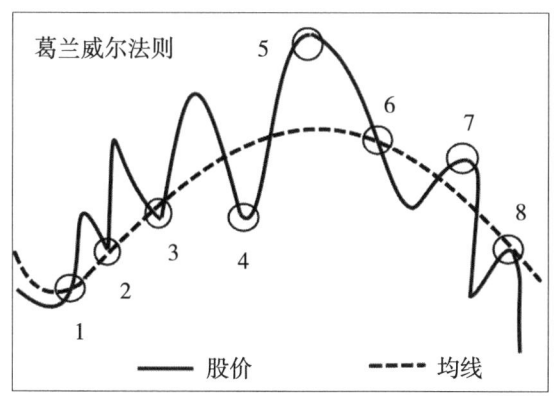

图 1-3

在均线系统中,短期均线的主要功用是提示股价的即时强度,却不能显示出可能存在的上涨幅度,同时短期均线与股价在大多数时候最为接近,引力作用大多不明显。所以这种情况下出现的交易机会,仅适合短线或量化交易者。

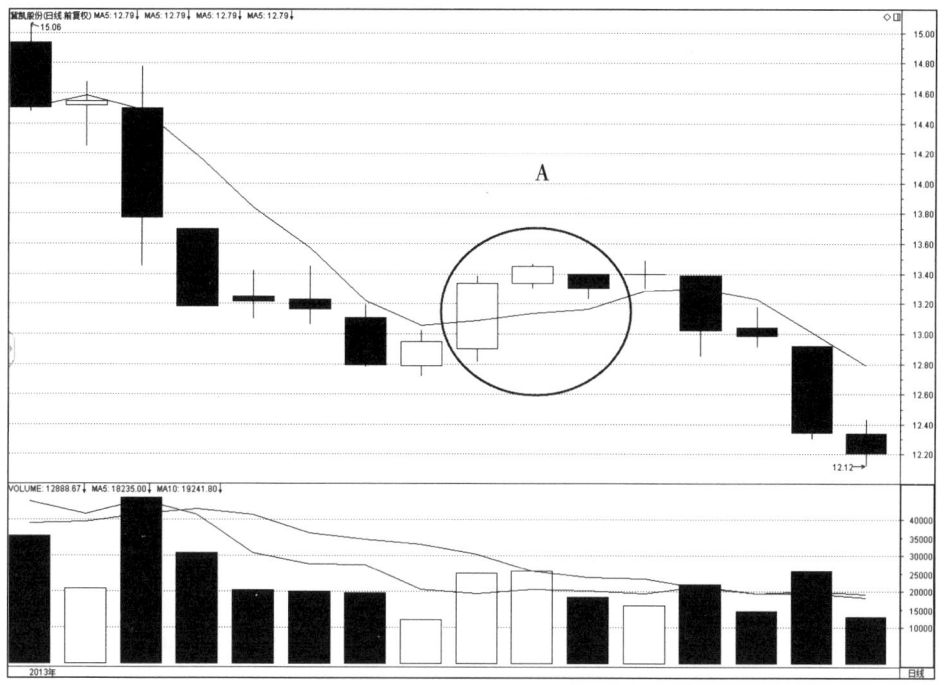

图 1-4

能够相应地提示出后市可能存在的幅度，并适合波段交易者操作的机会，至少应该是一条中短期均线，比如10日均线或20日均线等。不同的均线类型，出现同样的技术形态，市场意义会有较大的差别。

如图1-5中的20日均线，从下行到走平再到上升，A点股价向上突破的技术含义，就不是短期均线可与之相比的。后市只要20日均线继续保持上行，而股价运行重心也基本保持同向运行时，就不必过多担心趋向有太大的变化。

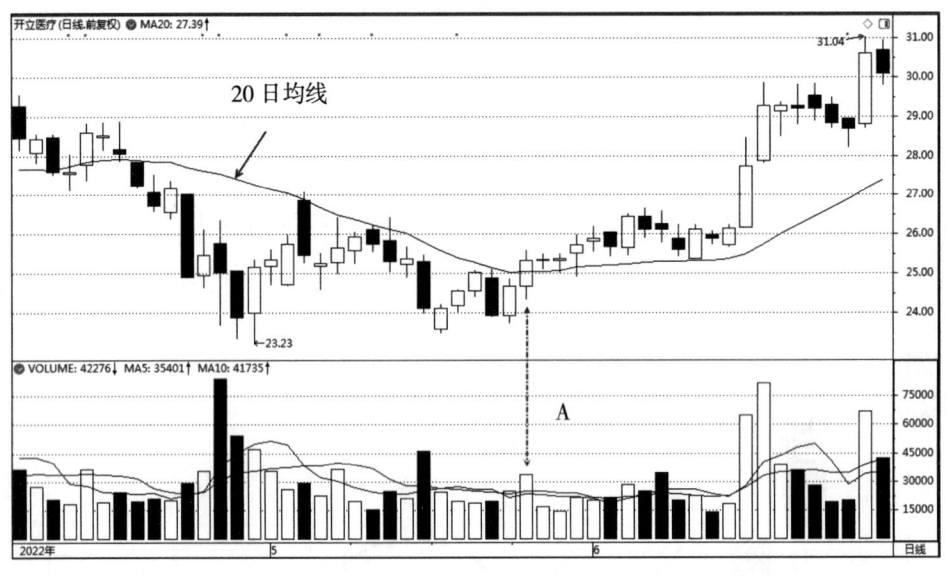

图 1-5

法则二：股价位于均线之上运行，回调时未跌破均线又再度上升时为买进时机。见图1-3中标示2。

解析：经过一段上涨后，股价与均线之间引力渐增，回落是必然的现象。而均线在股价回落时能够提供必要的支撑，至少证明当前趋向并未改变。涨升过程中，股价的波动是必然的，也是正常的，保持一字线涨停板上升的毕竟属于少数。

股价在波动中未跌破均线又再度上升，既是一种良性回落调整的表现，也展示出股价本身具有的做多强度。同时，即使短时间跌破均线也并不意味着必须看空，下面的法则三将要讲到这点。

未破均线便再度上升的技术意义，在于不断地消化股价与成本之间存在的引力，能够使涨势更为稳定和持久，做多倾向非常明显，其意味着每当股价出现下跌时，便会有资金进场吸纳，甚至等不及股价出现更低的低价。在这种情况下，股价往往会较快地进入到滑行和起飞阶段。

如图1-6所示，A段股价触及均线后便回升，至B段时多日的回落却连均线也未触及就开始回升，这说明股价可能已经进入到滑行阶段，至C段时股价回落低点距离上行中的均线空间明显，再度上升也说明股价已经进入起飞阶段。

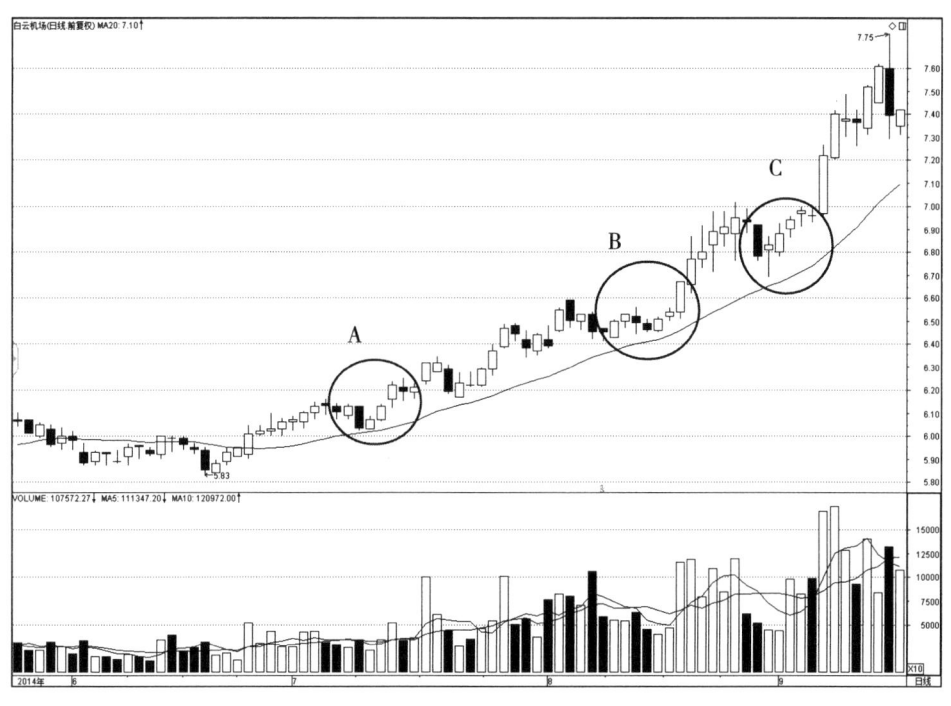

图1-6

法则三：股价位于均线之上运行，回调时跌破均线，但均线继续呈上升趋势，此时为买进时机。见图1-3中标示3。

解析：如果说法则二是一种强势回调，那么法则三是故意制造恐慌的回调类型。股价上涨与成本拉开一段距离后，又跌回到成本之下，意味着亏损盘出现。制造恐慌的有效手段之一，就是让持仓者悲观失望，这种类型的回调故意打破均线，意在引发出技术派的惊慌抛盘。

一条上行态势的均线，股价回落不破便再度上涨，一方面体现的是股价的强势，另一方面是均线稳定的支撑作用。

那么，被破掉的均线还有支撑吗？

我们分析均线，重点考察的并不在于形态上的破与不破，而是在于均线能否存在支撑或压制的转化关系。

当股价向下跌破均线时，并不必然说明均线支撑已经不存在，如图1-7中A段所示，股价破掉均线，但很快又重新回到均线之上，均线并没有对股价形成压制，也就说明支撑依然存在。

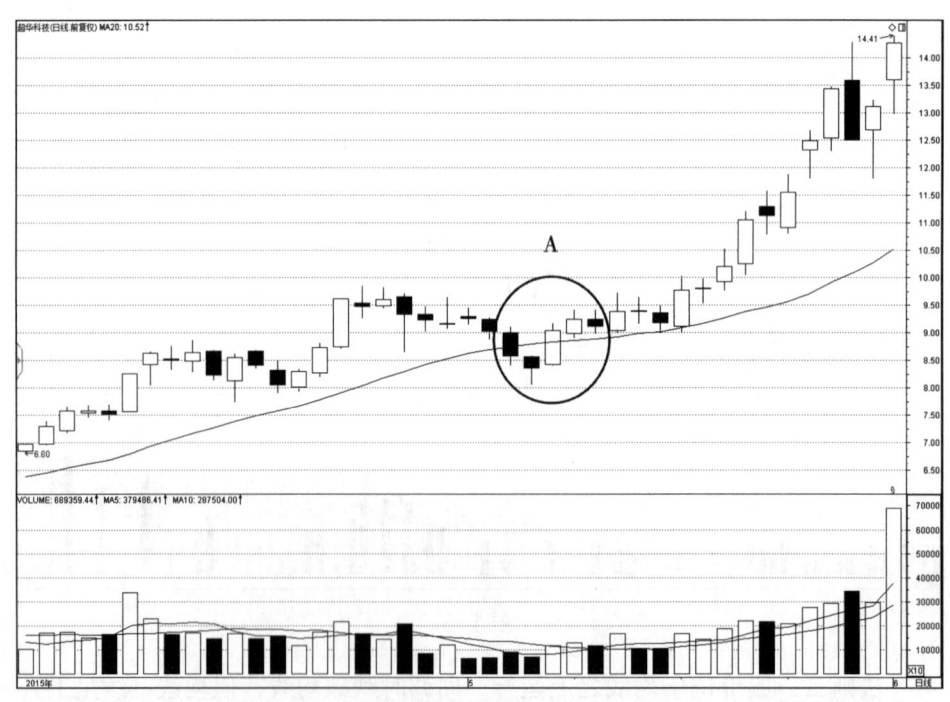

图 1-7

一条上行态势的均线所具有的支撑作用，远大于横向或下行态势的均线，而股价打破上行态势的均线并很快予以收复的动作，显示出多方的优势，这种形态下的买点应是较为明确的。

法则四：股价从均线上方突然暴跌，短时间内远离均线，极有可能向均线靠近，此时为买进时机。见图 1-3 中标示 4。

解析：本条法则的重点在于股价与均线之间引力的转换。股价涨升与均线形成引力，突然性的暴跌不但跌破均线（成本），还继续大幅度向下，上涨形成的引力迅速转换成为下跌形成的引力。

股价短时间发生暴跌，远离平均成本线，愿意继续抛售的持仓者已经大幅减少，而股价的迅速走低也会吸引抄底资金的关注，一波反弹往往就会由此萌发。

如图 1-8 中 A 点所示，股价突然快速下跌，由涨升形成的引力迅速转换为下跌形成的引力，随后股价逐步反弹并重回上涨趋势。

案例中这种突然性的引力转换，多数会带来股价上涨，但并不一定都会如图 1-8 中那样股价重回上涨趋势。有些个股可能只是出现一波反弹，然后就进入到下跌趋势中。还需要注意的是，在股价涨升的高位多次出现这种急跌，股价反弹却不能再创新高，就要谨防顶部高点的出现。

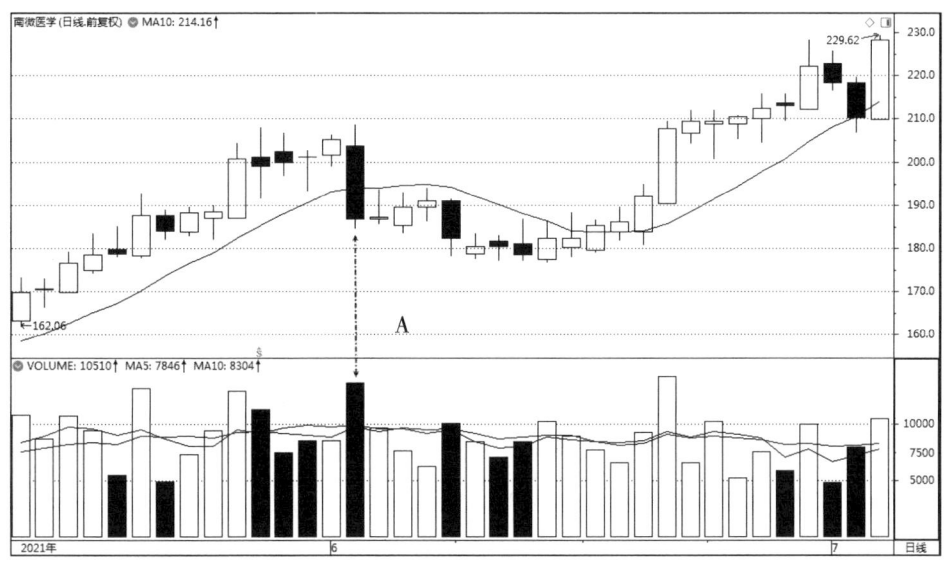

图 1-8

图 1-9 是图 1-8 个股的后期走势，图中 A 点再一次出现突然性暴跌，与图 1-8 中很相似，只是幅度要更大。之后股价出现反弹，但是 B 点反弹的高点已经难以达到 A 点的价位，也就意味着股价可能已经见到顶部高点，交易者应及时离场。

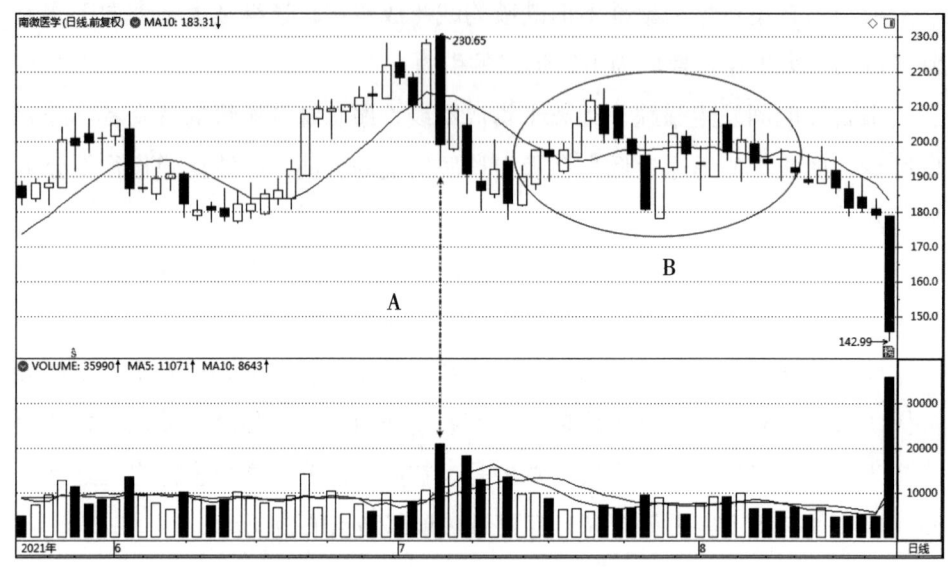

图 1-9

法则五：股价位于均线之上运行，连续数日大涨，离均线越来越远，说明近期持仓者获利丰厚，随时都可能发生盈利盘集中兑现的卖压，是卖出信号。见图 1-3 中标示 5。

解析：任何事物在单一方向上的极端表现都有可能引起逆转，股价也是如此。成本与股价之间，短时间内拉开较大距离，引力发生作用的可能性极大。

如图 1-10 所示，股价短期快速上涨，远离平均成本线。随着引力发生作用，股价逐步转入下跌。股价向上大幅跳离均线，持仓者短期盈利必然迅速增加，则极有可能诱发盈利兑现的欲望，进而导致股价出现回落。

法则六：均线从上升逐渐走平，而股价从均线上方向下跌破均线时，说明卖压渐重，为卖出信号。见图 1-3 中标示 6。

第一章　引力是波段交易的关键

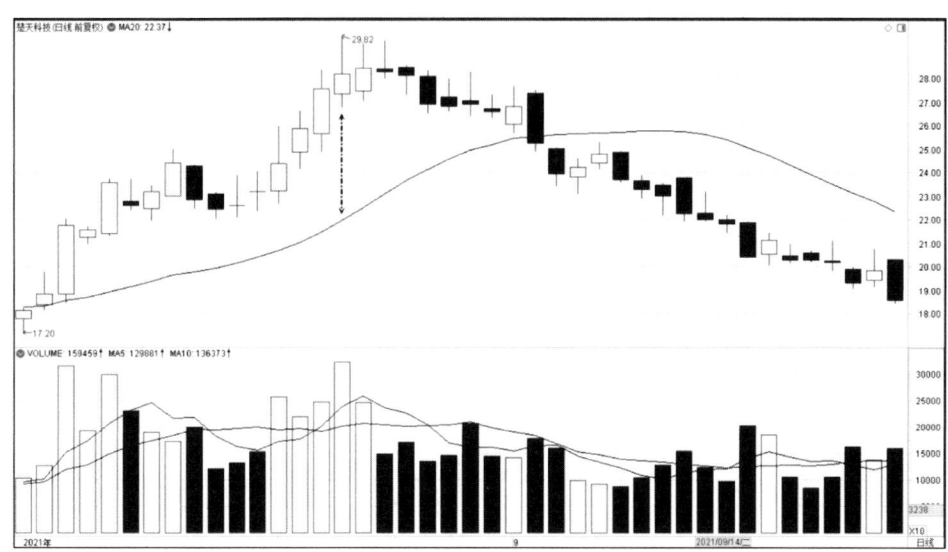

图 1-10

解析：当平均成本横向运行时，显示的是市场资金逐渐谨慎的态度，股价一旦下跌并跌破成本线，可能就此引发资金转向做空。股价此时由上方跌破均线加强了向下的趋向力度。当这条被突破的均线此后显示出较强的对股价的压制力度时，卖出或者做空就是较佳选择。

如图 1-11 所示，在均线上行态势阶段，股价回落跌破均线后仍能收复并再创新高，但是至 B 段时，均线已经明显处于横向运行的态势，股价向下跌落均线后，就难以再行收复。

在这个案例中，学习过量能催化和反向催化理论的读者，应该能够在股价再创新高时卖出，变量的反向催化非常明确，当日的卖出信号也非常明显。结合引力交易原则，当日无疑也是引力最大的时刻。

法则七：均线和股价在下行趋势中，股价反弹并涨升至均线上方，而均线却继续下行，是做空信号。见图 1-3 中标示 7。

解析：在一个明确的下跌趋势运行过程中，股价产生的反弹有多个级别，既有道氏理论中所提及的较强的次级反弹，也有运行时间较短的短期反弹。次级反弹属于可适度参与的阶段性做多级别，而短期反弹则仅适于短线交易者参与，对于大多数交易者来说，是抛空仓位或者借机做空的时机。

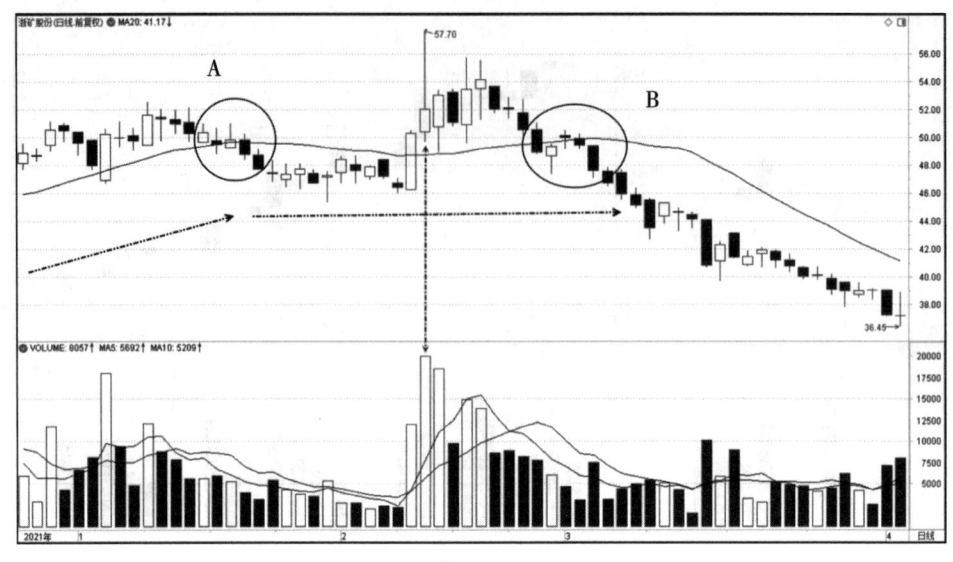

图 1-11

如图 1-12 所示，股价与均线同向下行，至 A 段股价反弹，但均线仍旧维持在下行态势中，这种情况也就昭示出股价的反弹难以持久。实战中，这种技术环境下的反弹，多是因为下跌一段时间后，引力累积到一定程度后，股价有回归的需求。

下跌趋势中，股价的大多数反弹都会在一些曾发生密集成交的成本线上下止步。技术上，当股价接近成本附近时，部分受到下跌趋势困扰难以脱身的持仓者，会抓住这一难得的机会减仓，使得股价受压而停止上涨。

股价反弹受阻，会使原本持仓观望升势发展的人放弃观望，加入减仓的队伍中来。由此，股价受到的压制会越来越严重，而下行中的均线不可能提供必要的支撑，于是反弹终结。

法则八：股价位于均线下方运行，反弹时未能突破均线，当股价再度出现下跌，此时为卖出时机。见图 1-3 中标示 8。

解析：这是一个典型的弱势反弹形态，也是股价短期波动遭遇趋势压制时的常规现象。实战中均线就是关口，股价不能强势突破这个关口，就说明目前多方仍旧处于散兵游勇的状态，远未到汇聚、集结、凝聚攻击力的时刻。

第一章 引力是波段交易的关键

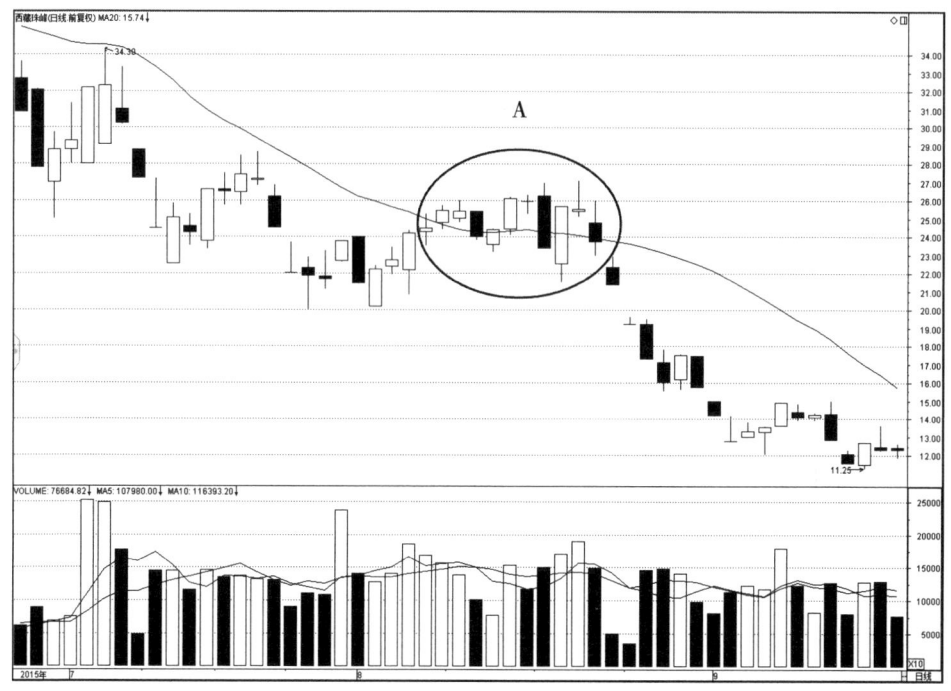

图 1-12

如图 1-13 所示，股价均线同向下行，下行一段时间后，随着引力的累积，股价以弱势反弹的形式来修复，触及上方的均线后便再次颓然败退。

这种形式的反弹，对于大多数交易者来说没有参与价值，因为很难把握住一瞬即逝的最佳买点，而错过最佳买点后如果追高强买，不是缺少获利空间，就是买入即套。

对于持仓者来说，这种反弹发生时就是借机减仓的时机，有时不必等到股价再度下跌，通过成交量形态和量能催化就可以提前判断出来。对于这种类型的反弹，不可存有过多幻想。

二、趋势与引力

道氏理论将纷乱繁杂的市场运行趋势进行了有序的规整分类，并首创主要趋势，也就是市场的长期走势；次级折返走势，就是市场的中期走势；除此以外的则定义为短期走势。这种趋势分类，对于交易者辨别行情的性质和

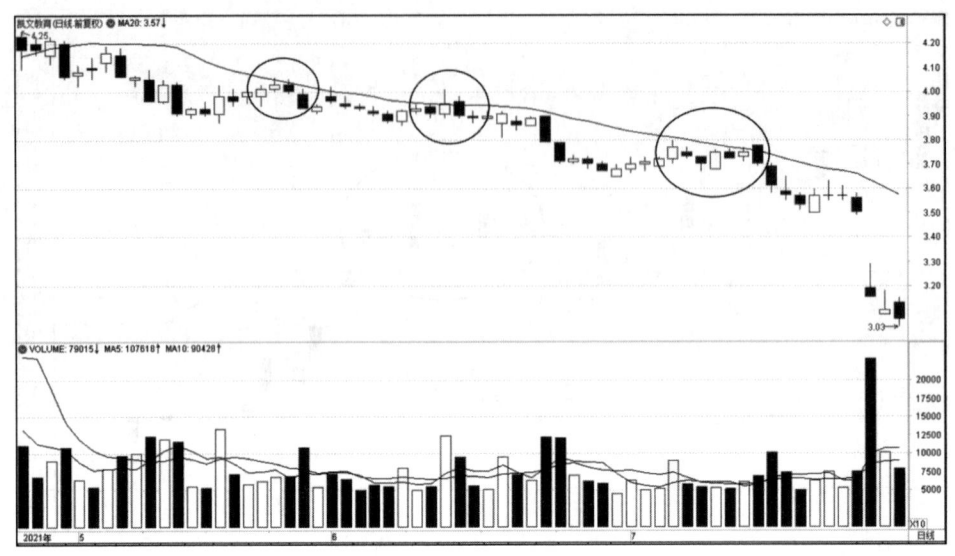

图 1-13

采取不同的交易策略有着非同寻常的重要意义。

比如，下跌趋势中，股价大多数时候是处于整体向下的运行方向，但中途往往会有数次级折返走势，也就是强劲的反弹走势。这种反弹走势结束后，股价仍旧会回归到下跌趋势中来。至于短期反弹走势，在下跌趋势中更是频繁出现。交易者可根据趋势级别分析，针对股价不同级别的波动，做出相应的交易策略。

无论股价如何波动，终究还是要回归到趋势中来。这就是趋势与引力分析的核心要义，也是交易者分析股价，寻找适宜交易点的重要理论基础。

如图 1-14 所示，该股处于下跌趋势中，A 处股价发生反弹，但是随着反弹的结束，股价仍旧回归到原有的下跌趋势中。

次级折返走势、短期反弹走势波动结束后，回归下跌趋势的形式较为多样，案例中是较为简单明了的一种形式。

股价经过反弹后，回归到原有的下跌趋势，可能会对原趋势的下跌角度、速率产生影响。图 1-14 中，股价经过 A 段反弹后转入下跌，下跌的角度与速率明显与 A 段之前大有不同。这种改变可综合技术环境分析进行研判，发生在长期下跌趋势后期，又有资金潜伏进场的个股，后市可能引发趋势的反转。

第一章 引力是波段交易的关键

图 1-14

股价在上涨趋势运行过程中出现的回落调整也是一样，多数还是会回归到涨势中来。如图 1-15 所示，该股处于上涨趋势中，A 处股价出现回落，但很快就回归到原来的上涨趋势中。

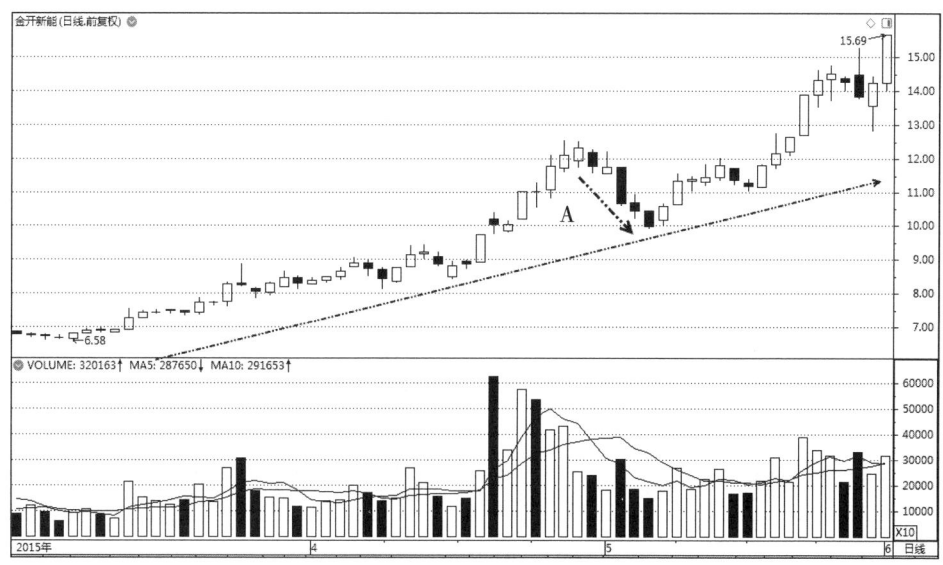

图 1-15

大趋势就像一列风驰电掣的火车或者狂暴的洪流，即使想让它停下来，也需要一个过程，而这个过程足够让交易者判断出趋势的改变。除此之外，股价在趋势运行轨迹上出现的级别不等的回落调整，都会被引力所束缚，继而回归到趋势中来。趋势引力的具体内容，后文会有详细讲解。

三、缺口与引力

跳空缺口是指相邻两根 K 线之间出现没有交易的空白空间。

跳空缺口是一种强烈的趋向信号。向上跳空缺口，表示价格具有强烈的上涨趋向；向下跳空缺口，表示价格具有强烈的下跌趋向。跳空缺口所引发的趋向，在部分个股中会转化为趋势，而多数仅是短期的趋向选择。

当个股从底部或横盘区域开始向上突破时，有时会出现向上跳空缺口。部分极端强势的个股会以超 45 度角急升，迅速摆脱缺口的引力，短期内引力似乎失去应有的作用。如图 1-16 中 A 处所示，股价迅速上涨，留下多个向上跳空缺口。但是股价很快就冲高回落，在 B 处以同样迅速的下跌完美诠释了引力的存在。

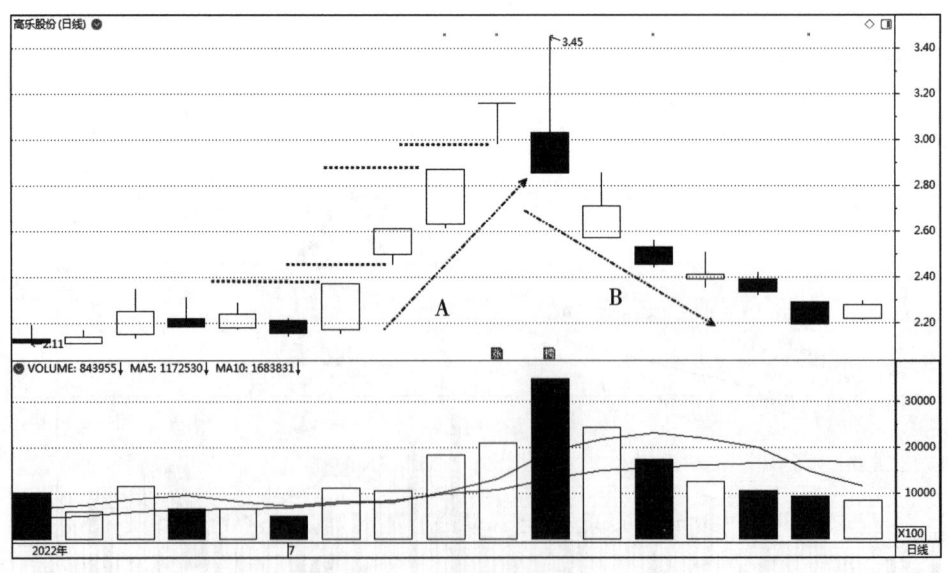

图 1-16

第一章　引力是波段交易的关键

实战中，大部分个股在出现缺口后都有一个试图摆脱引力的较量过程，而这个过程也许能给交易者提供一些交易机会。

如图 1-17 所示，A 处出现向下跳空缺口，B 处股价横向振荡，明显无力回补缺口，这里就是股价摆脱缺口引力的过程，说明短时间内股价抵抗住了缺口引力，很难向上回补缺口，继续下跌的可能性极大。

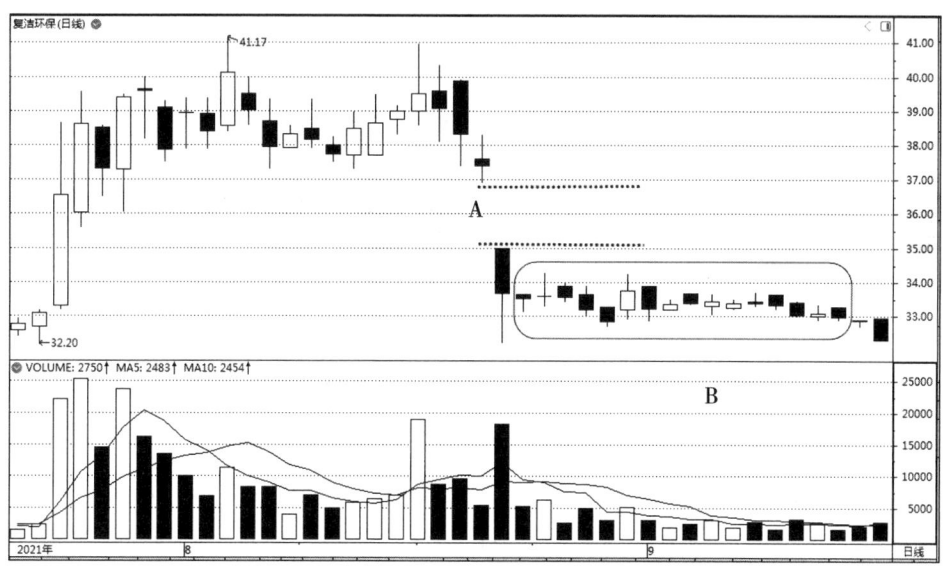

图 1-17

如图 1-18 所示，A 处出现向上跳空缺口，B 处股价出现横向振荡，同样显示出无力回补缺口的迹象，这里就是股价摆脱缺口引力的过程，说明股价抵抗住了缺口引力，短时间内不会回补缺口，继续上涨的可能性较大。

跳空缺口的引力至少在 A 股市场是明显存在的，也因此能够提供较多的买入或卖出机会。关于缺口的引力交易，后文有详细讲解。

四、成交量与引力

成交量是指交易市场的多空（买卖）双方，在某个单位时间内对某项交易成交的数量。

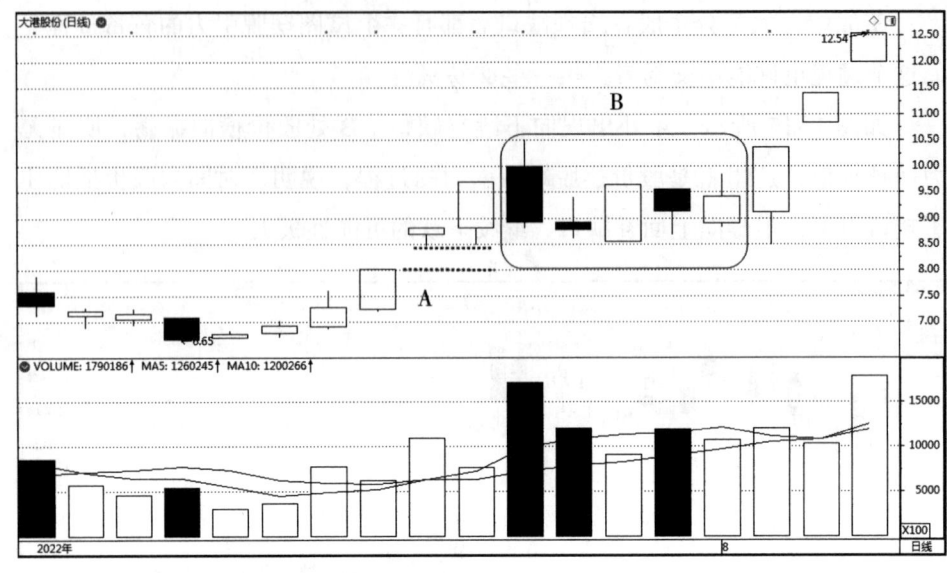

图 1-18

　　成交量分析是技术分析中不可或缺的组成部分，漠视个股成交的实际情况，而仅仅专注于其他技术分析形式，则很容易脱离实战，坠入为技术分析而做技术分析的死链中，最终得到的结论很难对实战产生有益的帮助。

　　成交量与引力的关系，主要体现在均线、趋势、缺口、量能催化等技术形态的辅助判断上。如图1-19所示，A处股价一字线涨停，成交量非常小，从供求关系上来说，愿意卖出者少，愿意高价买入者多，所以股价涨停。这种情况下，股价必然会继续上涨。

　　至B点，成交量迅速激增（变量），股价却未能封住涨停板，说明这一时刻卖出者多于买入者；而后回收的长下影线，则说明部分买入资金的回归。但是股价并未能继续涨停，对比之前的强势上涨，此时的多方已明显露出疲态。

　　量价配合的变化，昭示出引力的存在，而引力多以量能催化与反向催化的形式显示出来。

　　催化量是指趋势或趋向运行中，量能的突变（突然增大或减小）往往预示着股价可能面临重大变化，这种引发或催化股价发生改变的量能，即为催化量。同向催化股价上涨或下跌,即为量能催化形态,而引发股价发生方向转折的,则为反向催化形态。

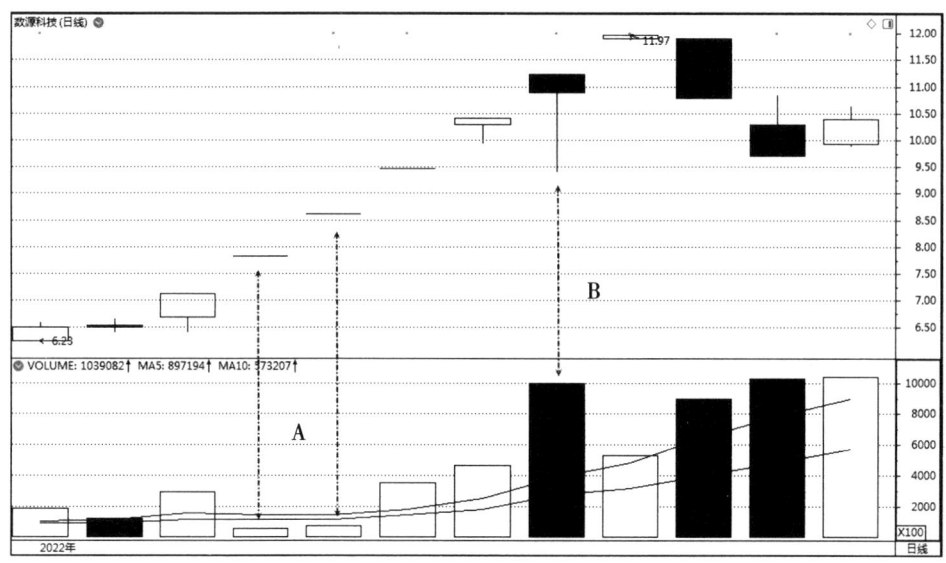

图 1-19

图 1-19 中 B 处出现成交量激增的情况,并未能使股价继续涨停,反而不如之前成交量较小时股价能够保持强势涨停,这就是量能反向催化形态。虽然 B 点之后的交易日股价依然上涨,但是距离股价转折已经近在咫尺。

实战中,成交量与引力是一种辅助判断关系,需要结合其他技术形态进行判断。例如图 1-19 案例中,连续出现向上跳空缺口,至 B 点股价放量调整,是一种试图摆脱引力的形态,实盘时能不能成功摆脱下方缺口的引力,交易者并不知道。但结合量能催化形态进行分析,当反向催化形态出现时,至少能让交易者明白,股价已经到了高危时刻。

可能有人会说,如果在 B 点卖出持仓的筹码,那岂不是错过了之后一个交易日的大涨?一个成熟的技术派交易者,不会一味追求最高点卖出,只会在需要卖出时果断出手。

第三节　波段操作的优越性

前文讲过，波段操作就是在一段升势的低点买入，升势基本结束时选择卖出，只做上涨波段的交易行为。波段操作与短线操作有相互吻合的地方，但二者也存在不同。

短线操作一般不参与股价的调整，这是短线交易的特性决定的。因为买点高，卖点出现时不及时卖出，可能就要被套。快进快出、低吸高抛，是短线交易的特点。而波段操作对于股价升势过程中的正常回落调整并不回避，只要判断升势并没有结束，股价出现回落有时反而会成为加仓的时机。

如图 1-20 所示，该股在升势中突破 60 日均线后，于 A 段和 B 段出现回落，尤其是在 A 段回落幅度较大，但股价并没有有效跌破 60 日均线，技术上可视为对 60 日均线突破后的回抽确认过程。对于这种性质的回落，波段交易者可以借机加仓。

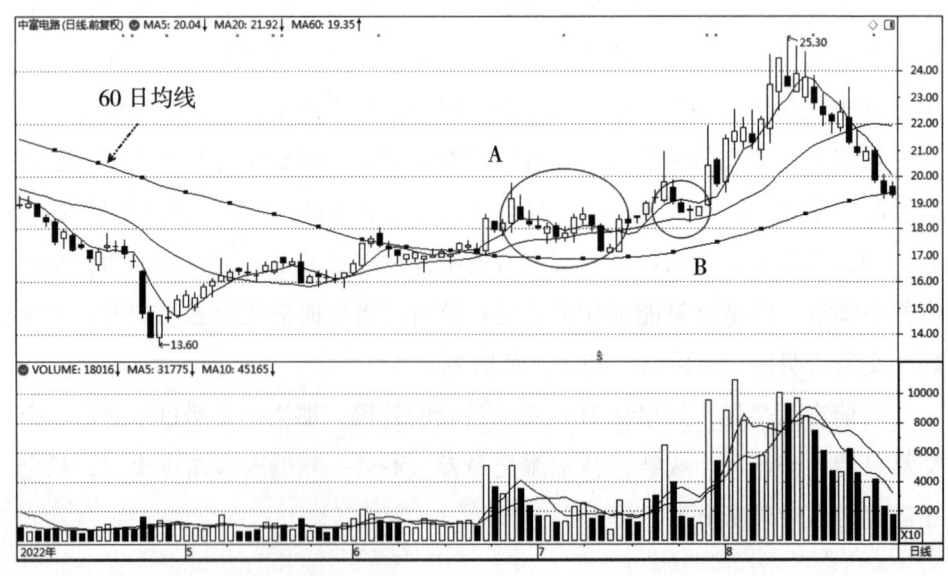

图 1-20

第一章 引力是波段交易的关键

在这个案例中，如果是短线操作，必须在 A 段和 B 段的高点上寻机卖出，不参与接下来的股价调整，不然收益就会大幅缩水或被套。这个操作还是具有一定难度的，需要交易者具备迅速判断和反应的能力，稍一犹豫，可能就会错过交易时机。

可以说，大部分交易者并不适合短线交易，但是大部分交易者却偏偏迷恋于短线交易。越是新手，越是对短线交易无比青睐；越是亏损者，越是对短线交易欲罢不能。

在股票市场上，能够存在 10 年以上且能够保持盈利的交易者，不会是一个纯粹的短线交易者。曾经煊赫一时的所谓短线高手，往往都会随着时间的推移消失在茫茫股海中，再也无人知其所踪。

成熟的操作系统中，短线交易、波段交易甚至长线交易，是相互贯通的，并不彼此割裂。举个例子，图 1-21 中，A 点的变量形成量能反向催化形态，就是一个短线卖点。如果交易者仅仅是短线操作，那么卖出后很多人会选择其他个股进行短线交易，不会再关注该股。

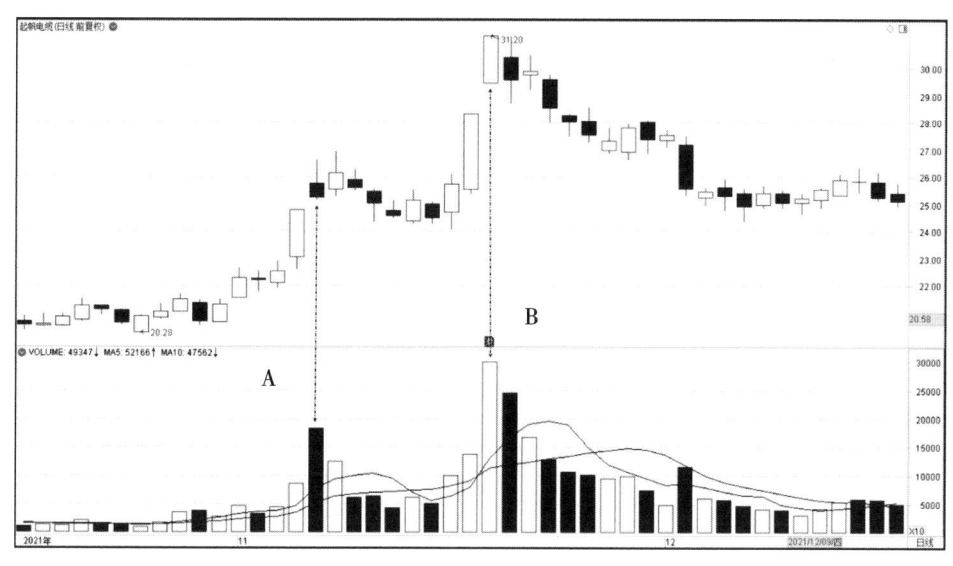

图 1-21

如果是波段交易者，A 点无疑也是短线卖点，但在卖出仓位上会有所控制，不会选择清仓的方式。卖出后，当股价回落中显示出支撑时，会将卖出的仓位再补回来。有仓位和成本作为后盾，波段交易者的买入往往比较从容，不必在价位上作过多计较。

可能有人会说，短线交易者也可以这么做啊。

但在实盘中，短线交易者在A点清仓后想要再买回来，多会陷入交易心理上的误区。有人期待股价再多跌些、跌猛些，结果错过买入时机；还有人会在A点次日股价冲高过程中追涨买入。寻找正确的短线买点，在这个案例中难度较高。

波段交易的优点就在于可以反复利用股价的折返振荡来降低持仓成本，正常情况下，波段交易者应该能将持仓成本降低到第一次买入价之下。当上涨波段的高点出现时，无论是短线交易者还是波段交易者，都到了必须卖出的时候。

如图中的B点，成交量在大涨后出现变量形态，虽然股价处于涨停板，但根据换手率实战规则和技术环境分析，B点换手超过30%，大概率会成为股价转折的重要高点。

波段交易不急不缓，不求短线交易的暴利，也就避免陷入追涨杀跌的困境。而与长线交易相比较，动辄3～5年的持仓耐心，相信很少有人能做到。尤其是疫情以来的市场行情，以大幅折返振荡为特点，长期持仓在多数个股上都要来回"坐电梯"，眼看着到手的盈利又化为一场纸上富贵，不知有几人能平淡对待。

波段交易只做一波涨势，以短线操作降低成本，避免到手的短线盈利全部付之东流，升势结束，清仓离场。若是看好个股的长期走势，也不妨留下较轻仓位，于跌势中博短线，等待跌势调整结束时再卷土重来。

第二章

均线引力和波段操作技术

第一节　均线系统形态分析

一、均线基础

均线又称移动平均线，是指对最近某个时间段内的收盘价进行平均，将这些值以线段的形式相连接，即构成了均线。

移动平均线的基本原理是，随着市场成本的变化，价格也将体现这种变化，而成本的变化可能会导致价格运行趋势的延续或逆转。均线的沉浮俯仰代表着一段时间内市场平均持仓成本的消长盈虚。

在价格不停息的变化之中，均线如同流动的水，也从来都不曾静止过。不同时间周期的均线分别代表着不同的介入成本，这些均线在或急或缓的运行中，总会在某一刻撞击着持仓者的赢与亏、兴奋与沮丧。当某条均线在某一时间段负载着多数人的平均成本时，这条均线的技术意义就非同寻常：价格跌破这条均线意味着大多数人都亏损，价格涨过这条均线意味着大多数人都赚钱。

二、均线交叉

两条或多条不同周期的均线，会随着价格的波动出现各自不同的运行轨迹，而近期成本（短期均线）总是比远期成本（中长期均线）能更迅速地对即时价格变化做出反应,这就是均线发生交叉的理论依据。

在价格相对稳定地保持着上涨或下跌趋向时,均线之间会以不同的速率、角度同向而行,彼此之间不会有交叉发生,如图 2-1 中 A 段和 B 段所示。

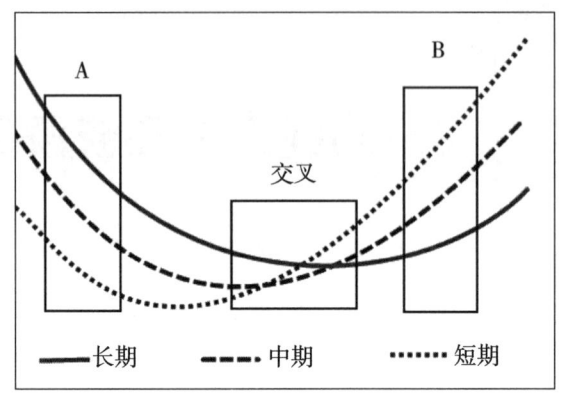

图 2-1

当股价发生振荡盘整,趋向不能稳定地保持向上或向下时,说明成本的引力正在发生作用,而不同周期的均线代表着不同时期的买入成本,股价振荡在多条均线之间,会让部分持仓者发生动摇,也会促使部分资金进场,均线之间随之就会出现频繁发生交叉的状况。

均线交叉最基本的技术含义,就是价格的不稳定性,至少说明价格趋向不明确或在原有趋向上多空发生较大的分歧。部分主力有时也会故意制造均线交叉,意在诱多或诱空,而按图索骥派的技术分析者往往就会上当。

越是短期的均线交叉越是容易被控制,所以在应对均线交叉分析上,绝不能按照交叉可能带来的后果进行顺延判断,因为主力就希望你这样想、这样做。把交叉放到大的技术环境里来分析才是一个正确的思路。

当然,聪明的交易者都知道一句话:均线乱如茅草时,休息就是短线交易者的最佳选择。

1. 普通交叉

价格处于振荡盘整的格局中,趋向并不明确时,均线交叉属于普通交叉或者基本交叉。

大多数的普通交叉并不具有重要的分析作用，只是提示我们行情处于振荡之中。但是如果一个基本交叉发生后，价格与均线形成跳线—回抽—托线契合循环形态，就有必要高度关注均线接下来的发展，因为极有可能这个基本交叉会演变成为攻击性交叉。

2. 向上攻击性交叉

均线向上的攻击性交叉，也称为均线金叉，通常是指具有资金攻击迹象的、可能引发趋向向上转折的均线交叉。

攻击性交叉中，被交叉的远期均线应保持走平或上行的态势；如果这一条件未能满足，那么在成交量上必须具有聚量攻击的量能特征。资金攻击迹象主要根据成交量来辨别。

3. 向下攻击性交叉

均线向下的攻击性交叉，也称为均线死叉，通常是指可能引发趋向向下转折的均线交叉。向下的攻击性交叉在成交量形态上，多数呈量能消散的态势。

均线向上或向下攻击性交叉，都具有封闭厚度空间的形式，多数是因为股价短期内过快运行、乖离过大所致。

三、封闭空间

封闭空间是指因多条均线之间交叉而形成封闭的空间。封闭空间有两种形式，一种是对价格具有支撑作用的封闭空间，一种是对价格形成压制作用的封闭空间。

1. 支撑性封闭空间

支撑性封闭空间由三条周期不等的均线构成，是指短期均线从低位回升先与中期均线发生向上交叉，两条均线拉开厚度空间后，先后与长期均线交叉，三条均线之间形成了一个封闭的三角形。这个封闭的三角形即为支撑性封闭空间。如图2-2所示。

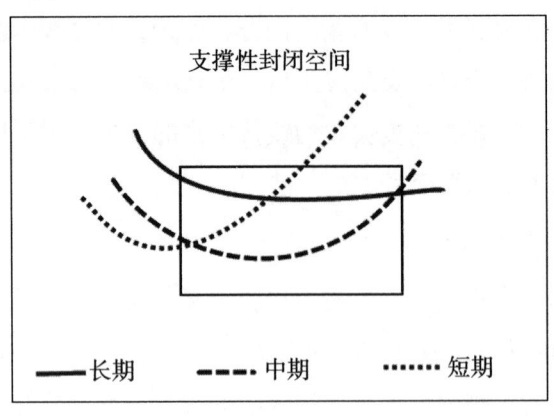

图 2-2

支撑性封闭空间通常出现在价格转折的关口，既能起到对短期均线上行强度的测试，也能对价格上涨的持续性进行验证。价格发生转折后，是否能够形成支撑性封闭空间，也是验证股价上涨真实性的方式之一。

支撑性封闭空间比一个简单的交叉形态所发出的提示作用要强烈，它的出现说明股价暂时隔绝了下方成本的引力，多方已经具备向上攻击的动能，而均线系统对股价的支撑体系也已初步成形。

支撑性封闭空间的出现，并不一定都预示着股价必然一路大幅上涨。在底部构筑阶段，即使存在封闭空间，股价仍旧会反复振荡。支撑性封闭空间只能证明对于股价支撑的存在，并不必然催化股价产生大涨，而股价是否能够由此出现持续性上涨，仍旧需要分析技术环境因素。

2. 压制性封闭空间

压制性封闭空间同样由三条周期不等的均线构成，短期均线从高位回落，先与中期均线发生向下交叉，两条均线拉开厚度空间后，又先后与长期均线交叉，三条均线之间形成了一个封闭的三角形。这个封闭的三角形即为压制性封闭空间。如图 2-3 所示。

压制性封闭空间和支撑性封闭空间的技术原理是相通的。

两条短期均线向下交叉拉开的厚度空间，对于价格具有压制作用，而压制性封闭空间则将这种压制进一步强化。压制性封闭空间的出现，说明股价

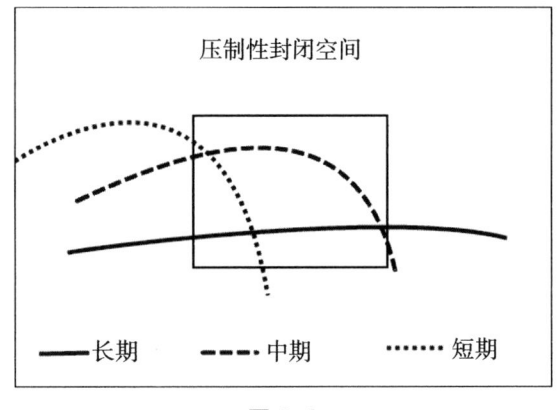

图 2-3

暂时隔绝了上方成本的引力，空方已经具备向下攻击的动能，而均线系统对价格的压制体系也已初步成形。

压制性封闭空间也多出现在价格转折的关口，价格发生转折后，是否能够形成压制性封闭空间，也是验证股价下跌真实性的方式之一。

压制性封闭空间出现后，并不一定都预示着股价必然大幅下跌。股价有时会出现反复振荡以测试压制的存在。股价是否由此出现持续性下跌，仍旧需要观察均线间的厚度空间和下行角度。

压制性封闭空间出现后，如果长期均线仍处于稳定的上行状态，同时短期均线拉开的厚度以及运行角度偏向于横向波动，当价格突破长周期均线侵入压制性封闭空间内部时，那么这个封闭空间可能仅仅是主力刻意营造的诱空骗局。

四、黏合

股价在运行过程中不可能一直上涨或下跌，必然会出现波动和振荡。随着振荡过程的不断延长，不同时间周期的均线就会渐渐接近，并汇聚到相近的价位上或形成盘绕形态，即为均线的黏合。

市场上各个时期的交易者（或资金）虽然介入成本并不一致，但在股价振荡波动的过程中，大部分交易者（或资金）并不会都选择长期持仓，相反，会跟随价格的波动不断地买入或者卖出，从而提高或降低成本。当价格长时间处于横向振荡波动中,则市场的平均成本就会越来越趋于一致。这就是均线黏合的技术原理。

不同时间周期的平均成本都汇聚在某一个价位附近,从技术上来讲,成本的引力会随着时间延长逐渐被消耗殆尽,股价有"离家出走"的强烈欲望,这里所产生的支撑或压制作用都会非常强大。多均线黏合的出现,意味着市场行情已经走到了必须做出方向性抉择的关口。

均线黏合形态也和时间周期有重要的关联性。仅仅是短期均线间的黏合,只对研判价格短中期趋向变化有作用,而中长期均线加入到黏合中,对于判断趋势变化才会具有相对重要的作用。

均线黏合形态是一种统称,包括两种形式。

其一是聚拢,是指多个时间周期的均线在某一价位附近汇聚,之后重新选择方向。

其二是黏合,指多个时间周期的均线相互缠绕,运行于一个高点和低点相对平行的箱体内,之后选择突破方向。如图2-4所示。

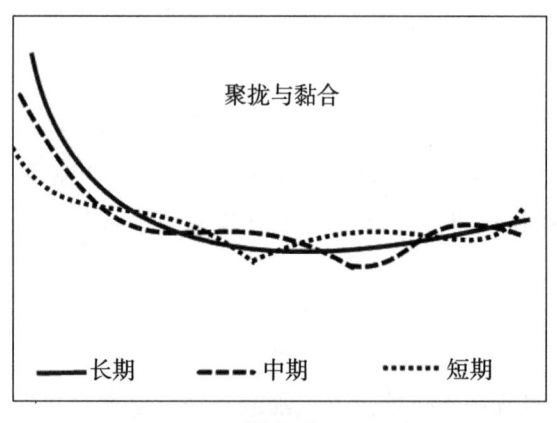

图2-4

无论是均线黏合形态的哪一种形式,聚拢也好,黏合也罢,都只是可能引发价格扭转的外在形态。具备了这个外在形态,并不必然发生逆向扭转,或扭转未必就一定成功,还需要对价格相关形态、运行重心以及技术环境进行进一步的综合分析,才能最终得出一个相对准确的判断结论。

1. 聚拢

均线聚拢有时仅是黏合形态的一个前奏和过程。多条均线聚拢后可能进入黏合状态，但有时聚拢后会直接选择突破方向。也就是说，黏合需要聚拢，但聚拢并不一定必然会进入黏合状态。

从技术分析的角度来说，聚拢形态相比黏合形态在稳定性上稍有欠缺，尤其是短期均线之间的聚拢更是频繁出现，所以，有中长期均线加入的聚拢形态，在技术分析上的参考作用更为重要。

2. 黏合

均线聚拢后通常有三种选择。

第一种是选择逆向的扭转突破；

第二种是回归原趋势运行。

还有一种是在聚拢后相互缠绕，运行于一个高点和低点相对平行的箱体内，之后再选择突破方向，这种就是均线黏合。

可能引发价格扭转的均线黏合具有几个特点。

（1）经过长时间、大幅度的下跌或上涨过程。

（2）有中长期均线加入。

（3）黏合过程不少于 6 个月。

在均线黏合过程中，越多的中长期均线加入到黏合中，黏合维持的时间越长，则之后选择逆向突破的可能性越大。在均线黏合的维持阶段，价格依然会振荡波动，甚至有些波段的振荡幅度能够达到次级反弹或回调的水平。均线黏合维持阶段价格的大幅振荡，对于调整中长期均线逐渐扭转其运行方向、形成依次排列，能够起到极其重要的作用，也为逆向扭转打下较为坚实的基础。

五、发散

均线黏合形态结束后，存在一个方向性的选择，而这个方向性选择就会带来均线的另一种形态——均线发散。

从成本引力的角度来说，多条不同时间周期的均线，彼此间隔一定距离并同向而行（上涨或下跌），股价很难打破这种多层空间，多数情况下会在短期均线附近就止住脚步，之后便转回到趋势或趋向的引力上去。

均线发散的出现，意味着多条均线之间必然具有多层空间，这就是均线间的厚度空间。这是对于价格的多层保护，也是价格处于强力启动阶段的一种外在表现。

均线发散形态有两种形式，包括向上发散和向下发散。

1. 向上发散、多头排列

均线向上发散，是指均线黏合形态结束后选择向上突破，多个不同周期的均线向上拉开彼此之间的厚度空间。

多个不同周期的均线，依照短期在上、长期在下的时间周期顺序依次排列，即为多头排列。均线系统由向上发散到多头排列，意味着股价已经脱离下方成本引力并在多层空间支撑和多方的强力助推下，已经发起了向上的攻击。如图2-5所示。

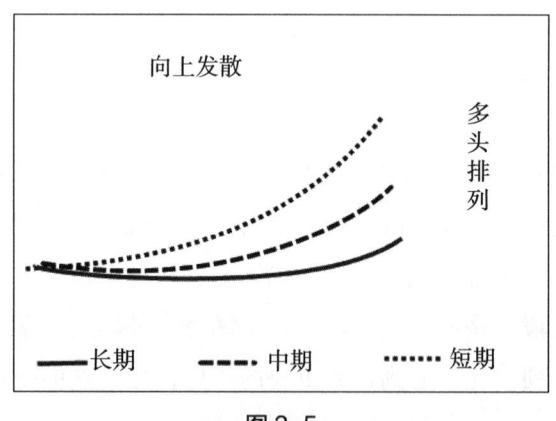

图2-5

均线向上发散和多头排列对于价格的支撑作用是极其强劲的，尤其是刚刚走出黏合形态时，往往具有极强的爆发力。

实战中持仓个股出现这种形态时，交易者应采取坚决持仓的策略，不为股价日间的强烈波动所扰乱，直至均线发散或多头排列形态出现改变，再根据盘间和技术环境的变化，决定下一步要采取的策略。

2.向下发散、空头排列

均线向下发散，是指均线黏合形态结束后选择向下突破，多个不同周期的均线向下拉开彼此之间的厚度空间。

多个不同周期的均线，依照短期在下、长期在上的时间周期顺序依次排列，即为空头排列。均线系统由向下发散到空头排列，意味着股价摆脱成本引力并在均线多层压制和空方的强力助推下，已经发起了向下的攻击。如图2-6所示。

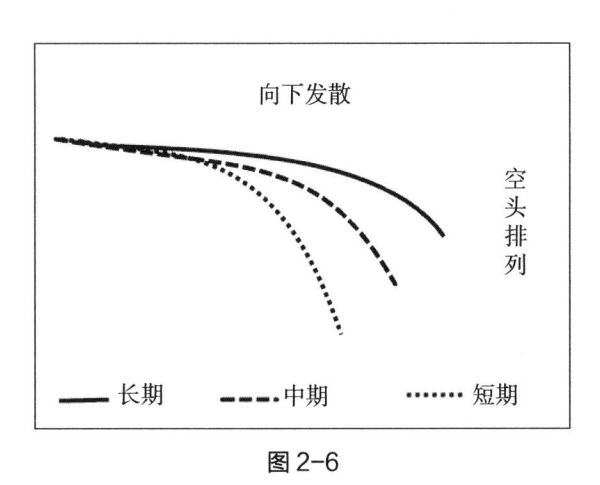

图2-6

第二节　顺逆关系——均线看盘的核心技术

均线如同奔流的江水，股价就像在水中行进的小舟。水能载舟，亦能覆舟，更有逆水行舟和顺水行舟之别。

一、顺水行舟形态

当均线运行的方向与K线（股价）运行方向保持一致的时候，就称之为"顺水行舟"。

"顺水行舟"分为两种技术形态。

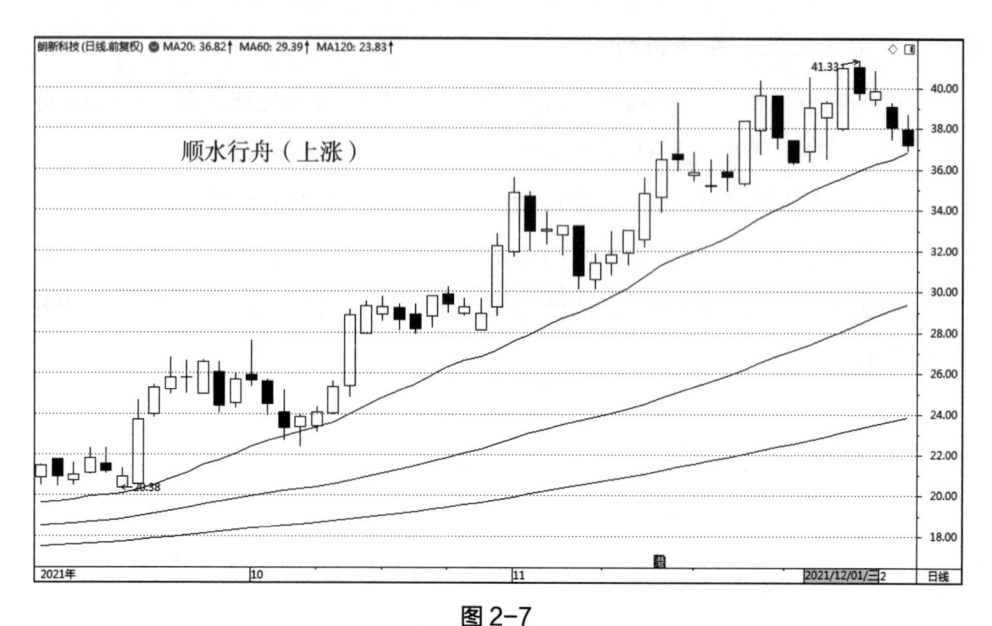

其一是 K 线和均线同步保持整体上涨的态势。如图 2-7 所示。

图 2-7

其二是 K 线和均线同步保持整体下跌的态势。如图 2-8 所示。

图 2-8

在"顺水行舟"形态中,均线多头排列时,股价上涨往往很火爆;均线空头排列时,股价下跌则很凶悍。正如船在顺风顺水的条件下行驶时阻力最小,可以达到"轻舟已过万重山"的境地。

二、逆水行舟形态

当均线运行方向与K线(股价)运行方向相反时,就称之为"逆水行舟"。"逆水行舟"也有两种技术形态。

其一是均线向上运行而K线向下运行,这种形态或是出现在上涨过程中的回落调整阶段,或是出现在行情见顶回落的开始阶段。如图2-9所示。

其二是均线向下运行而K线向上运行,这种形态一般出现在下跌途中的反弹阶段,或者出现在行情见底回升的开始阶段。如图2-10所示。

"逆水行舟"意味着股价运行需要耗费远远大于趋势常态运行的能量,当这种超常能量不能持续补给的话,也就到了短期行情停止前行甚至回归趋势的时刻。通常情况下,"逆水行舟"形态持续的时间都较为短暂,这也是上涨趋势中的回落调整和下跌趋势中的反弹行情都不会持续较长时间的技术性因素之所在。

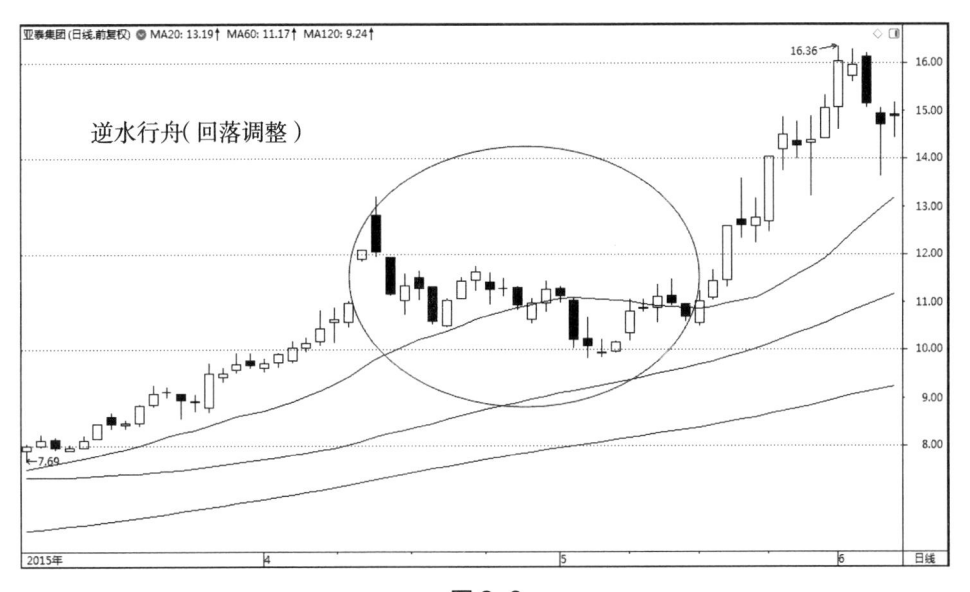

图2-9

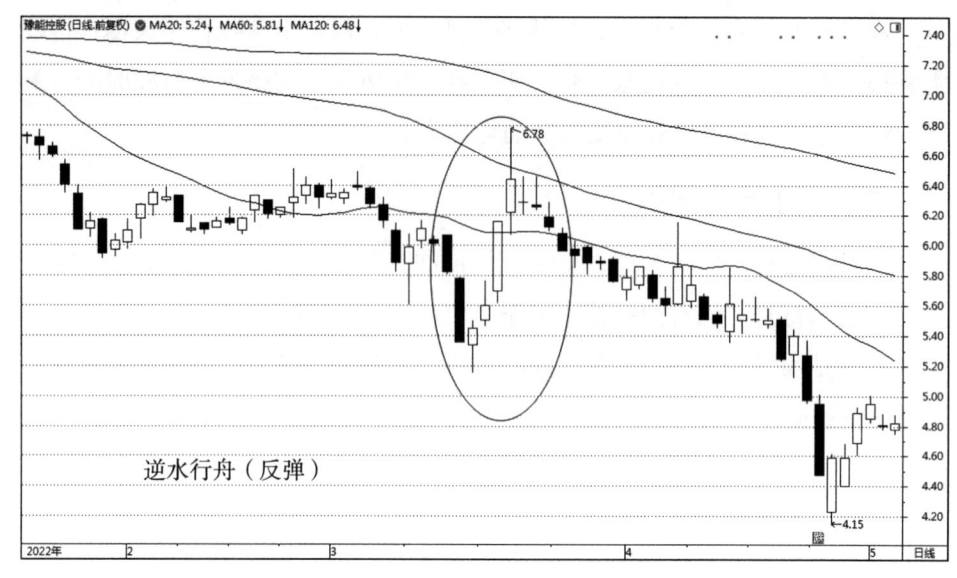

图 2-10

如果 K 线与中长期均线方向保持一致，那么"顺水行舟"形态就是一轮持续时间较长、幅度较大、形态较为复杂的行情，一般称之为牛市或者熊市。如果 K 线与中长期均线相逆反，而与短期均线系统运行方向一致，即为回落调整或反弹行情。

确认 K 线与长期均线系统的趋势，关乎交易者采取何种交易策略。K 线与长期均线系统的趋势，也是交易者鉴别自己的交易行为是顺势而为还是逆势而为的一个标尺。同时，K 线所代表的股价与均线之间的引力关系、与趋势之间的引力关系相互交织，关注二者引力上的共振现象，也是交易者把握买卖点的重要技术点。

通常来说，符合趋势的顺势而为，应当成为交易者的主要交易方向和重仓位配置，而参与逆水行舟形态下的趋向行情，则是与趋势相逆，而与趋向顺势，只能是短期交易方向和轻仓配置。

在上升趋势的市场中，当然应以做多为主要策略和行为方案，同时在参与回落（逆水行舟之回落调整）行情时，应该控制好做空的尺度和界限。在下跌趋势的市场中，当然以做空或观望为主，主要参与趋向反弹行情，回避短期弱势反弹。

三、顺逆关系的转化

无论是"顺水行舟"还是"逆水行舟",总是随着行情发展而变化,不可能永远恒定。热火朝天的牛市终会有终结日,而肃杀清冷的熊市也必将有结束的一天。

"逆水行舟"形态可能会在运行途中结束,继续回归到原有趋势;也可能会在运行中得到强化延长或发生趋势转化。"逆水行舟"的转化,是指由原来的趋向行情转化为趋势行情。

"逆水行舟"形态代表着趋向性行情,多数时候当其运行至一些重要的均线关口,往往也就是趋向性行情结束的时候,随后就会回归到原来的大趋势运行中。

当"逆水行舟"形态连续攻克一些重要的均线关口时,意味着其处于形态的加强延长状态中,或者这个"逆水行舟"形态可能正担负着趋势转化的重要使命。

如图2-11所示,该股经过长期大幅下跌后,于A处出现与中长期均线相逆的"逆水行舟"形态。通常来说,这个形态下的反弹行情,多数会在遭遇到60日均线重要关口时,就会结束反弹并重回跌势。

但是随着行情的发展,交易者会发现这个"逆水行舟"形态开始出现强化,不但突破了重要的均线关口60日均线,略加盘整后,还继续向上突破120日均线。此时就应当重新审视这个"逆水行舟"形态的性质是不是正在发生转化,而不仅仅是单纯的趋向强化。是不是转化,形态自身就会告诉我们。

股价在120日均线上经过一段时间的振荡盘整后,继续向上突破250日均线。实战中,很多交易者遇到这种情况可能担心会不会错过一轮升势,有的还会选择追高买入。

但均线理论中的脱线形态告诉我们,该股股价连续急升已经和最小时间单位的均线形成脱线,同时250日均线是极为重要的均线关口,且呈下行态

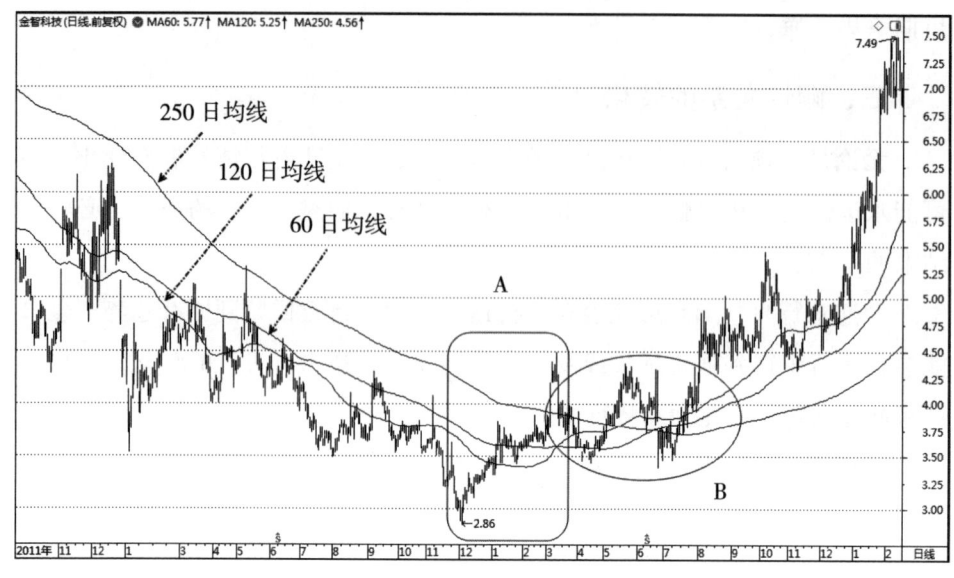

图 2-11

势，这两方面因素叠加分析，可以得出一个结论：即使股价向上穿越 250 日均线，也很难形成真正的突破，冲高回落是大概率的结果。

之后该股股价果然冲高回落，而这个回落过程中的股价表现，对于交易者分析"逆水行舟"形态是否存在转化的可能极具价值，也是确定是否存在介入做多时机的关键。

在 B 处，长期均线 120 日均线、250 日均线在此处已经由前期的下行转为走平，并逐渐转为上行。该股股价在反复折返振荡过程中，并未继续大幅向下脱离长期均线的引力，而是逐渐受到 120 日均线、250 日均线的支撑，这是一个倾向做多的积极信号。

之后股价在多条均线间出现盘线形态，运行重心也缓步上行，这里就是选择振荡低点进行低吸的一个交易时机。"逆水行舟"形态的转化至此得到确认。

明辨 K 线与均线的顺逆关系，至少能让我们清楚地知道自己在行情的某一阶段该干什么、怎么干，尽可能避免在股价波动中迷失方向，或是犯下与大势对抗的错误。"顺水行舟"和"逆水行舟"形态在实战中最显著的作用，就是能够提示交易者根据股价运行趋势选择做容易做的交易、赚容易赚的钱。

逆势而为并不等同于盲目与趋势对抗的交易行为，大多数时候，逆势而为是指与市场普遍心理趋向相逆。还有一些时候，逆势而为是指处于趋势转化过程中，这时所谓的逆势正在或已经转化为顺势而为。

第三节　均线与股价的七种实战形态

均线与股价（K线）的契合形态是技术分析中的基本分析元素之一，二者之间的形态起伏、引力关系、支撑与压制存在于不断变化中，并由此构筑了股价循环往复的运行过程。

二者的契合与循环，是均线技术分析最原始的根源。细节形态上的变化，虽然并不必然会引起趋势上的扭转，但是趋势的扭转，必然从细节处开始。从细节中探知和发现股价微妙变化的规律和逻辑，至少能够让交易者有一个极为清晰的战术思路。

一、七种实战形态分析

1. 压线

压线，顾名思义，就是压制股价向下运行的一种均线与股价的契合形态。如图 2-12 所示。

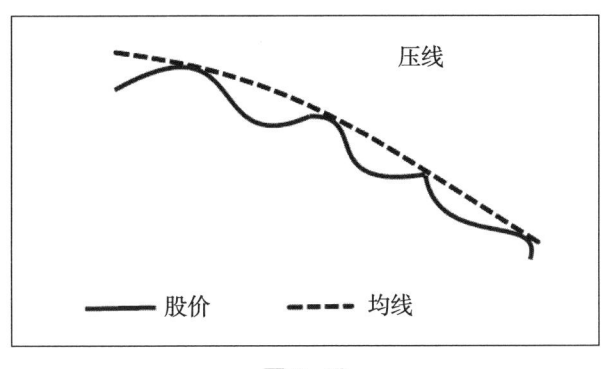

图 2-12

压线是较为常见的一种技术形态，其特征主要表现在：股价一直受到下行态势均线的压制，二者几乎以相同的角度匀速下行。

压线的技术含义如下。

引力关系上，股价与均线保持近距离运行，成本引力处于不断被消耗的过程中，当这种消耗达到一定程度后，股价多会迅速向下脱离均线引力，出现不同程度的急促下跌。

形态分析上，部分多方资金并未完全放弃向上攻击，但难以凝聚大规模的上攻动能，所以就处于"叫花子打狗，边打边走"的尴尬境地。空方在这种情况下也并未完全发力，所以股价触及均线后的下跌也并未远离均线，而是依附均线下行。

压线形态下的弱弹，只会消耗多方的上攻能量，大多数情况下，不但无法突破均线，还会在多方攻击能量消耗殆尽时，出现快速的向下跌落。

在行情整体处于下跌趋势的技术环境下出现压线时，保持观望就是最佳选择，万不可心存侥幸贸然入场抢反弹。如图2-13所示，该股下跌过程中形成压线形态，在这种形态下，股价的反弹多数很羸弱，很难有大幅盈利的机会。

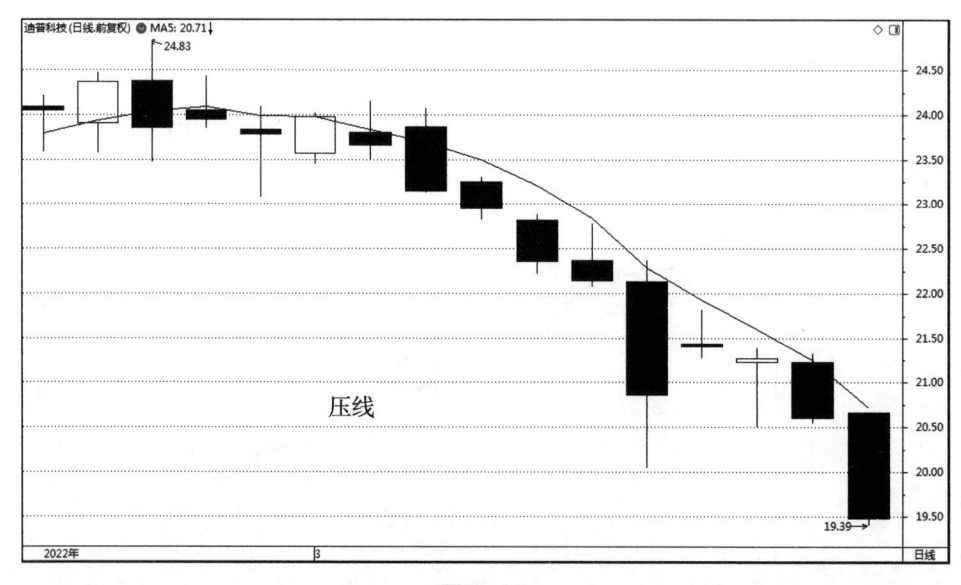

图 2-13

当行情整体处于上涨趋势或经过大幅下跌过程后的技术环境下，有时一些主力资金会利用压线形态吸筹或洗盘，然后出人意料地突然拉升。

如图 2-14 所示，该股经过大幅下跌过程后，图中 A 处长时间处于压线形态，无论 A 处是否有资金在吸筹，都不是可以交易的形态。即使交易者强行入场，也很难获得大幅度的盈利机会，而持仓的交易者在这种形态下是比较难受的。

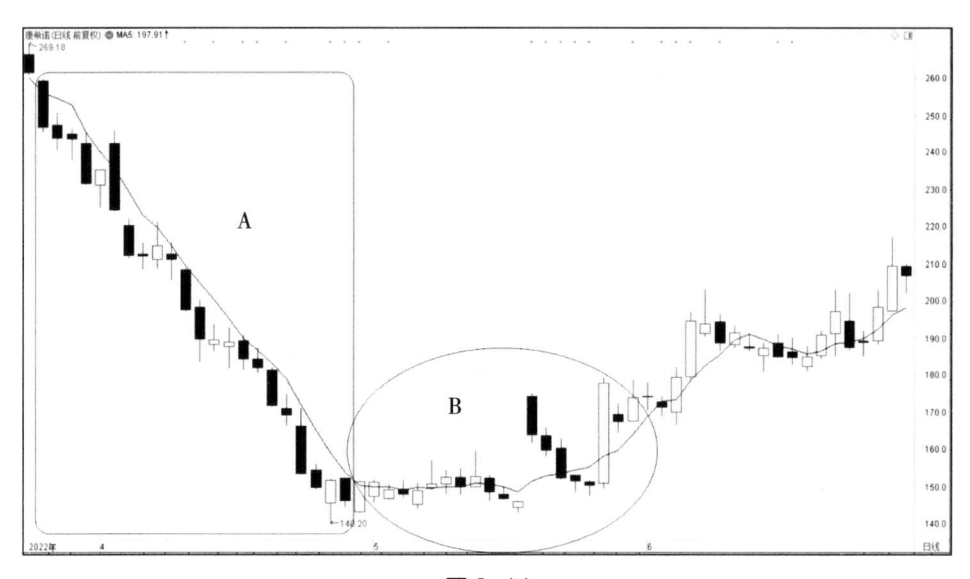

图 2-14

只有当这种形态发生变化，如图中 B 处所示，压线形态转化为盘线形态，并在之后运行中发现均线由压制逐渐转化为支撑后，才可能具有入场的机会。

实战中判别压线的性质有两个条件。

一是通过技术环境分析的认定，主要在于确定股价所处的大趋势。

二是压线能否被扭转，包括：

（1）方向上的扭转，即均线和股价运行方向不再呈明显的下行态势，而是转为上行或横向。

（2）压制转化支撑的扭转，即均线对于股价的压制不再发挥作用，而是反转为对股价的支撑。

2. 托线

托线是指股价依托均线并向上运行的一种均线与 K 线的契合形态。如图 2-15 所示。

引力原理上与压线的原理很接近：股价与均线保持近距离运行，成本引力处于不断被消耗的过程中，当这种消耗达到一定程度后，股价多会迅速向上脱离均线引力，出现不同程度的急促上涨。

托线同样也是较为常见的一种技术形态，其特征主要表现在：股价一直得到上行态势均线的支撑，二者以几乎相同的角度匀速上行。股价依附在均线之上匀速上涨，这种上涨并非没有回落调整，但都能在下方均线上得到较强的支撑，不会出现方向上的明显改变。

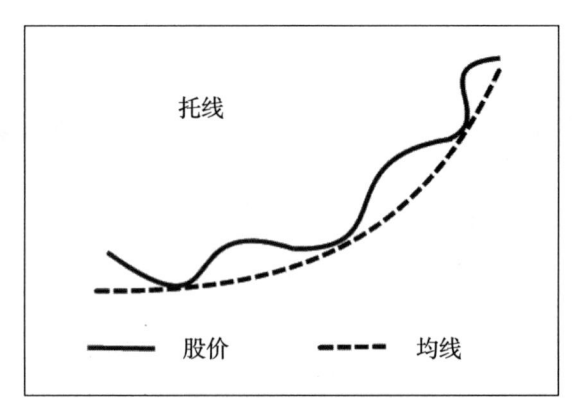

图 2-15

托线形态下的 K 线实体大多是中阳或小阳的形式，形态维持期间通常不会出现大阳线，这种形态有利于将缺乏耐心的持仓者清除出局，也不会吸引场外资金的高度关注，从而能够积蓄足够的上涨动能。

如图 2-16 所示，股价依托均线稳步上涨，这种形态下交易者耐心持仓就是最好的选择，或是寻找股价回落触及均线得到支撑时，低吸买入则是较佳的介入时机。

3. 盘线

盘线是指股价时上时下围绕均线来回盘绕，多数时间处于跌破—收复循

第二章 均线引力和波段操作技术

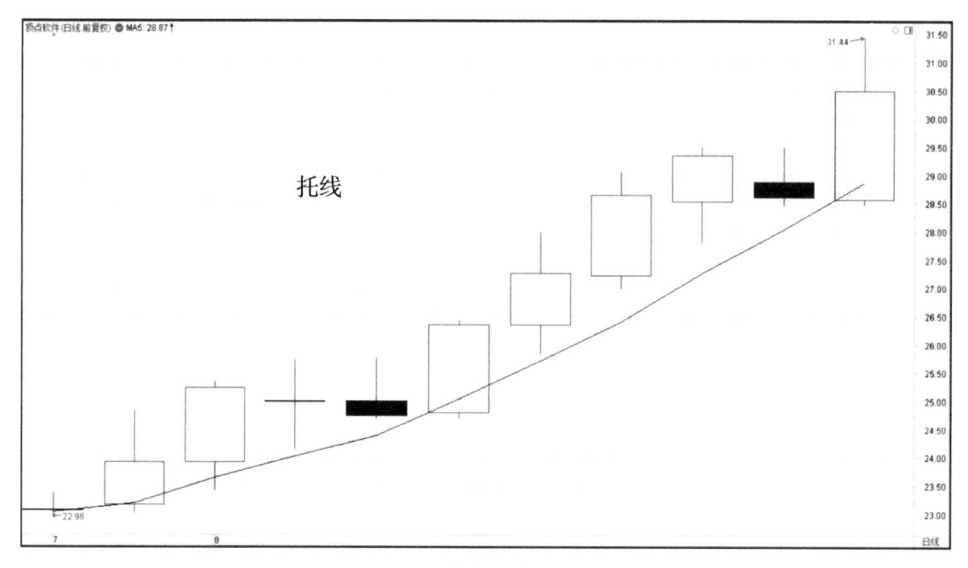

图 2-16

环中的一种契合形态。如图 2-17 所示。盘线也是一种常见的均线和 K 线契合的技术形态，既可见于上涨趋势，也可见于下跌趋势和横向盘整阶段。

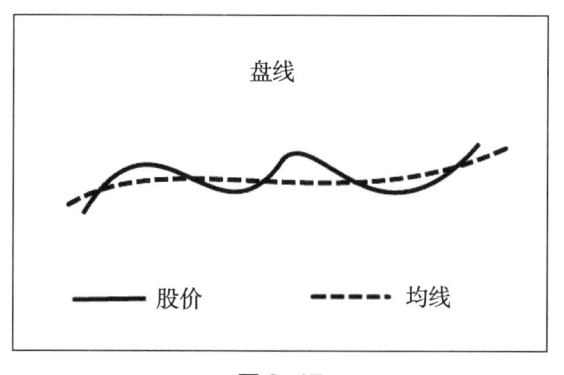

图 2-17

引力原理上，股价围绕均线（成本）上下盘绕，交易者处于一时亏损、一时盈利的状态中，既消耗了向下的引力，也消耗了向上的引力，方向上最不明朗。盘局是最难以判断的技术形态，这时候能够依托的只有分析个股的技术环境，看一看趋势的方向、股价运行的阶段，才能做出前瞻性的研判。

比如，某股刚刚经过大幅下跌的过程，这时候出现的盘线，做底的概率较大；某股刚刚经过大幅上涨，则做顶的概率较高；盘线出现在趋势运行的中途，则多数会在盘整结束后继续原趋势的运行。

盘线形态在实战中出现时，因其走势较为纠结，即使在上涨趋向中也会让持仓者感觉度日如年，往往很难稳定持仓。

盘线形态经常出现于盘底、盘顶的过程中，如图2-18所示，该股经过大幅下跌过程后，出现盘线形态，之后股价出现一波反弹行情。但盘线形态并不代表着都会起到扭转趋势的作用，也时常会被主力资金用于实施诱多、诱空行为。通常，具有盘线形态的个股并不是最佳的交易对象，至少在盘线形态尚未结束之前，应以跟踪观察为主。

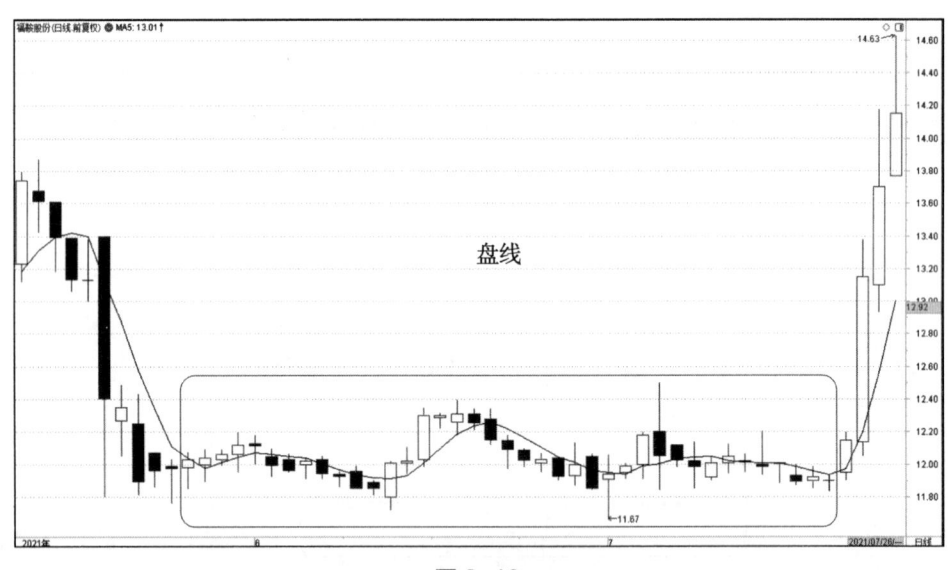

图2-18

如图2-19所示，该股在一波反弹的高点区域出现盘线形态，股价一度有向上突破的态势，但最终却选择大幅下跌。这就是一个诱多性质的盘线形态。盘线形态不论是在上涨趋向还是下跌趋向中出现，其所代表的短期方向性都不如压线或托线明确，它的存在告诉我们需要等待。

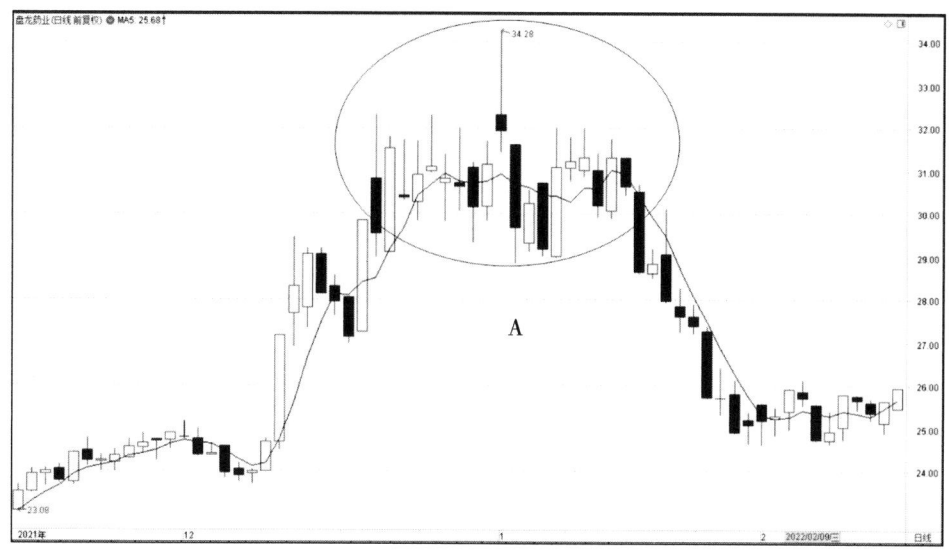

图 2-19

4. 跳线

跳线是指股价突然急速向上或向下跳离所依附的均线,但很快又回归均线的一种契合形态。如图 2-20 所示。

无论是向上还是向下跳线,都说明当前价格运行节奏正在发生变化,虽然这个变化可能不是趋势上的,但对于短期的价格运行还是会造成一定的影响。

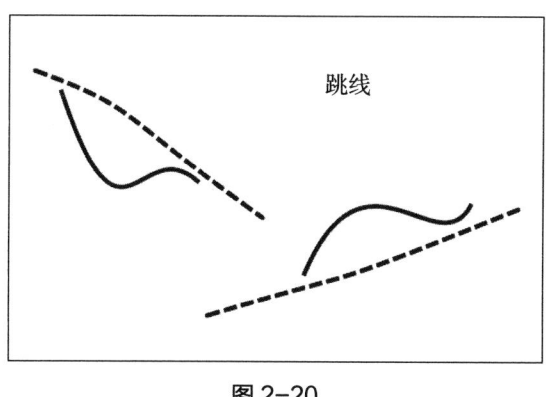

图 2-20

引力关系上，跳线打破了之前存在的引力平衡关系，是一种具有测试性质的形态。它的出现，在股价上涨技术环境中，是为了测试摆脱下方引力的动能以及均线支撑存在与否。均线支撑存在，则说明股价摆脱引力、开启涨势的概率极大。

在股价下跌技术环境中，跳线形态是为了测试摆脱上方引力的动能以及均线压制存在与否。均线压制存在，则说明股价摆脱引力、开启跌势的概率极大。

如图 2-21 所示，在 A 处该股股价出现跳线形态，股价回落后能够在均线上得到支撑，说明成本引力并不大，之后在 B 处再一次出现大阳线并再次形成跳线，股价得到支撑后开始进入快速上升阶段。

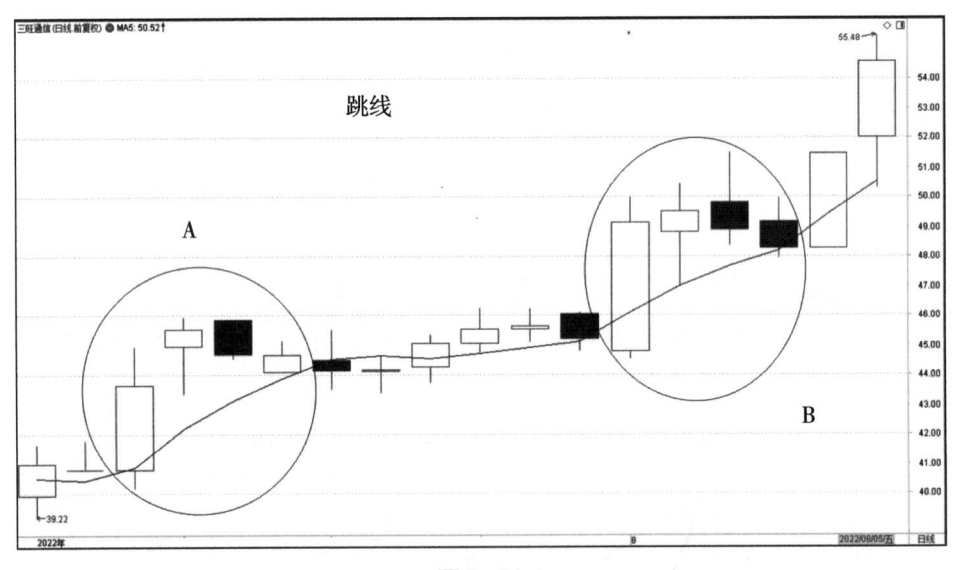

图 2-21

判断跳线的技术要件如下。

（1）跳线第一根较大的 K 线，和均线之间无缺口或缺口空间很小，均线不能出现趋向转折。

（2）跳线的第一根较大 K 线出现后，升势中需注意观察均线的支撑是否显现出来，支撑无力度的要警惕骗线。

（3）跌势中则注意观察均线的压制是否显现出来，压制不明显且均线向上拐头，可能会出现短线反弹。

（4）趋向或趋势末端出现跳线，注意出现拐点。

（5）连续出现跳线时，注意趋向可能临近拐点。

跳线是一种准备打破目前节奏或局面的形态，有激活趋向或趋势的技术性特点，但有些时候也要注意提防主力可能借用跳线形态来实施诱多或诱空行为。如图2-22所示，股价出现跳线形态后，在A处测试引力强度，股价寻找均线支撑的过程中，均线出现趋向向下的转折，股价也由此转入跌势之中。

实战中出现案例中的情况，一是主力资金的诱多行为，股价会由此转跌；二是形态上的转化，比如由跳线形态转化为下文将要讲到的回抽形态。

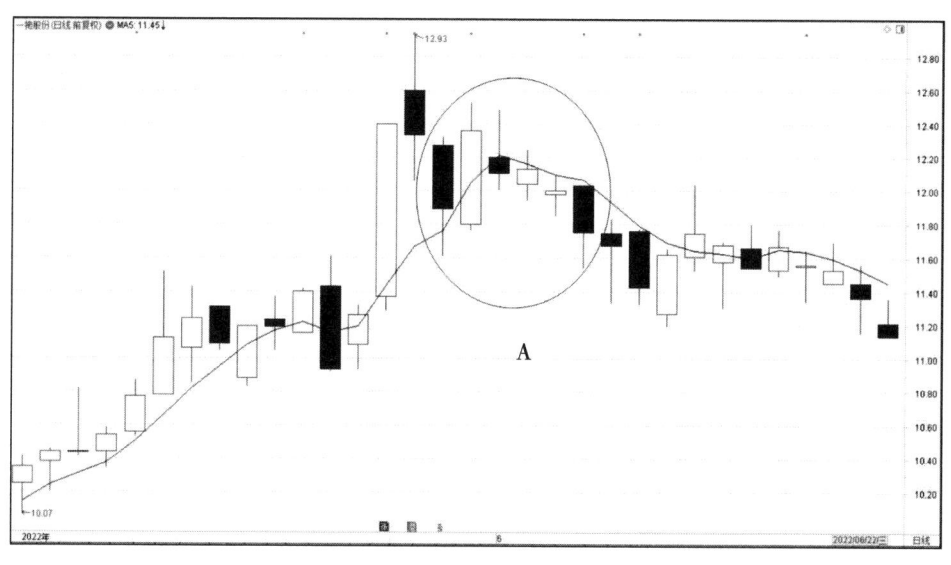

图 2-22

5. 脱线

脱线，顾名思义，就是指股价脱离均线快速运行的一种契合形态。如图2-23所示。脱线形态在涨升行情中容易造成超涨或超买，会带来卖出或做空的机会；在下跌行情中则容易出现超跌或超卖，会带来买入的机会。脱线形态的结束形式是回归成本均线。

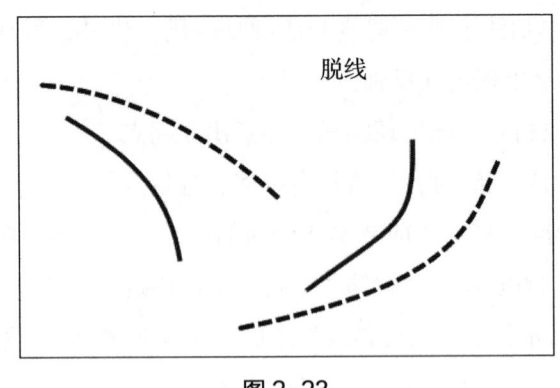

图 2-23

引力关系上，脱线是股价高速运行的一种极端模式。股价过快、过急地脱离均线，必然产生较大的引力。在上涨的技术环境中，低成本的介入资金因为盈利的迅速暴增，可能会产生急于兑现的欲望，继而导致股价产生拐点。在下跌的技术环境中，股价的快速大幅贬值，可能会吸引资金入场博反弹的冲动，继而导致股价急跌后发生强烈反弹。

如图 2-24 所示，该股股价快速飙升和均线之间拉开越来越大的空间，随着引力的不断增强，最终股价还是以冲高回落的方式回归均线，结束了急

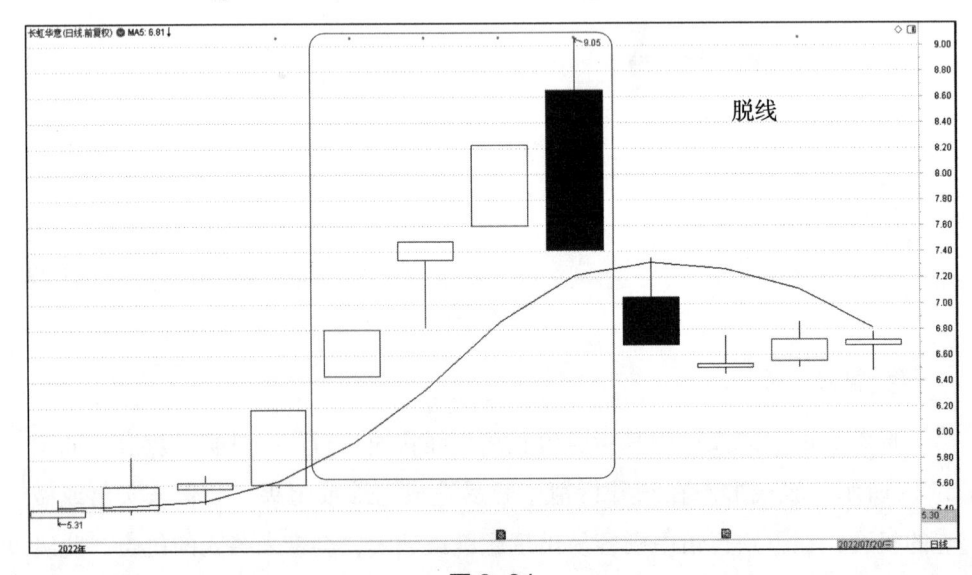

图 2-24

升行情。而图2-25中则是股价连续下跌，脱离均线过远后，随着引力的不断增强，股价结束下跌，展开反弹。

涨势中，脱线形态结束并回归均线后，其高点即使不是最终的顶部，但股价若想再启升势，也需要一段时间的休整过程，交易者不可过早介入，以免枉受股价折返盘整之苦。跌势中，脱线形态结束回归均线后，多会引发反弹行情，至于是否会形成趋势拐点，就需要技术环境分析来综合认定。

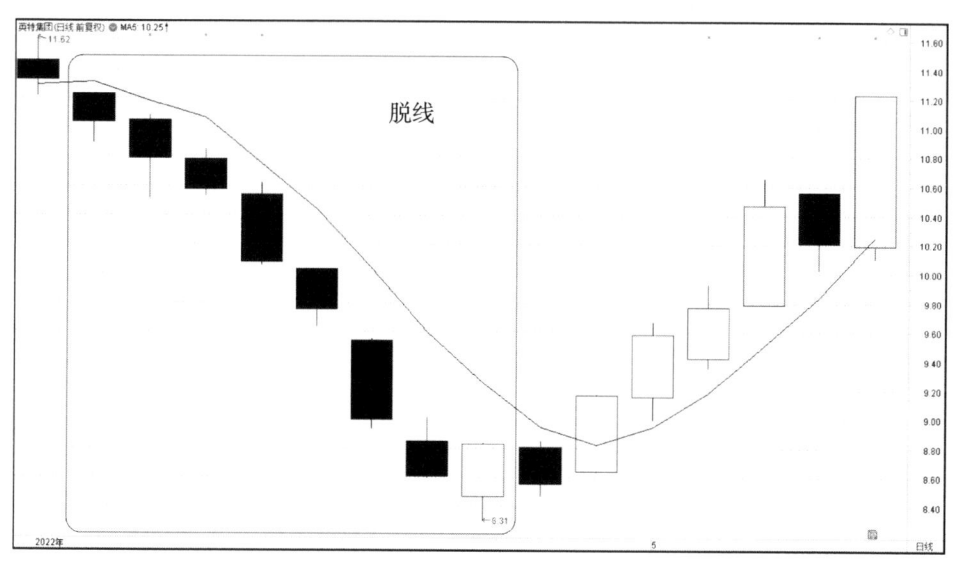

图 2-25

6. 回抽

回抽是指股价向上突破均线或经过涨升后，回落确认其涨势是否能够得到支撑，或摆脱引力是否有效的一种契合形态。如图2-26所示。

回抽的引力关系，在于确认股价对均线突破或涨势的有效性。股价是由此开始一波具有连续性的上涨，还是虚晃一枪掉头再下，就在于回抽时能否得到支撑，以确认摆脱引力的有效性。

回抽的主要技术效用有两个方面。

其一，确认均线突破。

根据均线理论，能够真正体现均线支撑与压制关系的是中长期均线，短

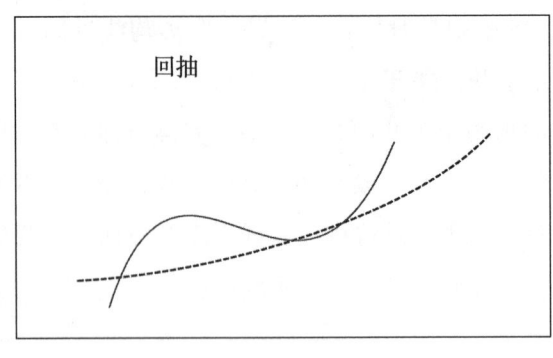

图2-26

期均线的主要功用在于体现股价强度。所以，提到均线突破必然是中长期均线，下面以20日均线为例讲解。

当股价向上突破均线的压制时，突破并不是重点，重点在于突破这条均线的压制后，均线是否能够转化为对股价的支撑，如果支撑存在，才可以说突破成功。

如图2-27所示，A点处该股股价突破均线后，随即就出现回抽确认，这个确认过程非常关键，均线能够由此转向上行，显示出隐藏的多方动能不同寻常，均线压制已经转化为支撑。之后短暂上涨后再次回抽确认，此时均线已经维持上行态势，显示出支撑正常存在，也就说明引力正在被消耗之中。至此，已经证明股价对于20日均线的突破已经成功。

其二，确认涨势的有效性。

在涨势过程中，股价会不断出现回落调整，其实这就是对于涨势本身确认的过程。

图2-27中，在A处之后股价出现跳线形态，随后在B处转化为回抽形态，股价依然围绕20日均线进行反复测试支撑，也就是不断消耗引力的过程，最终积蓄的涨升动能让股价一跃而起，B处就是确认涨势的过程。

调整回落到均线或者其他技术关口，比如前期高点等，都是股价确认涨势的有效性和不断消化成本引力的过程，过于急速的上涨之所以不能持久，就是缺少消化或消耗掉引力存在的过程。

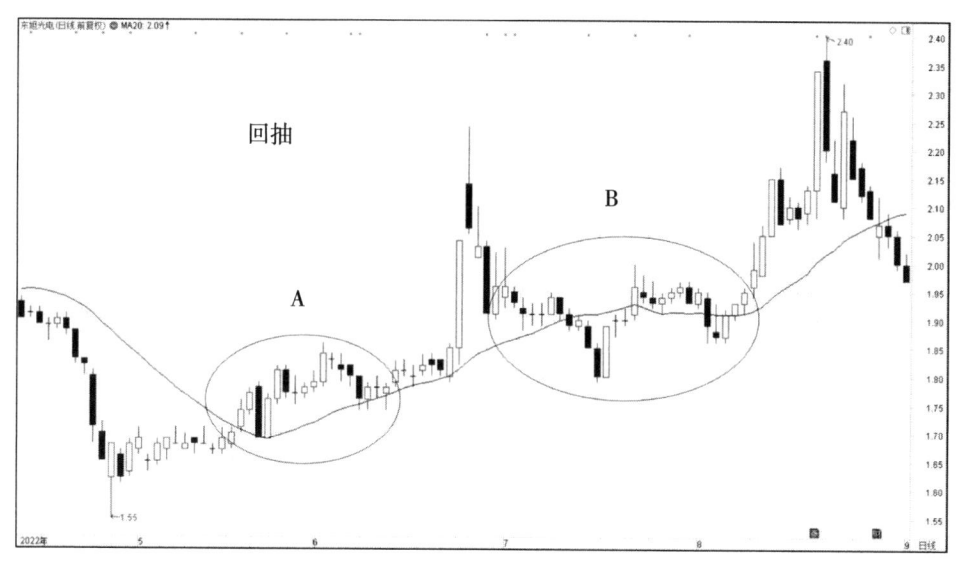

图 2-27

必须提醒一点，并不是所有的突破或涨势都必然存在回抽，有些个股在突破后直接开始进入拉升阶段，直至涨升结束也没有回抽形态出现。还有些个股只是在遭遇更为重要的技术关口，才以较大级别如次级回落的方式进行整体确认。

实战中，回抽形态有两个较为适宜的买点。

其一是股价突破后的回落过程中，均线已明显转向上行，股价能够得到相应支撑；回落过程中，成交量表现为跌时量小、涨时量大；盘口上能够感觉到，虽然处于回落但多方似有抑制不住的攻击力：下挂的买单较小，却能抵御住抛单打压；上挂的卖单虽大，真正打下来成交的却很少。这种情况下可以适当仓位参与低吸，提前打埋伏。

其二是股价再次起涨，并越过突破均线时的股价高点，这种情况下可以适当仓位参与追涨。追涨不是追高，具有很强的技术性要求。

7. 反抽

反抽是指股价向下跌破均线后，股价反弹到均线附近确认压制存在的一种契合形态。如图 2-28 所示。

反抽的引力关系，在于确认股价跌破均线支撑或跌势的有效性。股价是由此开始一波具有连续性的下跌，还是转头向上，就在于股价反抽时能否受到压制，以确认摆脱引力的有效性。

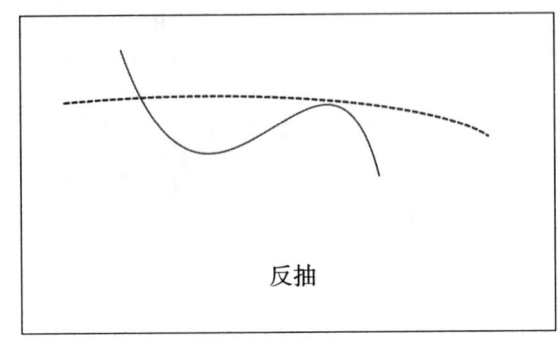

图 2-28

反抽的主要技术效用有两个方面。

其一，股价跌破均线确认压制。

股价向下跌破均线，并不能证明支撑就已经不存在，实战中很多案例都是股价跌破均线后，反而突然向上暴涨。有主力资金参与的个股中，这也是主力诱空的一种惯用手法。

股价跌破均线后，如果发生反弹，但是反弹不能成功收复均线，股价很快又跌到均线之下，明显受压于均线，则均线压制得到确认。如图 2-29 所示，在 A 处股价跌破均线后并未直接展开下跌，而是发生了向上反弹，但在穿越上方均线后，股价明显缺乏继续上涨的动能，此时均线压制得到确认，股价随后进入跌势。反抽并非仅是图 2-29 中的这一种形态，还有的个股尚未触及均线或者刚刚接近上方均线，就会发生向下的跌落。

其二，确认跌势的有效性。

图 2-29 中的 B 处，股价在跌势进行中出现反弹，但在触及均线后就回归到跌势运行中，这就是对于跌势的进一步确认，也是消耗成本引力，避免因股价连续下跌导致引力积蓄而发生作用的一种方式。这种情况出现后，股价多数都会继续一波跌势。

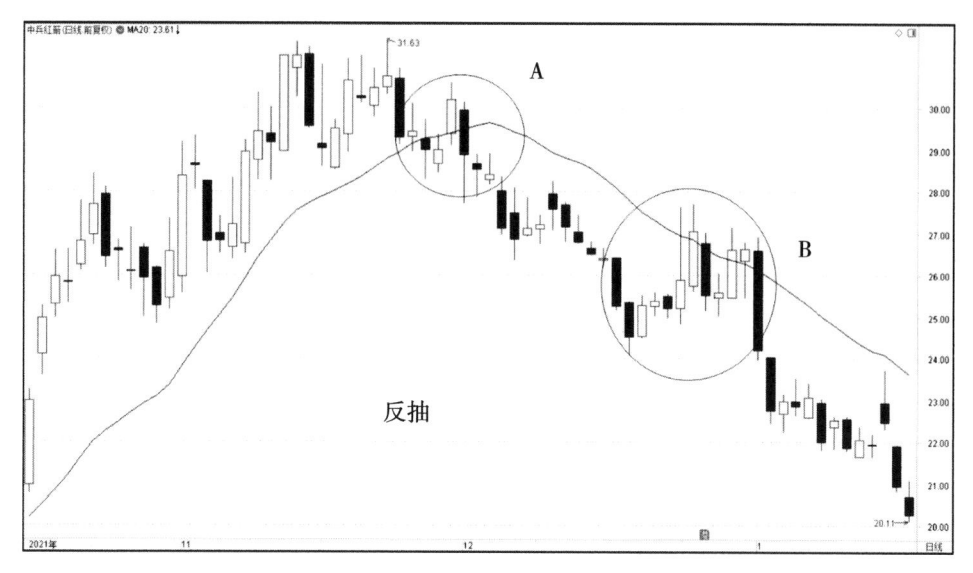

图 2-29

和回抽一样，反抽也并非是所有个股向下跌破均线都具有的形态。有些个股会直接进入快速下跌阶段，直至跌势结束也没有反抽形态出现。还有些个股只是在遭遇更为重要的技术关口，才以较大级别如次级反弹的方式进行整体反抽，以化解积蓄的引力。

反抽和回抽虽然都不是突破之后必然具有的形态，但无疑都是极为常见的技术形态，也是引力交易中发现和分析引力消耗或积蓄的窗口。不断被消化的引力，只有在股价出现连续或急速运行时，才会再度积蓄和聚集并在之后发挥作用。

二、形态的循环

上文讲解的股价与均线的七种技术形态，都来自实战中的总结，认识这些形态、熟悉其技术意义，对于培养良好的盘感颇有益处。

有人粗略看一眼盘面，便能对股价趋向有一个大致正确的判断，其实这并无任何神奇之处，就是源自基本功掌握得较为扎实，即所谓底蕴决定高度。

股价与均线的契合形态是最基本、最原始的变化，实战中股价复杂、多样的变化形式，其技术原理仍旧脱不开这些技术形态，即所谓万变不离其宗。

股价与均线的七种契合形态并非单独存在，这些形态之间的关系既非对立，也非有序排列，而是处于不断转化与循环之中。行情变化的复杂性也由此可见一端。

七种契合形态中，托线、回抽具有多方倾向；压线、反抽具有空方倾向；跳线、脱线、盘线则多空兼具。如图2-30所示。

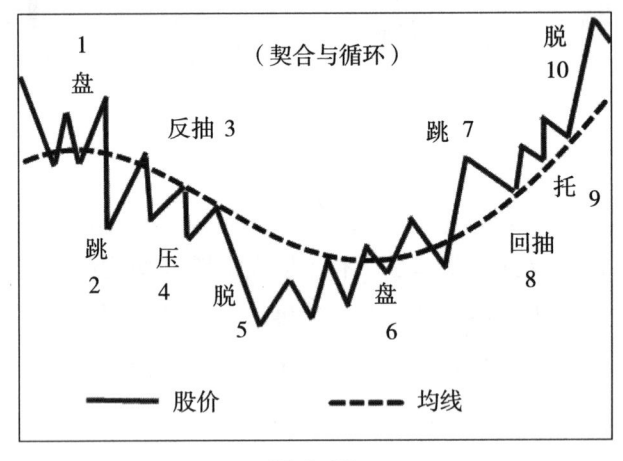

图2-30

图2-30是一个模拟的契合与循环过程，为保持图面清晰易辨识，图示中的每个形态不可能标示得很完整，但每个环节都具备，所以并不影响我们了解循环过程。我们可以通过分析这个简要的循环过程，来进一步讲解实战中股价与均线七种形态的循环与转化。

1. 盘线的循环与转化

在股价与均线起伏循环的过程中，盘线出现在趋势高点或低点的技术意义极为重大，远不是趋势中途出现的盘整等待时的意义可比拟。如图2-30中出现在趋势高点的盘线1（高点盘线），我们可以把它看成是脱线10回落后股价的后续表现。

盘线1在实战中出现时，仍然会给市场以盘整等待的含义，并使交易者产生盘整后再度起涨的幻觉。此处的盘线诱多色彩很浓重，而股价在来回穿越均线中的每一次冲高，都会被短线追高资金误以为是再次起涨的开始。

实战中，不起眼的高点盘线所套住的人，有时并不少于拉高冲顶阶段。在这个阶段，股价与成本均线相互交织，引力无从谈起。交易者处于一时亏损、一时又盈利的状态中，但是因为股价之前的上涨，很多持仓者仍旧不愿放弃股价上涨的希望。

而盘线6（低点盘线）在实战中出现时，市场会普遍认为只是短期超跌带来的弱性反弹，不久仍旧会再度下跌。这里的盘线具有诱空作用，股价在来回穿越均线中的每一次跌落，也都会被市场误以为是回归下跌趋势的开始。

此时股价与成本均线相互交织，引力同样无从谈起。空仓的交易者不敢入场，而持仓的交易者大部分处于亏损中，一部分处于"账户休眠"中，另一部分则被清理出去。实战中，被低点盘线清理出来的，往往都是带血的筹码。

实战中变化的复杂性，来源于行情发展的未知属性，如果你未卜先知行情将如何衍变，那么复杂性在你眼里就不会存在。我们没有未卜先知的神奇本领，那么即使在趋势或趋向相对明确的高点与低点上，仍然需要技术上的一些细节来帮助我们把握方向。

如图2-31所示，高点盘线出现时，均线多数时候呈横向或小角度向下倾斜，而股价在整个盘整过程中其运行重心也会出现向下倾斜。当这个技术细节出现时，持仓的交易者至少应该知道自己面临的是风险，而不是机遇，即使不降低仓位，也要控制住不能在这里加重仓位。

图2-31中的低点盘线出现，均线多会呈横向或小角度向上倾斜，而股价在整个盘整过程中其运行重心也会出现向上倾斜。当这个技术细节出现时，大多数持仓的交易者可能都处于被套的状态，但这个时候应该告诉自己"忍不住了，也要再忍一下"，即使不加大仓位，也尽量不要在此时减仓。

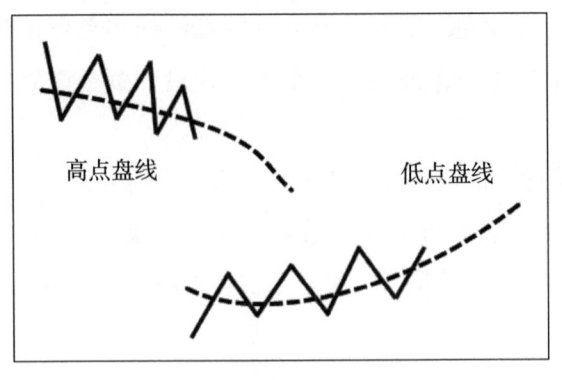

图 2-31

高点盘线结束时,多数会出现跳线然后反抽的形态(如图 2-30 所示),但如果市场整体不好时,也会采取直接压线下跌或脱线暴跌的走势。

低点盘线结束时,会出现跳线然后回抽(如图 2-30 所示),或者托线上攻,直接出现脱线暴涨的不会太多。在趋势级别行情的初始阶段,更是很少会采取直接脱线暴涨,反而是低级别短弹行情中,容易出现这种快进快出性质的暴涨。

2. 跳线的循环与转化

前面讲过,跳线具有激活趋向或趋势的技术性特点。原本并不明朗的局面或较慢的节奏,在出现跳线之后可能都会有较大的改变。

图 2-30 中跳线 2(下跳线)的出现,就打破了之前盘线较为胶着、慢节奏的运行方式,使股价趋向相对明朗。但下跳线和反抽的连接,还是会使交易者产生很大的疑惑,不敢确定是跌势已经开启,还是主力的空头陷阱。

解决这个疑点的应该是反抽的最终结束,但到时股价的跌幅应该已经不小,所以最佳方案还是应该在反抽中降低仓位。这就需要交易者将基本功掌握得足够扎实。

下跳线有时也会直接转化为脱线暴跌。如图 2-32 所示,在 A 点处出现下跳线,之后连续走出实体极小的 K 线,虽然股价在此时并未大跌,但这种形式的反抽,说明成本引力非常弱小,同时也佐证了股价涨升强度极低,连组织一次像样的反弹都难以做到。此后,跳线转化为脱线,开始急速下跌。

跳线的转化，通常都是股价加速的开始，实战中要注意观察分析。

图 2-30 中跳线 7（上跳线）的出现，同样是打破之前节奏的开始。跳线出现后，交易者应立即改变前期采取的模式，尽快适应行情的最新变化。

上跳线后的回抽通常都是较为适宜的买点，有些个股也会出现跳线直接转化为脱线的情况，也就省略了回抽的环节。

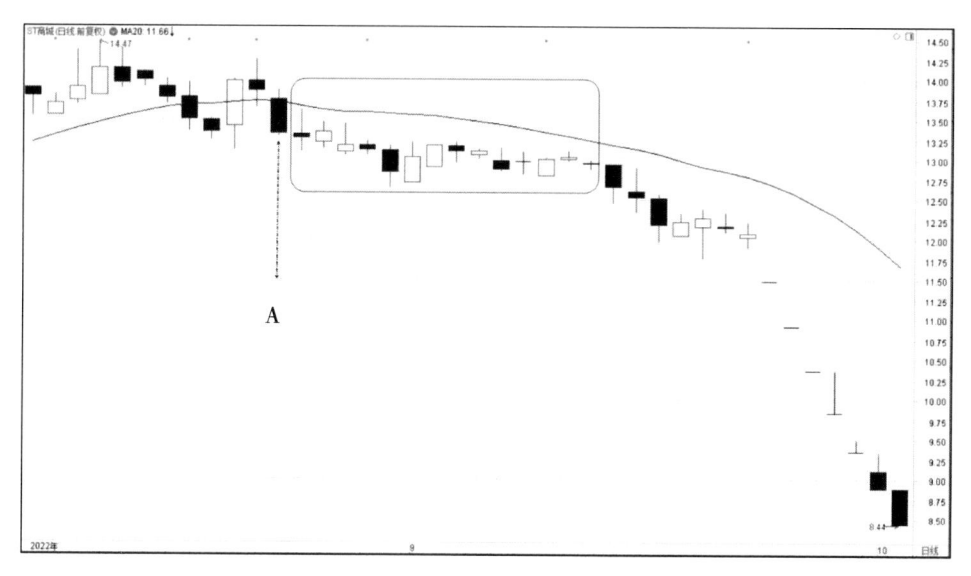

图 2-32

3. 脱线的循环与转化

脱线的出现，无论是图 2-30 中的脱线 5（下脱线）还是脱线 10（上脱线），都意味着股价正处于急速运行中。股价过急过快地运行必然导致引力同样快速地积蓄和聚集，所以脱线之后往往会迎来趋势或者趋向的转折。

如果经过技术环境分析，发现下脱线出现在长期大幅下跌之后，那么极有可能会带来下跌趋势的拐点。即使不是在长期大幅下跌之后，下脱线出现之后也多会带来一波级别不等的反弹行情。下脱线在整个下跌趋势中会多次出现。

下脱线运行结束后，并不一定都会如图 2-30 中那样转化为盘线，股性较强的个股会直接出现上跳线、回抽，再走托线上升。极端情况下也会有下脱线和上脱线直接连接的暴烈走势，不过相对较为少见。

弱势行情下，也会出现下脱线后连接盘线，之后再度出现下脱线的恶劣情况。如图 2-33 所示，该股在下跌趋势中连续出现脱线—盘线—脱线的极端循环模式。这种消化引力后再度急跌的情况，说明盘中资金正在夺路而逃，绝不是可以做多的时候，而持仓者借着盘线时机卖出，应是最后的逃命时刻。

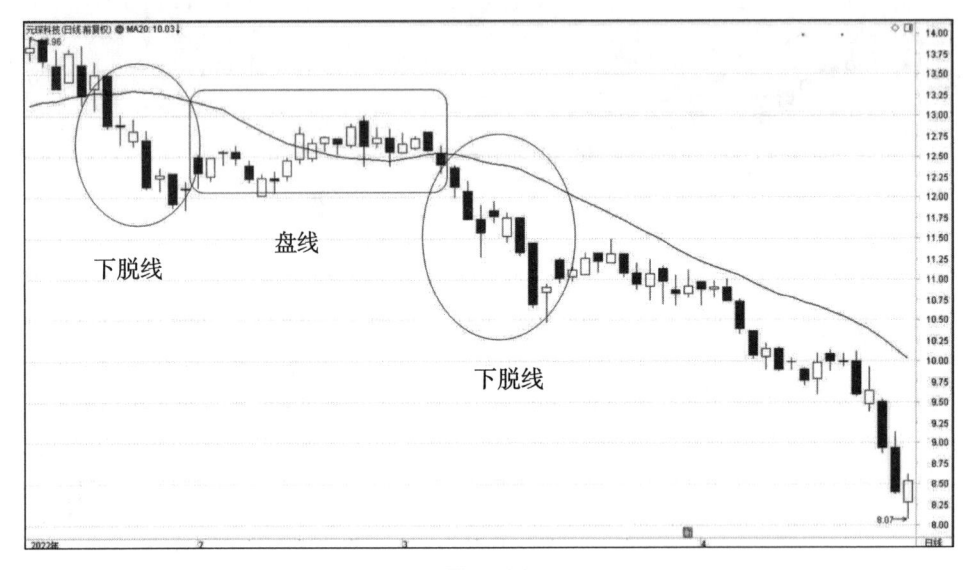

图 2-33

如果上脱线出现在长期大幅上涨之后，有可能会带来上涨趋势的拐点。即使不是在长期大幅上涨之后，上脱线出现也多会带来级别不等的回落调整。上脱线在整个上涨趋势中也会多次出现。

上脱线结束后，也同样不一定都会出现盘线，有些个股在回抽后会再度出现脱线，还有的个股会就此见顶回落，开启下跌趋势。总之，实战中的循环和转化模式千奇百样，不一而足，很难将其一一列举出来，但只要掌握了契合形态的本质关系，循环模式总会有迹可循。

第四节 均线厚度空间与引力交易

在股价持续上行期间，多条均线之间保持多层空间和距离，即为均线系统的厚度空间，如图 2-34 所示。厚度空间对于股价具有支撑作用，也便于辨别趋向的改变。

均线系统中，多条均线之间形成多层厚度空间，对股价运行趋向具有多层保护，同时也隔绝了引力过早发挥作用。短期过度增大的厚度空间，则会减弱维护作用，反而可能引发股价的逆向运行。

厚度空间形成后，如果保持单向、畅通，说明股价的运行趋势必然处于流畅和持续状态；反之，厚度空间逐渐狭窄或封闭，股价则处于盘整振荡之中。正如《黄帝内经·素问》中说：痛则不通，通则不痛，引申到均线厚度空间理论中也非常传神：均线间保持畅通，则趋势明了易于决断；均线之间狭窄或封闭，则往复振荡，股价趋向或趋势可能发生转折。

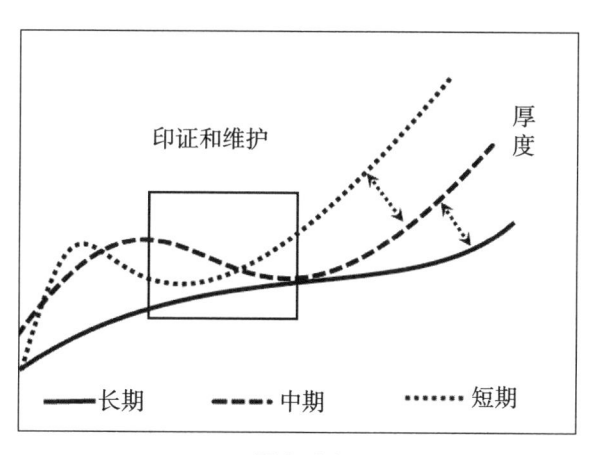

图 2-34

股价上涨，并能在均线上得到支撑，说明这条均线的引力暂时失去作用，但实战中经常会发现，如果股价依托短期均线快速上涨，而下方的中长期均线距离较远时，那么股价即使短时间内强势上行，不久还是会发生回落调整，目标位往往就是下方的中长期均线。

为什么会这样呢？

原因就是股价所依托的短期均线引力虽然不会发生作用，但下方中长期均线的引力会随着股价的急速上涨开始发挥作用，吸引召唤股价回归。如图2-35所示，A处股价依托短期均线快速上涨，而下方的中期均线与股价和短期均线之间的距离被越拉越大，过大的乖离必然导致引力发挥作用，股价的回落也就不足为奇。

在图中B点处，当股价从高点回落到下方中期均线上，引力作用被逐渐消化，股价也就止跌企稳并在之后再次转而上涨。实战中，可以利用厚度空间引力进行交易，能够提前捕捉到股价高点的卖出时机和低位买入时机。

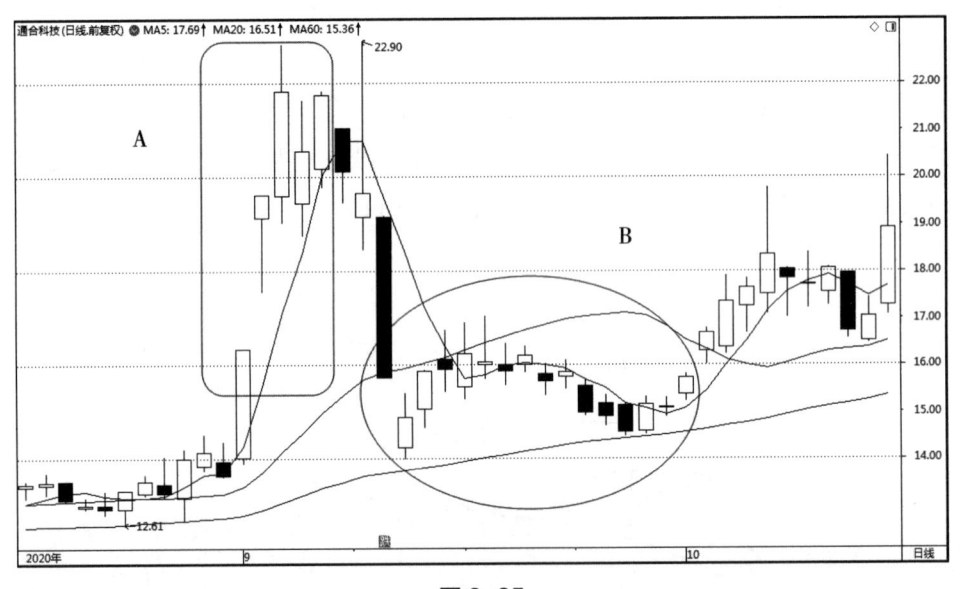

图2-35

通过图2-35的案例可以看到，股价与短期均线过度远离中长期均线，大概率会发生涨势中的回落调整、跌势中的反弹行情。均线系统的厚度空间，也就是多条均线之间的距离，最好保持相对均等的比例，同时厚度空间保持通畅，说明股价目前属于稳定运行阶段。

如图2-36所示，股价与短期均线以压线形态下行，与上方的中期均线维持相对均等的厚度空间。这种技术形态下，说明跌势正处于稳定运行的状态中，任何盲目买入做多的行为都是不理性的。

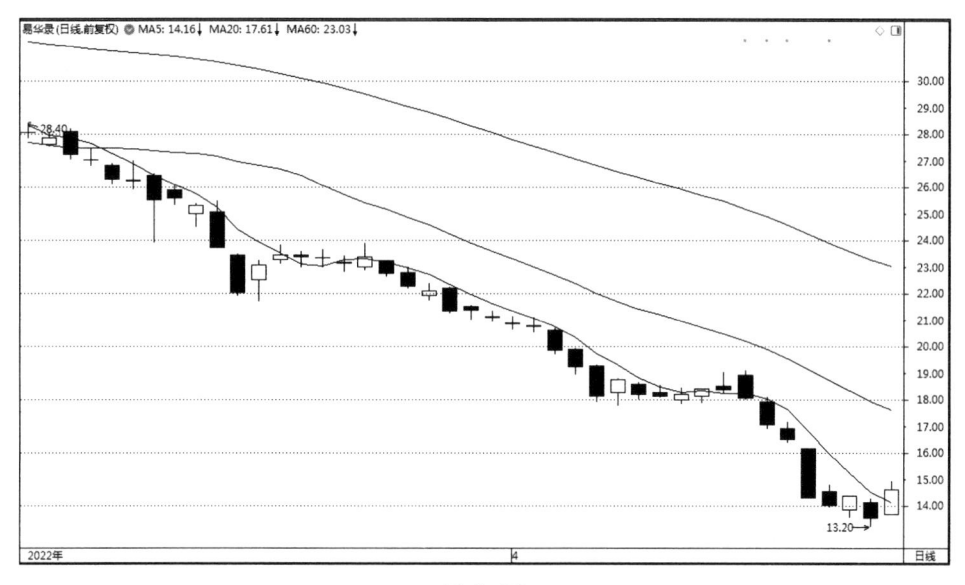

图 2-36

均线系统的厚度空间，也就是多条均线之间的距离，如果从均等通畅转为收缩狭窄，则说明股价处于盘整振荡阶段，如若厚度空间封闭，则短期股价可能转向。

如图 2-37 所示，在 A 处及之前股价依托 5 日均线发生振荡，但和 20 日均线之间仍旧保持着一个畅通的上行通道，说明股价处于振荡盘升的态势中。下方的 20 日、60 日、120 日均线间隔相应的厚度空间，保持上行态势，为股价上行提供足够的支撑和保护。

在 B 处股价再次出现振荡，5 日均线交叉 20 日均线，二者之间的厚度空间被封闭，这种短期均线之间厚度空间封闭的情况，在上涨趋势中或次级反弹行情中很常见，只要 20 日均线并未在空间封闭后转为下行，就只是一个以消化引力、清洗获利盘为目的的短期良性调整。

实战中，如果 20 日均线在空间封闭后转为下行，就需要深思本次调整是否会增大调整级别，转为次级回调甚至是趋势扭转。

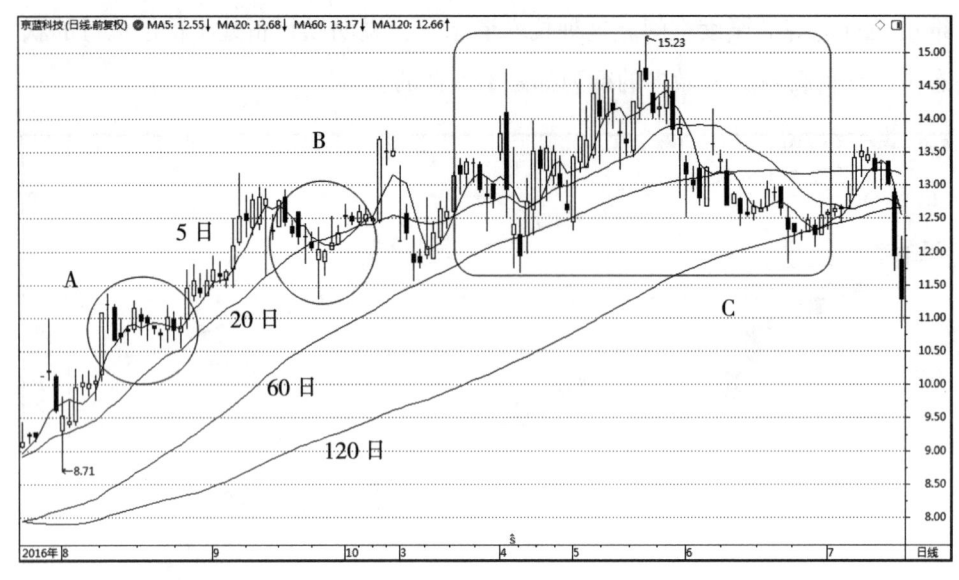

图 2-37

在 C 处，短中期均线逐渐远离下方的 120 日长期均线，股价开始出现频繁折返振荡，低点甚至触及到 60 日中期均线。在大级别回调或趋势扭转中，股价会先于短期均线冲击均线厚度空间，在消化引力的同时寻求支撑和趋向保护。

股价触及或击穿 60 日均线，也不等于该均线的厚度空间就一定会被封闭。厚度空间是由均线构成的，而不是股价。只要形成厚度空间的均线并未封闭该空间，那么厚度空间就会对股价产生相应的支撑。

在 C 处可以看到，股价触及 60 日均线后再度转为上涨，说明消化掉引力后股价由此得到了支撑。但是在之后的上涨过程中，股价的波动重心明显处于 5 日均线和 20 日均线的厚度空间内，这就不是一个强势上涨个股应该具有的技术现象。

5 日均线是最能体现股价强度的指标，强势运行的个股必然会在 5 日均线上运行。图 2-37 中，股价回落至 60 日均线处再度起涨，说明一个回落调整的结束，但在起涨过程中股价缺乏应有的强势，就需要高度关注股价可能就此形成拐点。

第二章 均线引力和波段操作技术

在 C 段的后期，股价下跌，20 日均线在空间封闭后转为下行，60 日均线时隔不久再一次被跌破，上述均线厚度空间缩小或封闭，这些都是重要的技术信号。推论 120 日长期均线引力发挥作用，股价至少面临一次大级别的回落调整或是趋势下跌。

均线的厚度空间可以阻隔引力发挥作用，由此体现出支撑或压制。当股价逐步消化空间引力后，却不能强势上涨或下跌，那么股价运行趋势可能会由此发生转折。

实战中还有一种情况也值得交易者高度关注，即股价处于极端暴跌、暴涨的情况下，会连续击穿多层厚度空间。如野马脱缰般狂奔的股价，最终还是会回到"围栏"附近，这个"围栏"，就是均线厚度空间引力。

如图 2-38 所示，股价一路暴跌至 A 处，连续击穿多层厚度空间，多条均线似乎没有任何支撑。跌破 A 处的长期均线后，股价仅仅出现一个弱势反抽，然后仍旧继续下跌，直至 B 处才开始反弹。

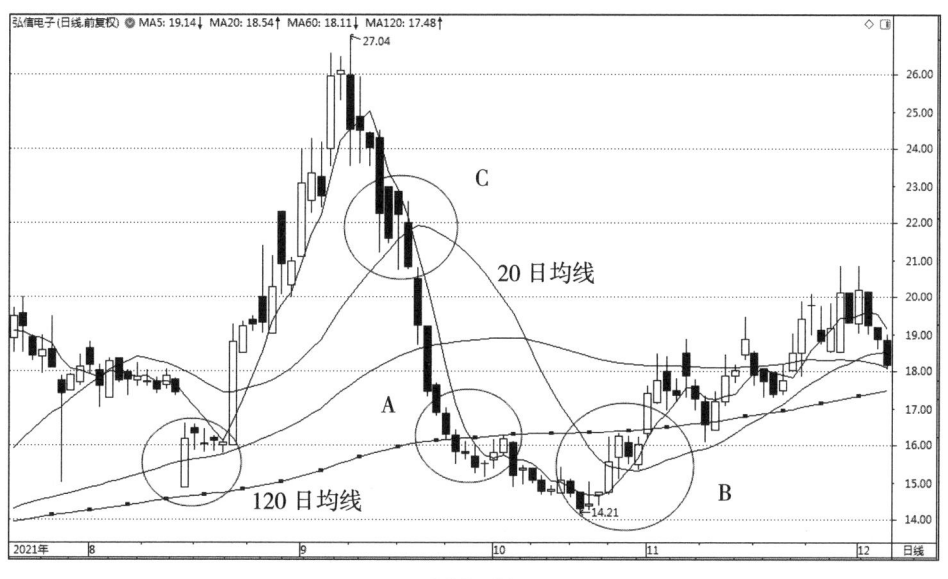

图 2-38

如果排除基本面因素以及市场影响，仅仅就技术面分析该股，在 C 处股价跌破 20 日均线时，有过短暂的止跌，这里也体现了厚度空间的支撑，但是很明显，最终还是难以抵御下方巨大引力的作用，股价继续快速下跌。

为什么多层厚度空间不能隔绝下方引力发挥作用，并体现出应有的支撑呢？

原因就在于：该股上涨阶段同样是以急速暴涨的方式展开，起涨点就在长期均线附近。骤然暴涨的股价，必然累积数条均线巨量的成本引力，越是急速上涨的股价，越是难以抵抗住下方引力发挥作用，从而出现"从哪里来，回哪里去"的暴涨暴跌运行模式。对于这种极端情况，交易者必须高度警惕，不能以常规分析来应对。

无论是怎样的狂澜，也有平息的时候。股价过度反应后，就会有一个纠偏过程出现，这个过程既是对股价过度反应的修正，也是厚度空间引力在发挥作用。所以，交易者即使仓位被套，也不能在类似图中 A 段至 B 段下跌时清仓，这个时候最难熬，但你必须要坚持。

第五节　牵引形态下的波段操作

技术分析中，常将股价前期密集成交区、重要高点、低点以及具有较强支撑或压制作用的均线，统称为技术关口。

趋势运行中，股价波动总会在均线关口得到支撑或受到压制，当股价突破这条均线并完成支撑与压制的转化时，才意味着趋向发生重大变化。实战中，股价突破重要技术关口后，均线应追随股价运行方向而变化，这就是股价与均线之间的牵引形态。

牵引形态主要的技术作用，在于辨析趋向或趋势转折的发生与存在，可以为交易者进行波段交易提供重要的、具有稳定性的依据。

从引力关系上来说，股价的上涨或者下跌，最先影响到的就是短期均线，然后才是中长期均线。短期均线的灵敏性，决定了对股价上涨或下跌的牵引率先做出反应，但也正因为如此，往往会失去稳定性的一面，这对于我们研判趋势性转折并不利。所以，牵引形态多以中长期均线为主要分析标的。

第二章　均线引力和波段操作技术

如图 2-39 所示，A 处股价出现跌势中的弱势反弹，5 日短期均线被牵引上行，但很快又随着股价下跌而转为下行。B 处股价弱弹，5 日均线再次被牵引上行，这里的形态与 A 处的形态其实很相似，如果是在实盘交易中，很难判断这里会不会也在之后再次转跌。

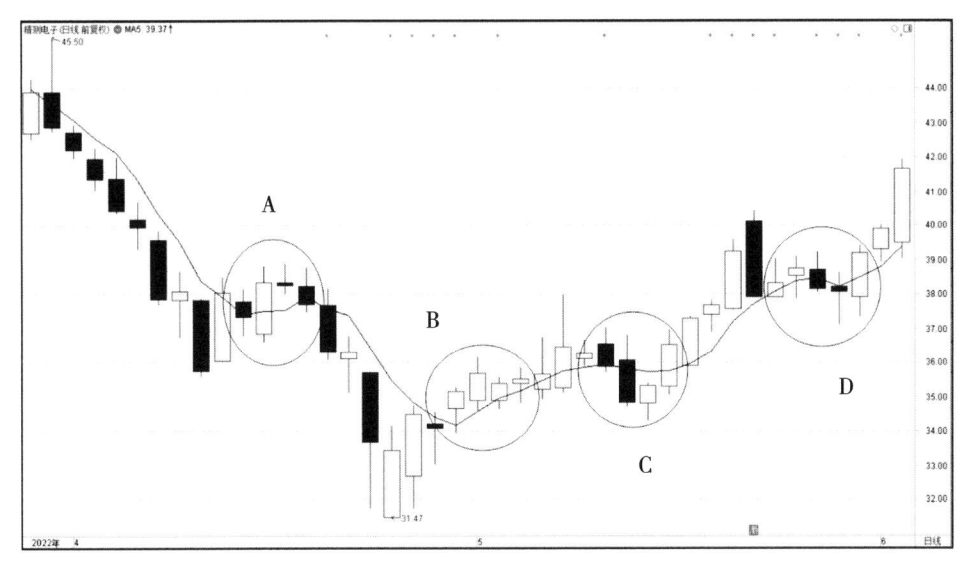

图 2-39

在图中的 C 处和 D 处，股价调整，5 日均线被牵引下行，很难判断这里会不会成为下跌的拐点。为什么我们一直强调 5 日、10 日这些短期均线的作用，只在反映股价涨跌强度，而不是反映支撑与压制关系，就是因为短期均线缺乏稳定性。牵引形态也一样，以短期均线研判的话，必然会无所适从。

波段交易的买点，并不强求一定要买在最低点，只要能够在波段低点区域介入即可。而研判牵引形态，就可以发现这个低点区域的存在。

如图 2-40 所示，是某股由下跌转为上涨的过程。最先对股价转折做出反应的是 20 日均线，见图中 A 点处。20 日均线被牵引上行，率先发出波段低点信号。稳健的交易者也可以等待 B 处的 60 日均线被牵引上行时介入。

20 日均线介乎于短中期均线之间，稳定性与灵敏性相对均衡。波段交易的研判中，股价一旦回落的时间较长或幅度较大，20 日均线也会受到一定的影响。如图中 C 处，股价回落调整，20 日均线就被牵引下行。而这时 60 日中期均线的稳定性就发挥出了作用，B 处上行的 60 日均线支撑作用非常明显，这就可以为交易者发出稳定持仓或借机低吸的信号。

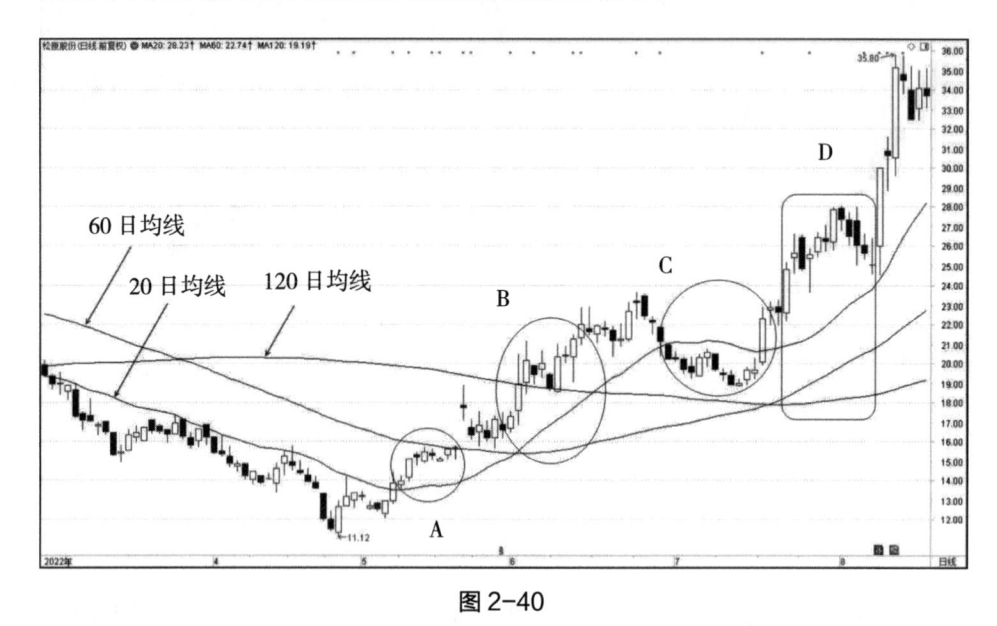

图 2-40

长期均线稳定性最高，但灵敏性最低，如果以其为买入信号，往往会错失低点介入时机。如图中 D 处，120 日均线被牵引上行时，股价已经有了偌大的涨幅。但长期均线的优势在于能够显示出趋势的支撑与压制，非常有利于研判个股所处的阶段和应该采取的交易策略。

总而言之，中期均线指示买点时机，当牵引形态出现时，波段低点就在眼前，交易者可以结合成交量等指标综合研判，抓住低吸时机。长期均线在这时就能起到维护和验证的作用，当波段进行中股价出现大级别回落调整时，长期均线的支撑或牵引形态出现，则大多是股价阶段性回落的低点。

第六节　回家与吻别形态下的波段操作

当股价过快、过多地远离均线之后，如果是上涨阶段，获利丰厚的人就会抛出，随即导致股价回归平均成本区。如果是下跌阶段，过于凶悍的跌势也必然会吸引到抄底资金，所以股价会发生反弹或反转，这是引力交易的技术原理。

"回家"形态就是建立在引力交易基础上的，若以20日均线为判断目标，股价的基本折返时长法则：在下跌过程中，股价从跌破20日均线，到反弹回到20日均线的极限时长为50个交易日左右，平均时长是30个交易日左右，跌速较快的个股在20个交易日左右。

如图2-41所示，股价跌破20日均线后，再次反弹回到20日均线共用了25个交易日。如果以股价最低点计算下跌时长，则不足20个交易日。这是下跌速率相对较快的一种情况。在"回家"形态中，多数个股会在下跌初期出现反抽20日均线的动作，这个动作就是"吻别"形态。

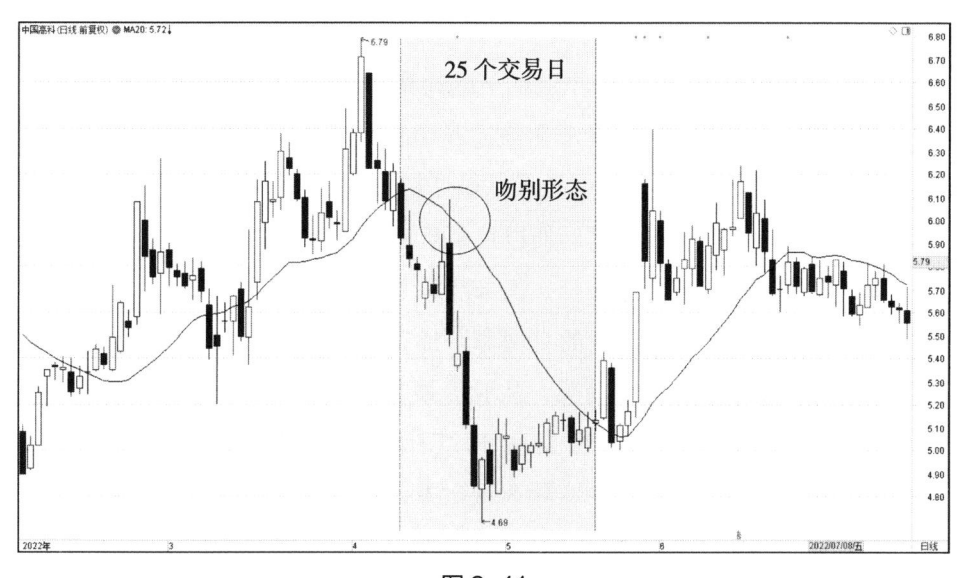

图2-41

不管是"回家"还是"吻别"形态，都是一种比喻性的说法。"回家"是指股价远离20日均线，终要以不同的反弹方式回到20日均线这个"家"；"吻别"是指股价告别20日均线这个"家"时，多数会反抽20日均线，以示告别。

"吻别"形态的出现，其实就是破位后的反抽确认，为交易者发出波段高点已经出现，应该及时离场的最后警示信号。

"回家"形态能让交易者估算下跌持续的大致时间和幅度。持仓者尽量不要因过度悲观而卖在最低点，买入者可以相对从容地等待波段低点的出现。当然，其低点也未必都是理想的介入点，却可以为我们从整体上分析某一目标个股时提供一个重要的技术参考。

在应用"回家"形态估算下跌时长时，交易者不可刻舟求剑，比如，下跌超过20个交易日就急匆匆地买入待涨，这样的话，一旦出现误判，就有可能被深度套牢。

"回家"形态的时长法则，这里列举了三种不同的时长，主要研判依据是个股不同的下跌速率、下跌方式，由此会让股价反弹出现的时间也各有不同。

如图2-42所示，该股在下跌过程中折返较多，虽有大阴线下跌，但也有大阳线反弹，如此折返之后，股价真正反弹到20日均线的时长就达到了39个交易日。对比图2-41中个股的下跌速率，则有明显区别。

还有些个股大部分时间处于阴跌过程中，下跌速率较缓慢，下跌时长就会相对延长。如图2-43所示，该股跌破20日均线出现吻别形态后，在下跌过程中只出现一根大阴线，之后便以反复折返的盘跌方式运行。在A点最后触及20日均线用了44个交易日，仍未能站上这条均线。

图2-43中，在A段产生的"回家"形态比较牵强，因为股价始终未能突破均线。实战中遇到这种情况，从股价强弱分析上也可以看出反弹之势极弱，切不可因为时长达到44个交易日，就认为该股股价跌无可跌，而贸然进场博反弹。一切要以盘口的实际表现出发，决不可主观认定，从愿望的角度决定交易。

第二章　均线引力和波段操作技术

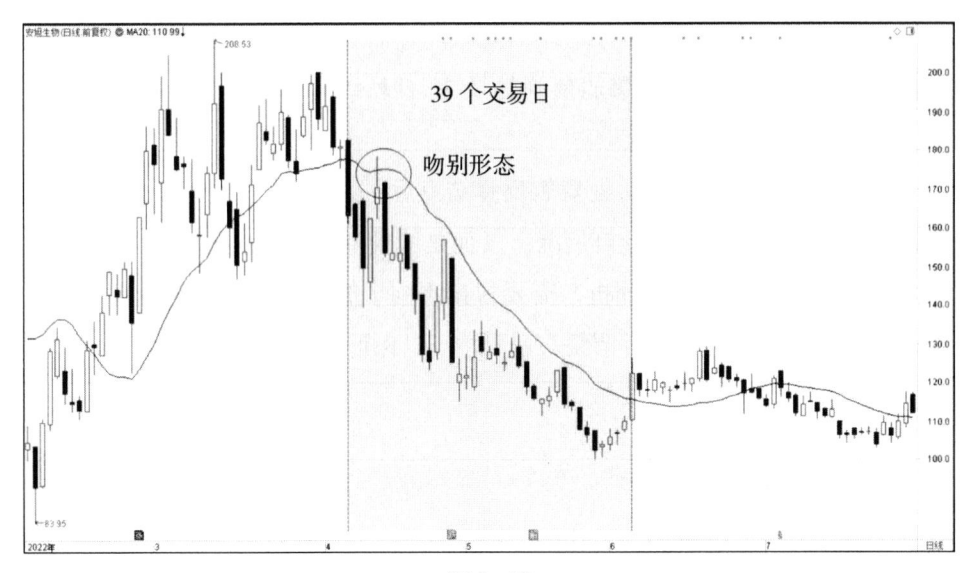

图 2-42

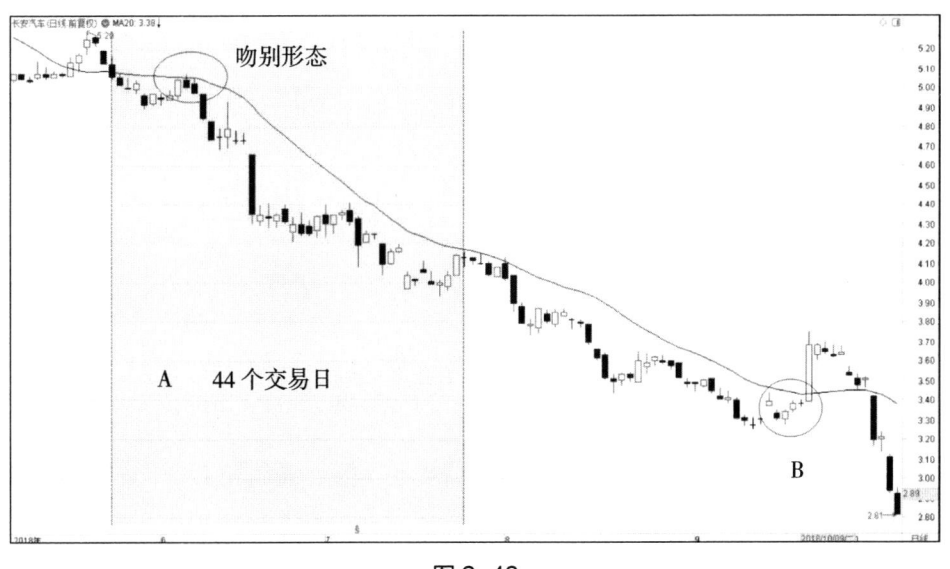

图 2-43

图 2-43 中，股价在 A 段之后继续下跌，仍以阴跌的方式缓慢下行。直至 B 处，股价反弹突破 20 日均线，这个过程的时长如果加上 A 处的时长，共计 80 多个交易日才算完成"回家"形态。当然，这个案例有一定的特殊性，

在 A 段结束处也触及到 20 日均线，并未超过时长法则。但在实盘中，如果出现类似案例中 A 段股价孱弱反弹触及 20 日均线的情况，仍然需要警惕跌势还未结束，下跌还将继续。

从图 2-43 中可见，在 B 处短暂反弹结束后，股价进入到快速下跌过程中，这种打破之前下跌速率的盘口情况，反而是股价真正接近底部的技术信号。

下跌时长分析是动态分析，需要根据不同个股的技术环境来分别估算，并根据盘口的实际情况及时调整交易计划，以保证交易策略不出现重大误判。

第三章

趋势引力和波段操作方法

第一节 趋势及趋势线绘制

一、趋势简述

讲股价趋势分析，就不能不提到道氏理论。道氏理论将价格长期整体运行方向称为主要趋势，并将主要趋势分为：整体保持上升的趋势为上涨趋势；整体保持下跌的趋势为下跌趋势。主要趋势中出现的回落或反弹走势（时间一般为三个星期至数个月），称为次级折返走势，也就是市场的中期走势；其余短时间内的波动，则称为短期走势。

趋势是指主要的、长期价格走势；趋向是指次级的、中期走势，以及短期走势。

道氏理论中的上涨趋势，也称为牛市，下跌趋势也称为熊市。在这两种长期趋势下发生的次级折返走势和短期波动走势，称为中期趋向和短期趋向。

如图3-1所示，在上涨趋势运行期间出现回落调整走势，也就是趋势的中短期趋向。在下跌趋势运行期间多次出现反弹走势，同样是趋势的中短期趋向。

在长期上涨趋势即牛市行情中，交易者应以持仓和积极做多为主要交易策略。长期上涨趋势会有多次级别较大的回调（即中期趋向或称次级下跌走势），以及不间断的短期回调（短期趋向）来制造恐慌，以清洗不坚定的持仓者，减轻上行的压力或提高市场持仓成本。但这些回调结束后，仍会回归到上涨趋势中。

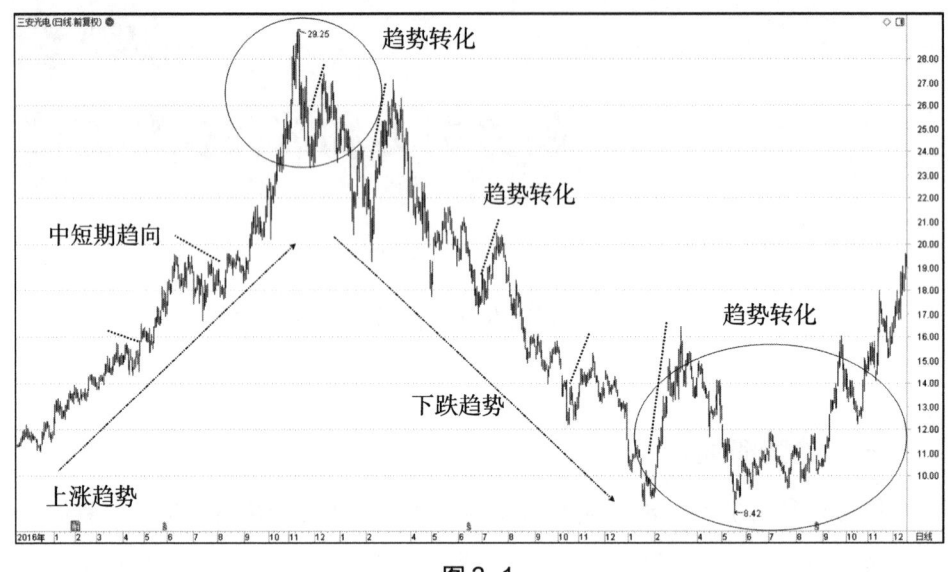

图 3-1

在长期下跌趋势即熊市行情中，交易者应以空仓和波段交易为主要交易策略。长期下跌趋势，也同样并不意味着一直下跌，其在运行过程中会有很多次级别较大的反弹（即中期趋向或称次级上涨趋势），以及不间断的短期反弹（短期趋向）来诱使资金介入。同样，这些反弹结束后，仍会回归到下跌趋势中。

趋势终有结束的时候，在辨别趋势的延续与转折上，首先从趋向分析开始。趋向是中短期内价格运行的方向，趋向可能和趋势相一致，也可能不一致，但趋势是由无数同向或逆向的趋向构成的。趋向的改变并不意味着趋势必然改变，但趋势改变必然由中短期趋向开始。

趋势与中短期趋向之间存在着引力。多数时间里，趋向的逆向波动最终会回归到趋势中来。在趋势转折的拐点上，原趋势的趋向（即中短期走势）逐渐转化形成新趋势，并对趋向具有引力。

如图3-1所示，上涨趋势运行到末尾进入趋势转化时，先由中短期趋向振荡开始，逐渐转化为下跌趋势。下跌趋势也同样如此，先由趋向振荡开始，逐渐转化为上涨趋势，形成的新趋势，对于之后股价中短期振荡具有相应的引力。辨清趋势与趋向之间的异同，也就可以借助它们之间的引力关系，在股价相对低点买入，股价高点时卖出，进行涨势阶段的波段交易。

二、趋势线绘制

看大势赚大钱。想要看清大势，分辨价格运行的各个阶段，借助趋势线来直观明了地进行查看，是一个简单方便且易于操作的方法。

趋势线是指根据股价的波动趋势，连接其两个重要的低点或高点，画出一条顺应股价趋势运行方向的直线。

趋势线是分析股价趋势及其变化的最有效的工具之一，正确地绘出上升趋势线和下降趋势线，有助于对趋势拐点提前做出预判，同时也有利于我们研判引力与波段交易的买卖点。

绘制的趋势线应能正确地反映股价运行趋势，方能起到对未来行情发展的提示作用。具体来说，绘制趋势线有三个要求。

其一，确定两个重要的低点或高点；

其二，这两个点在时间周期上具有相应的距离；

其三，能够正确反映趋势整体运行情况。

如图3-2所示，A点为该股顶部高点，B点为第一次中期反弹高点，都属于相对重要的点位。时间间隔上超过3个月，也较为合适。两点连线后所绘制的这条下跌趋势线，基本反映了股价下跌阶段的状况，以及后期股价反弹的情况，对于交易者研判趋势转折以及反弹引力关系具有重要作用。

个股在运行中有时会出现加速上涨或下跌等变化，这时候反映原始趋势的那条趋势线可能就难以反映出这种变化。交易者就需要根据股价加速的变化，再行绘制一条趋势线。这条能够反映股价加速运行的趋势线，相对于原始趋势线，称之为趋势线变轨。

如图3-3所示，图中1号趋势线即为原始趋势线，之后股价加速上涨，大幅脱离原始趋势线，如果仍以 1 号趋势线来研判股价运行，将大幅滞后于股价的变化，不利于交易者及时做出分析判断。绘制 2 号趋势线，通过分析趋势线变轨，就可以及时发现股价在高点的转折情况。

图 3-2

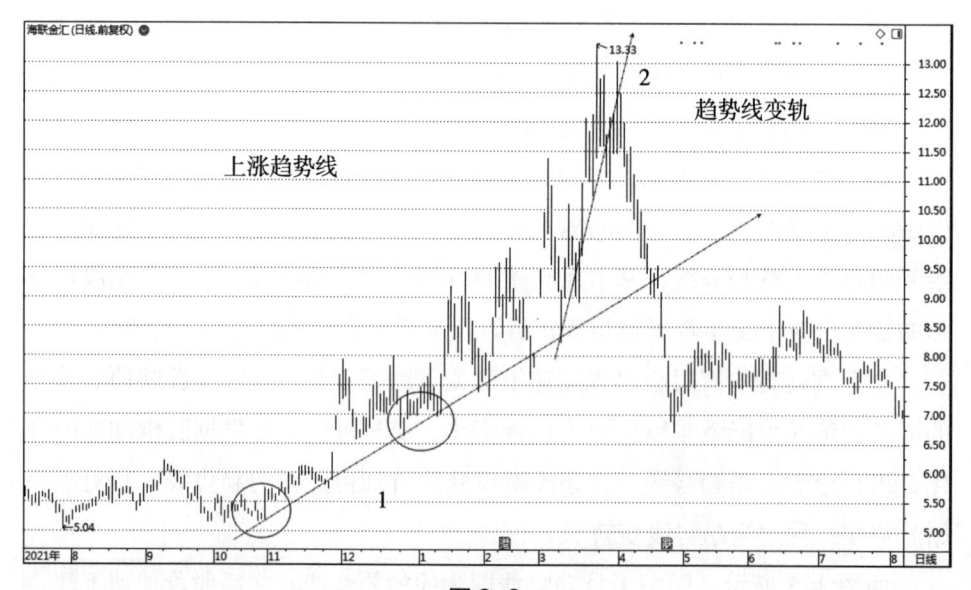

图 3-3

第二节　真假突破——下跌趋势的引力

突破是一个比较容易引起持仓者兴奋的词，因为它意味着股价将告别跌势，进入涨势之中。突破往往和技术性关口息息相关，上一章中讲到过技术关口，即技术分析中，常将股价趋势、前期密集成交区、重要高点低点以及具有较强支撑或压制作用的均线，统称为技术关口。

趋势技术关口以趋势线的形式表现出来，比如股价上涨穿越下跌趋势线，会被认为可能是一种股价向上突破形态，即股价从跌势扭转为涨势的开始。

在实盘中，整体处于下跌趋势中的股价，会多次出现向上穿越下跌趋势线的行为，但是多以突破失败告终。这种并未能引起趋势扭转的上涨形态，被视为下跌趋势中股价级别不等的反弹。

如图3-4所示，该股下跌过程中形成下跌趋势线，在 A 处股价反弹向上穿越这条趋势线，但是股价并未由此扭转下跌趋势，而是在反弹结束后仍旧回归到下跌趋势中。A 处的反弹所引发的仅是下跌趋势的变轨，股价

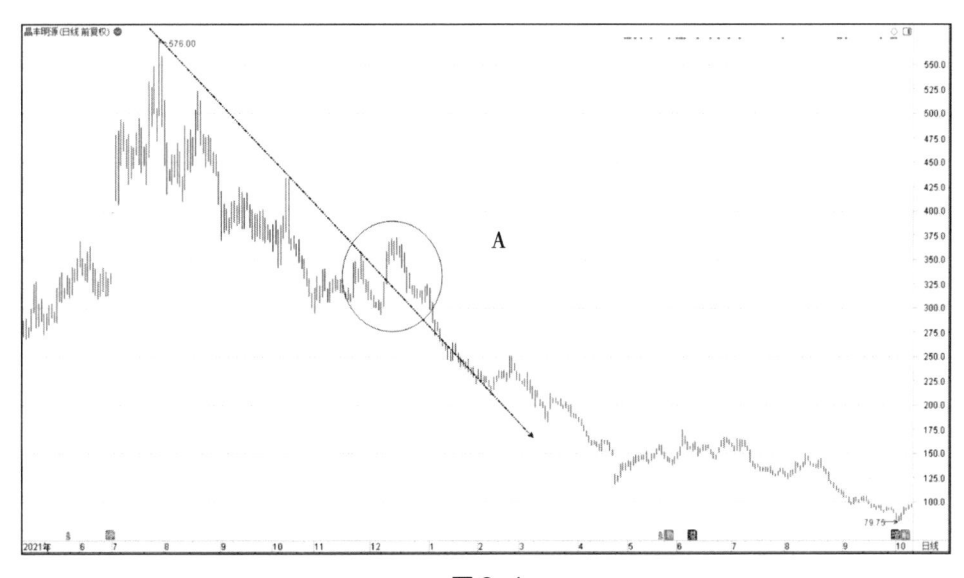

图3-4

依然不具备摆脱下跌趋势引力的动能。

股价级别不等的反弹，是尝试摆脱下跌趋势引力的过程，但迟迟不能出现趋势扭转，会让交易者处于焦躁之中。如果把每一次反弹都认定为假突破，那么真突破何时会出现，又如何出现？

趋势性突破的出现，是长时间或大幅度下跌累积的结果，也是消耗下跌趋势引力的过程，但并不具有必然性。也就是说，经过长时间或大幅度下跌的个股，具备了趋势突破的可能性，但是并不都会出现趋势性突破。

如图3-5所示，该股下跌过程中形成第一条下跌趋势线，股价反弹结束后改变了下跌角度，之后形成第二条趋势线。这个过程说明过于急速的下跌必然导致跌势引力大幅宣泄，继而诱发股价产生反向运行（反弹）。

图 3-5

我们可以将趋势线视为引力的临界线，股价穿越这条线就是与引力面对面较量的开始，但能否真正摆脱趋势引力，主要在于股价之后的运行方向与这条趋势线是否同步。

图3-5中第一条趋势线形成后，股价虽然一度处于趋势线上方，但整体

运行方向还是与之同步，这就说明这条下跌趋势线依然发挥着引力作用。股价对于这条趋势线的突破，只能是一个假突破。

股价运行到 B 点时，穿越第二条下跌趋势线，之后股价的运行方向明显与这条趋势线反向而行。这种情况的出现，就意味着突破可能已经成功。

如果交易者需要进行验证，以进一步确认形态的真实性，可以以图中 A 点（最低点）与 B 点突破前的低点相连，绘制一条上涨趋势线，然后观察股价运行是否与这条趋势线同向，如图中的 3 号线，股价虽有折返，但整体与这条线同向运行，至此可以认定趋势突破成功。

第三节　真假破位——上涨趋势的引力

趋势上的破位与上文中的突破一样，都是关于趋势技术关口上的股价穿越形态，即股价向下跌穿了上涨趋势线。破位则是一个最容易引起持仓者恐慌的词，因为它意味着股价将告别涨势，进入到跌势中。

实盘中，整体处于上涨趋势中的股价，同样会出现向下穿越上涨趋势线的行为，但也多以失败告终。这种并未能引起趋势扭转的下跌形态，被视为上涨趋势中股价级别不等的回落调整。

如图 3-6 所示，该股于上涨趋势运行过程中形成上涨趋势线，A 点处股价跌破这条上涨趋势线，但很快就回收到趋势线之上，并与上涨趋势线保持整体同向运行。案例中 A 点的这种破位情况，其实就是因为股价急速上涨，趋势引力大幅宣泄所引发的反向运行，必然是一次假破位。

和趋势性突破一样，趋势性破位也同样需要长时间或大幅度的累积，只不过所消耗的是涨势的引力。

如图 3-7 所示，该股经过长时间大幅度的上涨，趋势线出现过变轨，说明涨势运行处于加速过程中，这时需要注意股价过快上涨可能引发的回落调整。在 A 处股价跌破趋势线，并明显与趋势线不再处于同向运行的状态中，这里就是趋势破位性质的下跌。

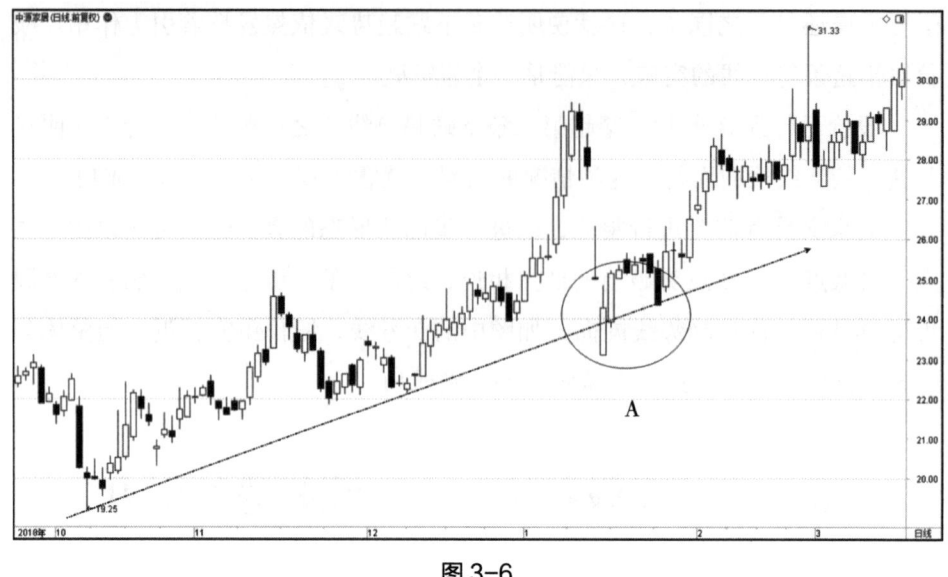

图 3-6

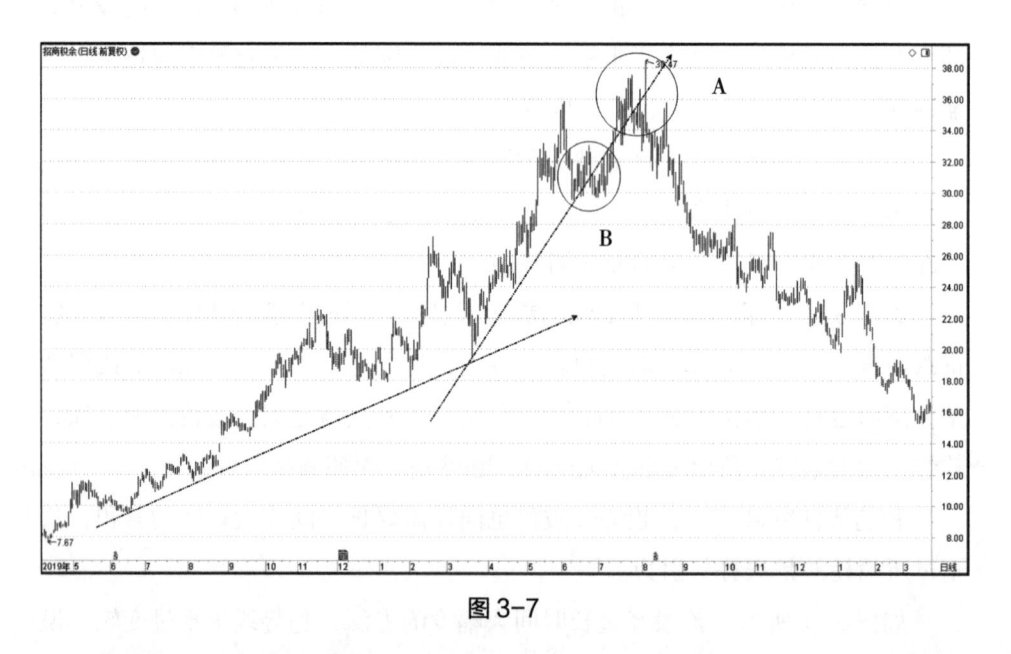

图 3-7

如果将 A 处与 B 处相比较,可以发现二者的不同。在 B 处时,股价虽然也出现了下跌和折返振荡,但并未呈明显的下行态势。而在 A 处时股价跌破趋势线,虽有快速的单日反抽,但整体已经明显处于下行态势中。同时,大幅度的单日反抽构成了趋势的"吻别"形态,暗藏即将告别上涨趋势的含义,这些技术细节都为我们提供了研判股价破位的重要参考。

实战中交易者还可以绘制股价运行重心线,来进一步确认股价破位的真实性,有兴趣的交易者可以参阅《趋势与股价波动实战技术》(中国宇航出版社出版),此处不再赘述。

第四节 箱体引力的波段实战操作

自2020年疫情出现以来,个股行情也出现了很多新的变化,只有少数股票会出现以往那种长牛的走势,而多数股票会采取来回大幅折返振荡的走势。交易者如果用以前的经验采取长线持股的方式,就避免不了来回"坐电梯"的窘境。箱体折返振荡,就是比较常见的"坐电梯"的形式之一。

箱体折返振荡,也称箱形振荡,是指股价运行中的多个高点都在相近的价位上(上边线),而多个低点也在相近的价位上(下边线),股价的波动大致保持在一个类似长方形箱体的范围内运行。箱形是最为标准的横向振荡盘整形态,如图3-8所示。

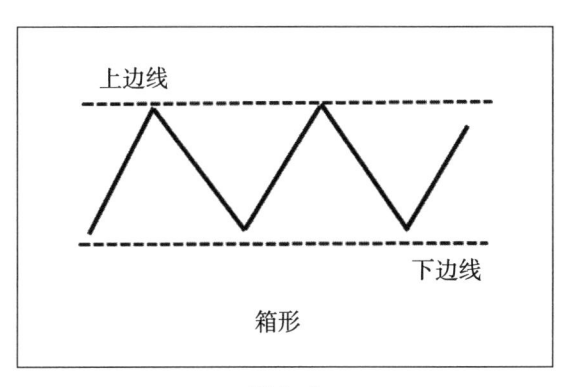

图3-8

一、箱体折返振荡的引力构成

个股处于箱体折返振荡中时,上边线与下边线相继对股价发生引力作用,即股价连续涨升到某个价位，下边线引力开始发挥作用，牵引股价开始转向下行；股价连续下跌到某个价位后，上边线引力发挥作用，牵引股价开始反弹，直至股价打破箱体引力，真正选择突破方向。而判断箱体突破方向，技术环境分析是重中之重。

其一，在股价整体涨幅或跌幅较大的基础上出现的箱体振荡形态，其最后的突破形成趋势性反转的可能性较大，这时的箱体振荡是作为一种单独趋势存在。如图 3-9 所示，该股大幅下跌后于 A 段构筑箱体，股价多数时间里受制于上下边线牵引，反复折返振荡，直至发生趋势突破。

其二，在股价整体涨跌幅较小的情况下出现的箱体整理，则多为趋势运行中的休整形态，这时的箱体振荡则是上升或下降趋势的中继或延伸形态。

其三，时间因素上，箱体本身维持的时间越长，其成为趋势性反转的几率越大。图 3-9 中的箱形维持时间近 3 年，基本满足主力建仓的要求，之后股价出现趋势性反转。图 3-9 中即为独立的横向盘整趋势，而不是下跌趋势的延伸形态，也是多数个股长时间下跌后有资金开始建仓的形态模式之一。

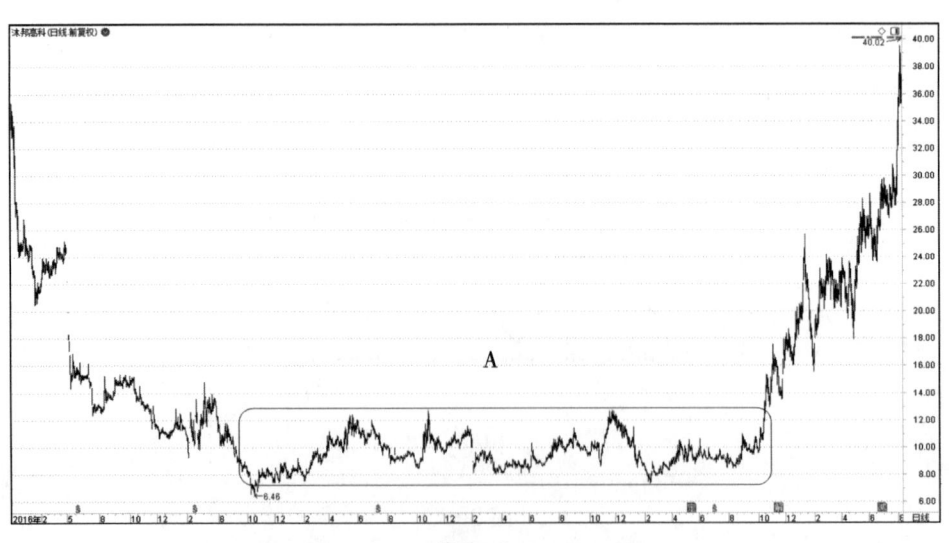

图 3-9

作为上涨或下跌趋势中继或延伸形态的箱形，其表现形式具有一定的迷惑性，往往会导致交易者误以为之前的趋势已经终结。

如图 3-10 所示，该股处于上涨趋势形成的初期阶段，于 A 段构筑一个长达半年的箱体。股价在箱形折返振荡的过程中，既出现过穿越上边线的假突破，也出现过跌破下边线的假破位，必然会使跟风者做出错误的判断和操作，这也是股价消耗箱体引力的过程。

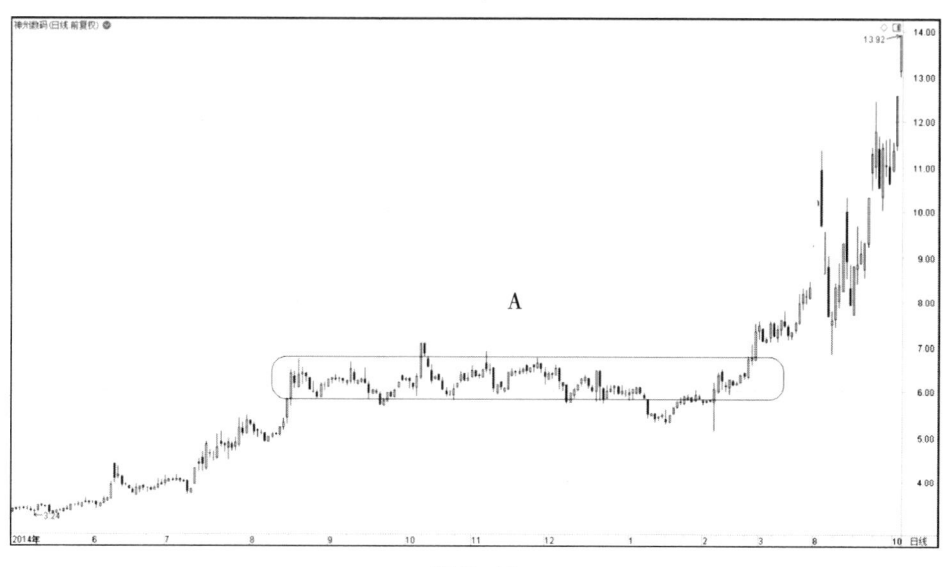

图 3-10

当箱体引力逐渐难以发挥作用，而股价积蓄足够的摆脱动能时，就会发生打破箱体的股价走势，比如图 3-10 中股价向上突破箱体，迎来一轮幅度较大的升势。

图 3-10 中 A 段的箱体，就是上涨趋势的中继形态，其作用主要在于清理浮筹、垫高市场平均持仓成本，同时主力也能够在此期间通过反复操作降低自身成本，为之后的拉升做好资金和筹码方面的准备。

二、箱体振荡的波段买卖时机

1. 箱体构筑过程中的交易时机

个股在折返振荡中营造箱体形态时，交易者可关注上下边线对于股价的引力作用，选择适宜的时机入场波段操作。但这种波段操作只能是短线性质的，不可过度追求盈利幅度。在操作过程中，如发现股价有突破上下边线的迹象时，应及时做好相应的准备。

如图 3-11 所示，在箱体折返中有多处买卖点，需要根据成交量、即时盘中信号进行研判。如在 A 处股价盘中数次触及下边线而不破，可尝试轻仓分批买入，及至 B 处股价穿越上边线却不能继续强势突破时，应及时卖出。

图 3-11

图 3-11 中，股价自 B 点回落后，却不再回落到下边线附近，而是在箱体中部的 C 处止跌企稳，说明下边线引力已经明显降低。从 C 处回落低点高于 A 处回落低点可以看出，股价已有上行突破箱体上边线的倾向。至此，交易者可放弃箱体内的波段操作，为股价突破箱体做好准备。

2. 突破箱体的交易时机

个股在长期或大幅下跌之后出现的箱体，股价突破箱形上边线的压力时，成交量有一个明显放量或聚量的过程，交易者可重点关注。如图 3-12 中 A 点所示，股价突破箱体上边线时，成交量明显放大。放量是因为：其一，主力资金在箱体内长时间的建仓，原有的空间已经难以收集更多的筹码或难以达到降低成本的目的，这时就需要更大的价格空间和更多的市场资金关注度，以配合完成接下来的任务；其二，箱体上边线的技术关口上，有解套资金或盈利资金卖出离场是正常现象。

从图 3-12 中可以看到，在 A 点处股价真正突破上边线之前，有过一个放量触及上边线的动作，这个动作仍属于箱体内部的折返，虽然也出现了放量，但股价穿越技术关口缺乏强度，穿越上边线便一触即溃，这就是一个假突破。

图 3-12

实盘中，股价突破箱形上边线后，有的直接进入拉升，图 3-12 就是这个类型；有的会出现一个回抽上边线确认支撑的动作，个别操作风格凶悍的主力还会采取跌入箱体内部"挖坑"后再拉起的动作，但这个动作持续时间极短，因为主力不会随意让低价筹码流失。如图 3-11 中 C 处的位置，就出现了一个急速下跌"挖坑"，然后迅速拉升的形态。

需要注意的是，如果实战中出现股价跌入箱体内部，成交放量而股价不迅速拉起的情况，那么大多数只能是假突破或突破失败的结局。

当个股在跌势中构筑箱体形态，有部分个股在跌破下边线后，会出现一个向上反抽的动作。如图 3-13 所示，该股构筑箱体形态，于 A 处跌破箱形下边线，跌破下边线后，该股出现一个向上反抽箱形下边线的反弹。对于这种触及下边线就踟蹰不前的弱反弹，不仅不具有参与价值，还应该是持仓者借机减仓的最后时机。

图 3-13 中股价反抽结束后继续下跌，随后在 B 点又出现了一次快速反抽下边线的动作，而且成交量迅速激增。这个动作具有较大的迷惑性，容易让交易者误以为该股启动了新一波上涨，但是如果交易者以变量的形态来研判这一次的上涨，就不难辨别其中的诱多迹象。

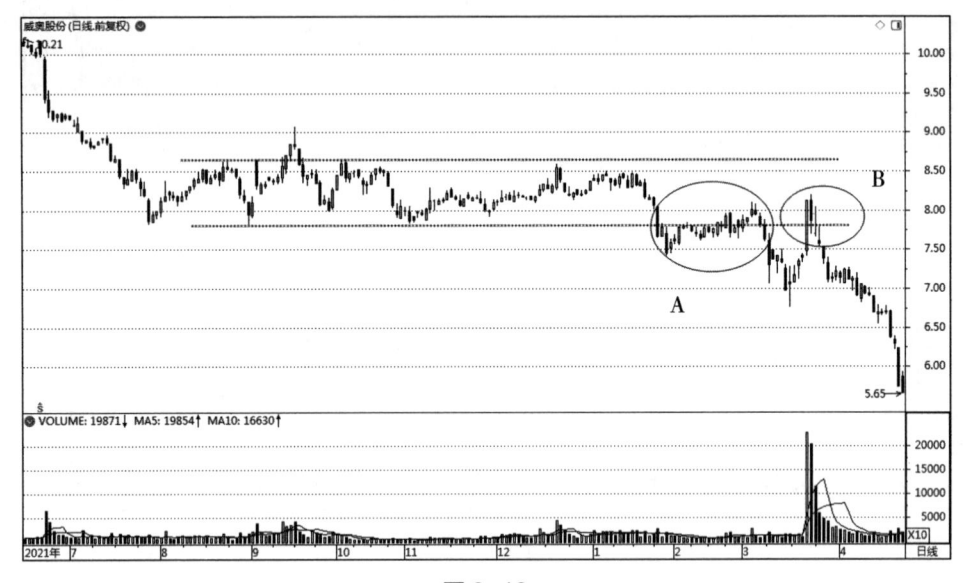

图 3-13

实盘中，股价前期经过长期、大幅下跌，构筑箱体后再次跌破下边线，但很快跌幅收窄，并迅速收复下边线，同时成交量明显强于构筑箱形期间的常量，则极有可能是主力制造的空头陷阱，后市看涨。

第五节　旗形振荡与确认趋势强度

股价振荡盘整形态，并不都像箱体形态那样呈横向波动，更多的振荡盘整形态在运行过程中有一定的倾角。

旗形振荡是指股价运行中的多个高点和多个低点之间，形成一个向上或向下的平行通道，因其图形像一面展开的旗帜，故称之为旗形。旗形分为上升旗形和下降旗形。旗形为上涨或下跌趋势的延伸或中继形态，当然，失败的旗形形态则转化为上涨或下跌趋势。

关于旗形形态的绘制，主要有两点：一是选择两个重要的高点连线，两个重要的低点连线；二是如果没有第二个重要高点或低点，则选择重要点画一条和高点或低点连线相平行的直线。

一、上升旗形和交易时机

上升旗形是指股价在上升趋势中出现一波回落调整，如果将其回落中的多个反弹高点相连接（上边线），将多个下跌低点相连接（下边线），则形成上下两条线平行的下行通道，即为上升旗形。如图3-14所示。

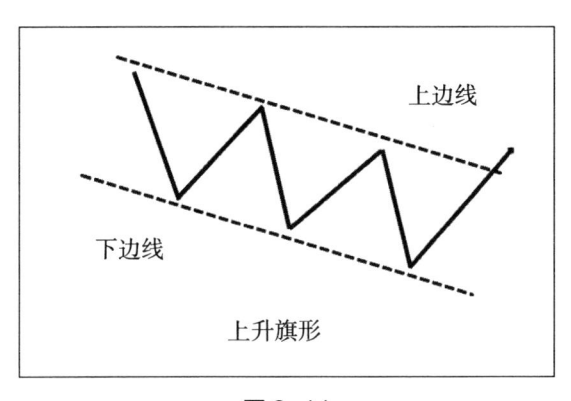

图 3-14

技术形态上，上升旗形是上涨趋势的中继形态，回落调整的目的在于主力震仓洗盘、提高市场持仓成本等需要，调整完毕后，股价大概率仍将回到原有的上升趋势中运行。

如图 3-15 所示，该股在上升趋势运行过程中，于 A 处构筑一个上升旗形振荡形态，股价经过一段时间的回落振荡后，突破上边线，回归到上涨趋势中。

上升旗形向下运行的倾角会有较多的变化，有的角度较陡，有的则较为平缓，这和主力需要借助股价回落达到什么样的目的有关。比如，主力意在清洗浮筹，那么向下陡峭的倾角所制造的恐慌气氛，就完全可以将大批浮筹压榨出去；如果主力意在借机降低成本，那么一个向下倾角平缓的上升旗形就会比较符合要求。

图 3-15

从趋势引力的角度来说，上升旗形是对上涨趋势强度的测试过程，即通过股价回落测试上涨趋势引力是否能够发生作用，能不能牵引股价继续回归到涨势中来。如图 3-15 中，在 A 段的回落过程中，股价低点逐渐远离下边线，靠近上边线，这是一个低吸信号。最终股价向上突破上边线回归到上涨趋势中，显示出上涨趋势具有较强的牵引力。

上升旗形是上涨趋势的中继形态，只要趋势引力存在，股价就不会过度偏离趋势本身，比如，上升旗形的下边线不会轻易跌破，即使跌破也会迅速收复。如图 3-16 所示，A 处股价一度跌破下边线，但是很快就收复，并由此展开回归上涨趋势的快速涨升中。

如果股价纠结在下边线上下，时而打破时而收复，而时间上超过 20 个交易日，这是上涨趋势引力衰弱的信号，很有可能走出上升旗形的失败形态。失败形态的上升旗形，则意味着上涨趋势引力失去作用，股价可能发生转折并进入到跌势行情中。上升旗形走出失败形态，意味着调整级别加大或原有趋势的反转。

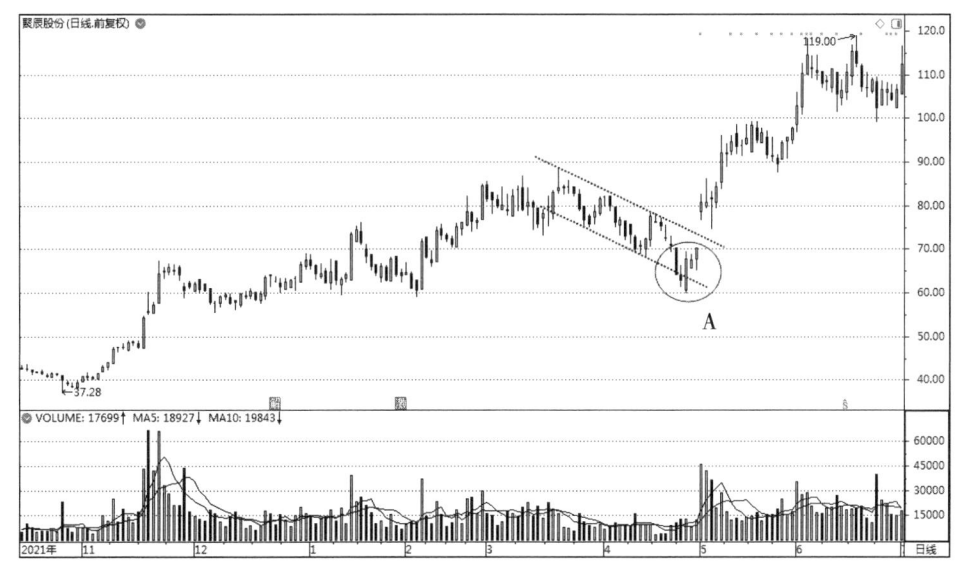

图 3-16

如图 3-17 所示，A 处股价突破旗形上边线，却不能迅速回归到上涨趋势中，意味着上涨趋势的牵引作用已经或正在衰竭，交易者此时应以卖出

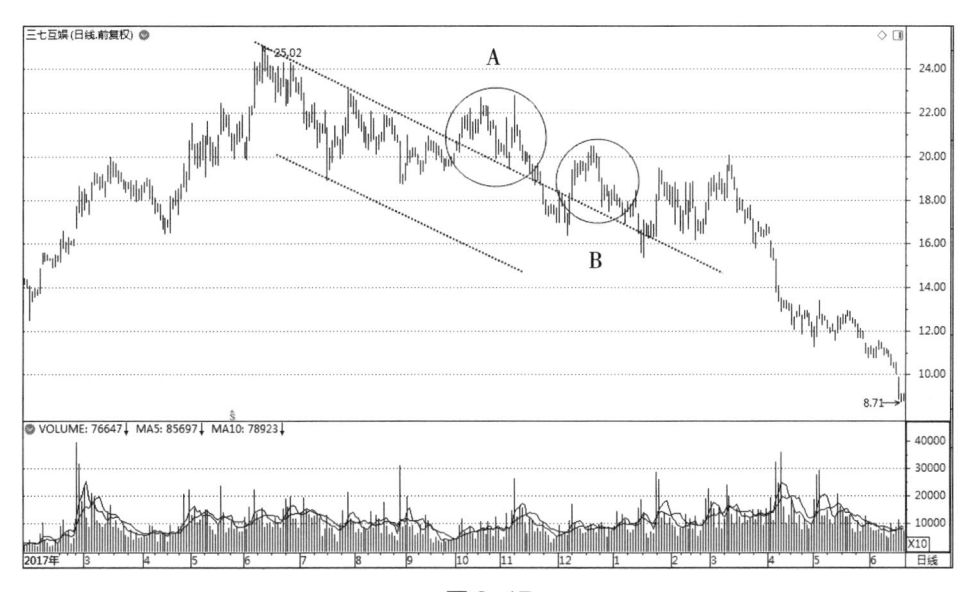

图 3-17

为主。当股价在 B 处的高点逐节下降，股价运行重心转为下行，那么旗形失败形态就已经形成。

二、下降旗形和交易时机

下降旗形是指股价在下跌趋势中出现一波反弹，如果将反弹中的多个高点相连接（上边线），再将多个低点相连接（下边线），则形成上下两条线平行的上行通道，即为下降旗形。如图 3-18 所示。

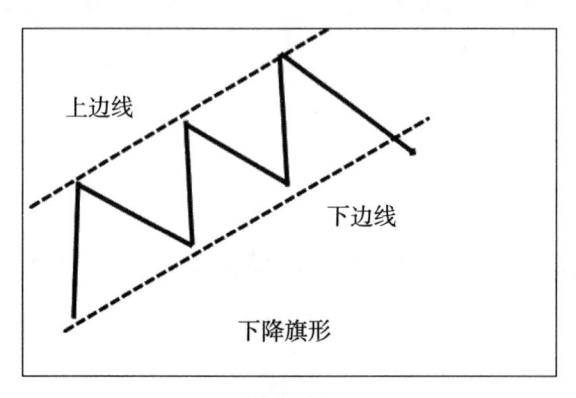

图 3-18

技术形态上，下降旗形是下跌趋势的中继形态，股价反弹完毕后仍将回到原有的下跌趋势中。当下跌趋势运行一段时间后，和上涨趋势一样需要一个休整的过程，来累积继续下跌的动力，而下降旗形就是这样一个行情休整和累积下跌动力的形态。

实战中，下降旗形是以股价反弹的形式展开，其在时间因素上和上升旗形类似，而主力的目的则是借助反弹择机减仓。主力会制造虚假向上突破等形态迷惑交易者，吸引尽可能多的资金进场接盘。

从趋势引力的角度来说，下降旗形同样是对趋势强度的测试过程，即通过股价反弹测试下跌趋势引力是否能够发生作用，能不能牵引股价继续回归到跌势中来。

如图 3-19 所示，该股运行于下跌趋势中，A 处股价出现反弹并构筑了一个下降旗形振荡形态，这个旗形最终还是受制于下跌趋势的引力，回归到了跌势中。实战中，交易者可以利用股价运行重心线和旗形上下边线共同研判，以便于提前预判卖出点位。

在图3-19中，股价跌破下边线后，在B处出现一波急速拉升，股价高点达到旗形下边线，这既是股价又一次尝试摆脱趋势引力，也是主力资金的一次诱多行为。不少交易者可能会因为股价突然发起的急速上涨，而误以为涨势启动。

实战中，类似案例中诱多性质的上涨有很多，辨别也颇具难度，需要交易者从技术环境上综合研判。比如图3-19中的B处，对于下跌趋势中的急速反弹，以不追涨为原则，就可以避免落入诱多陷阱。

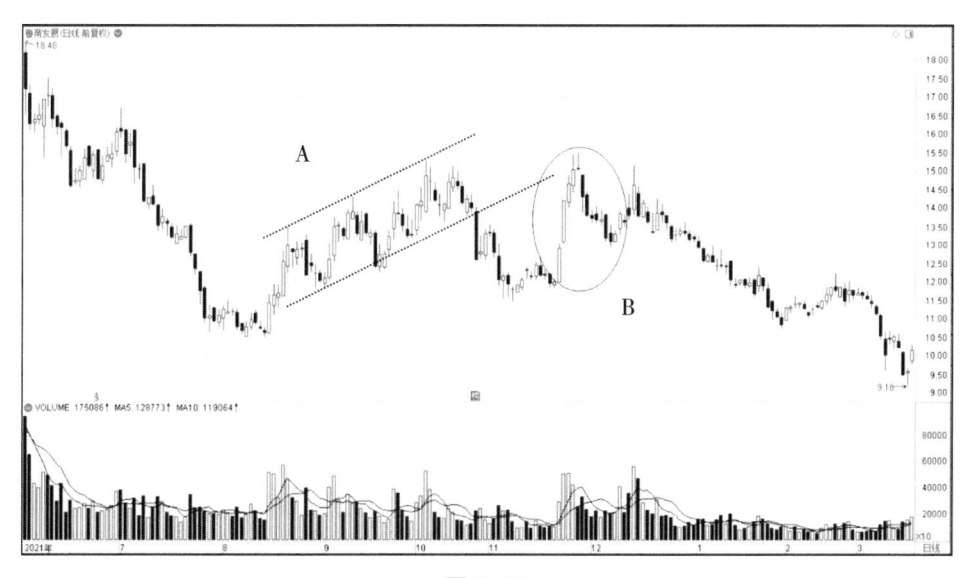

图3-19

下降旗形和上升旗形一样，同样也会走出失败形态，即股价发生趋势上的转化，由下跌趋势转化为上涨趋势。在这个过程中，股价突破并能站稳上边线，随后价格重心不再跌落到下降旗形之中，并能持续保持稳定的升势。

上述是旗形走出失败形态的一种简单形式，还有其他比较复杂的形式，如图3-20所示。该股构筑下降旗形，A处股价放量突破上边线，似乎要摆脱下跌趋势引力展开上涨行情，但是股价却由此走弱，不但未能实现真正的向上突破，反而跌入下降旗形下边线并在 B 处跌破下边线。

  这里的盘口形态就是诱多陷阱，让追高买入者套在 A 处高位，随后在 B 处跌破下边线，回归下跌趋势的态势，无疑会让短线追高资金选择割肉离场。但是 B 处过后，股价"挖坑"后便开始回升，很快就放量快速突破下降旗形，展开一波升势，走出了下降旗形失败形态，这里的盘口形态就是诱空。

  从 A 处的诱多到 B 处的诱空，无疑有主力资金在其中翻转腾挪，利用下降旗形形态来反复搓揉持仓者。这个案例就是下降旗形比较复杂的失败形态。

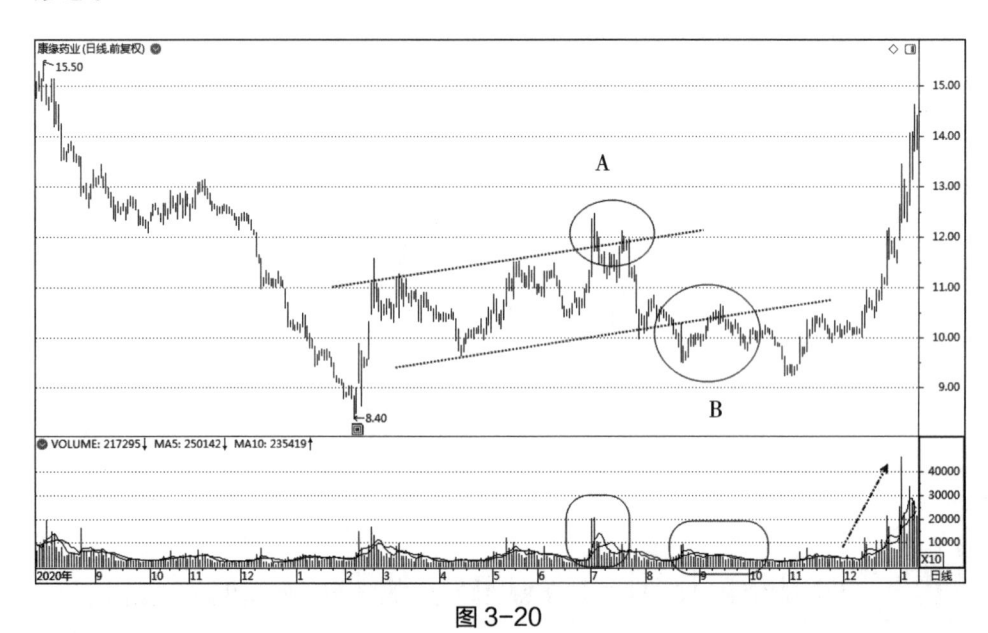

图 3-20

第六节　过度下跌的反向引力——尖底波段操作

  股价下跌终会有止跌回升的那一刻，而这个止跌回升的价位或者区域，一般称之为底部。股价止跌企稳的底部具有多种形态，既有形态复杂、构筑时间极长的大型底部，也有形态简单、形成时间只有几个交易日的小型底部。底部构筑的复杂与否，必然与后期涨幅息息相关，但最为常见的无疑是小型底部，因为这些形成时间较短的底部，既可能是趋势转折底部，也可能是次级行情调整结束的底部。

尖底就是一种形态简单、形成时间极短的小型底部，往往出现在跌势行情的末期，以最后一跌，也是最迅猛的下跌，来打破持仓者的心理防线。过度下跌必然触发趋势的反向引力，所以尖底在形态上，股价以陡峭的角度向下快速跌落，达到某一低点后会突然迅速逆转而上。股价由急跌迅速转化为急升，运行角度像英文字母 V，所以也称为 V 型底，如图 3-21 所示。

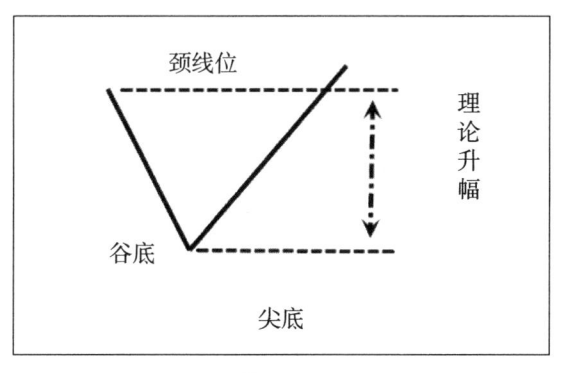

图 3-21

尖底有个理论上的升幅，即尖底成立后的基本升幅，可能不会小于尖底起点和谷底之间的距离。尖底的起点，是指最后一波急跌开始时的价位，这个价位也被称为颈线位；当价格突破颈线位并能够再续升势时，即认为价格底部成立。如图 3-22 所示，该股在跌势中出现一波角度陡峭的快速下跌，随后股价迎来同样迅速的上涨。股价突破颈线位后，最终涨幅与理论升幅相差不远。

理论升幅只是一个参考值，并不是说股价涨到理论升幅就必然下跌，或者股价一定会涨到这个幅度。如图 3-23 所示，股价反弹至颈线位便开始横向振荡，一直不能突破颈线位，更谈不上达到理论升幅了。

实盘中，交易者还是需要根据个股的盘中情况进行具体研判，如果确实达到理论升幅，股价或成交量也出现卖点提示信号，那么结合理论升幅进行判断，交易者就可以提前做出卖出决定。

图 3-22

对于波段交易者来说，图 3-22 中股价突破颈线位后的振荡非常关键，因为正好借此观测股价下方是否存在支撑，同时观测上涨引力是否消失。如图 3-23 中股价达到颈线位就开始横向振荡，说明过度下跌形成的趋势反向引力基本已经衰竭。

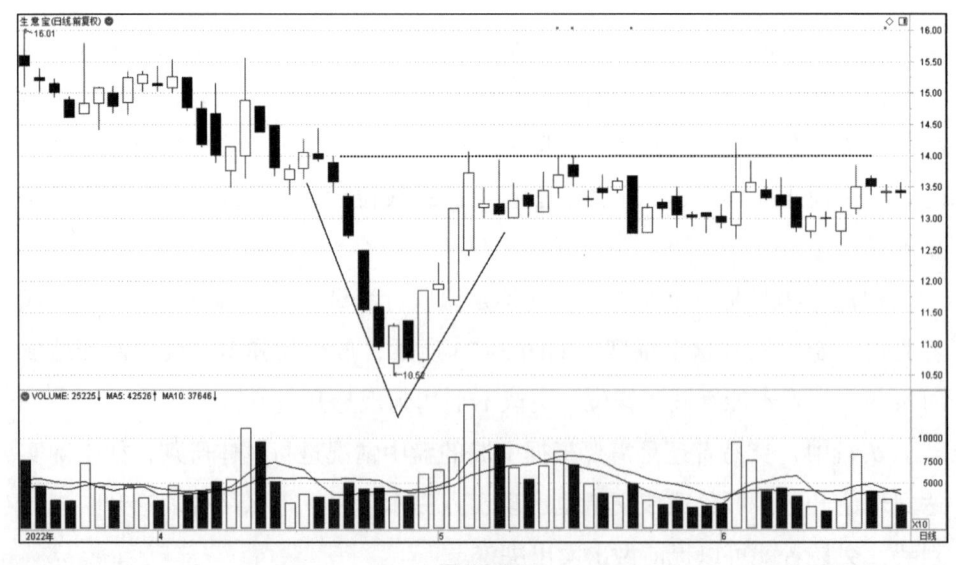

图 3-23

突破颈线位后股价回落下方不存在支撑，这对于正在酝酿一波升势的个股来说，是不可能存在的现象。如图3-22中，股价虽然跌破颈线位，但很快回收，显示颈线位具有相应的支撑，正是波段交易者的买点。

对于短线交易者来说，应该在尖底的谷底附近买入，股价突破而上就可以通过分时图技术进行选择，或者追涨，或者盘中调整时低吸。但这种短线交易必须注意止损，一旦股价反弹乏力，即使亏损也要卖出。

当股价到达颈线位附近的振荡高点，就是短线交易者兑现获利的时候。就尖底形态来说，短线交易在颈线位附近既有卖点，也会再次发出买点提示，这是短线交易的特点——不参与盘整所决定的。

尖底是价格的一次快速探底过程，时间大多极为短促，价格从跌到涨的转换较为迅捷，通常不会在这里出现明显的盘整，但颈线位上下大多会遇到阻力，这是测试支撑与引力的过程。但是实战中也有一些案例在构筑尖底并起涨后，在突破颈线位时并无明显的盘整振荡，而是直接快速拉升。

在尖底的整个构筑过程中，价格下跌过程中成交量一般都呈现缩量的态势，而在由跌转涨的过程中，成交量会出现温和放量和聚量的现象。有些个股在突破颈线位后，会出现回抽确认支撑的动作，这时的成交量可适度缩小，但要比下跌阶段的常量大，如图3-22所示。

突破颈线位后的升势或盘整走势中，成交量不能出现由聚量形态转化到量能消散的状态，否则很可能走出尖底失败形态，也就是多头陷阱。如图3-23中，股价在颈线位下成交量就开始出现量能消散形态，已经预示向上突破几乎不存在希望。

即使是成功突破颈线位后，如果个股成交量激增构成变量形态，那么后续量能多数会出现后继无力的情况，这对股价持续上涨来说是致命缺陷。如图3-22中股价达到理论升幅后的变量形态，已经昭示出股价将结束升势，交易者应及时选择卖出。

第七节　确认升势形成——双底波段操作

双底是指股价下跌到某一低点后转为上升，升至一定高位时再度出现下跌，这次下跌在前低点附近企稳，随后价格又转为上升并突破前一高点（颈线位），在确认颈线位之上得到支撑则突破有效，双底成立。双底也称为W底，如图3-24所示。

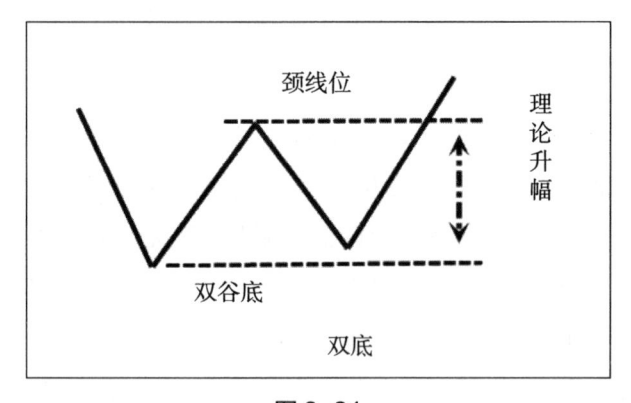

图3-24

双底形态中，双谷之间的弹升高点被称为颈线位，当价格突破颈线位后得到支撑则突破有效，即认为价格底部成立。双底的理论升幅，为颈线位至双谷底平均值之间的距离；理论上认为，双底成立后的基本升幅，可能不会小于这个距离。双底的两个低点并不一定都在同一价位上，升幅测量时可取其平均值。

技术形态上，底部结构受到形态构筑的复杂程度、时间周期以及形态出现位置的影响，与其之后的涨幅和持续时间具有重要的关联性。

短期内在价格超跌过程中构筑的简单的底部形态，其升幅和上升持续时间可能就不会太理想，同时对于这种底部形态，还需要防备主力制造多头陷阱（即假突破）等所带来的风险。一个构筑时间较长、构筑过程复杂，在长时间或大幅下跌之后出现的底部形态，一旦有效突破颈线位，其所迎来的可能就是趋势上的扭转。

引力关系上，双底形态其实是包含尖底形态在内的一种形态，股价超跌后趋势的反向引力促使反弹发生，这个反弹的高点或许越过本次下跌的起始点，或许未能越过起始点（也就是尖底可能是失败形态）。当股价再次转跌时，趋势反向引力消失，股价顺从于下跌趋势的下行引力运行。股价又一次止跌回升时，双底形态初现，这时是股价尝试摆脱下跌引力，转向涨势的开始。在趋势转折的判断上，双底形态比尖底形态更为可信。

如图3-25所示，个股双底形成的过程中，第一次下跌与反弹形成的尖底未能突破下跌起始点，是尖底的失败形态。随后股价回落，但并未抵达前一低点就再次反弹，并突破颈线位，至此双底形成。

在这个案例中，有两个技术点非常关键。

其一，图中A处股价低点高于前低点，说明下跌趋势引力相比之前已经减弱或者衰竭，已经不能牵引股价继续大幅下跌。出现这种态势，交易者可以为双底的形成做好准备。

当然，实盘中的双底形态也会有右侧低点低于左侧低点的情况，多为主力资金刻意打压股价、捡拾低位筹码的行为。这种类型的个股远不如案例中的形态好判断，后续操作也会倍受折磨。

其二，股价突破颈线位时多数会出现回抽，双底形态的回抽很关键，决定着是否会出现失败走势。如图中B点所示，股价跌破颈线位，说明跌势引力仍在发生作用。这个现象其实也很正常，股价在涨跌之间一直会受到上下两方面引力的牵引。多数个股会延续本身所处趋势引力的方向运行，而在趋势转折的关键点上，股价摆脱原趋势，进入新趋势，必须展示出应有的股价强度。

什么是股价强度？

如图3-25中B点所示，股价回抽性质的下跌，就是原跌势引力的作用，但股价并没有迅速回归跌势，而是很快缩量止跌，下方的量能消散形态意味着交易渐趋冷清，并不是能够引导股价上涨的成交量形态。

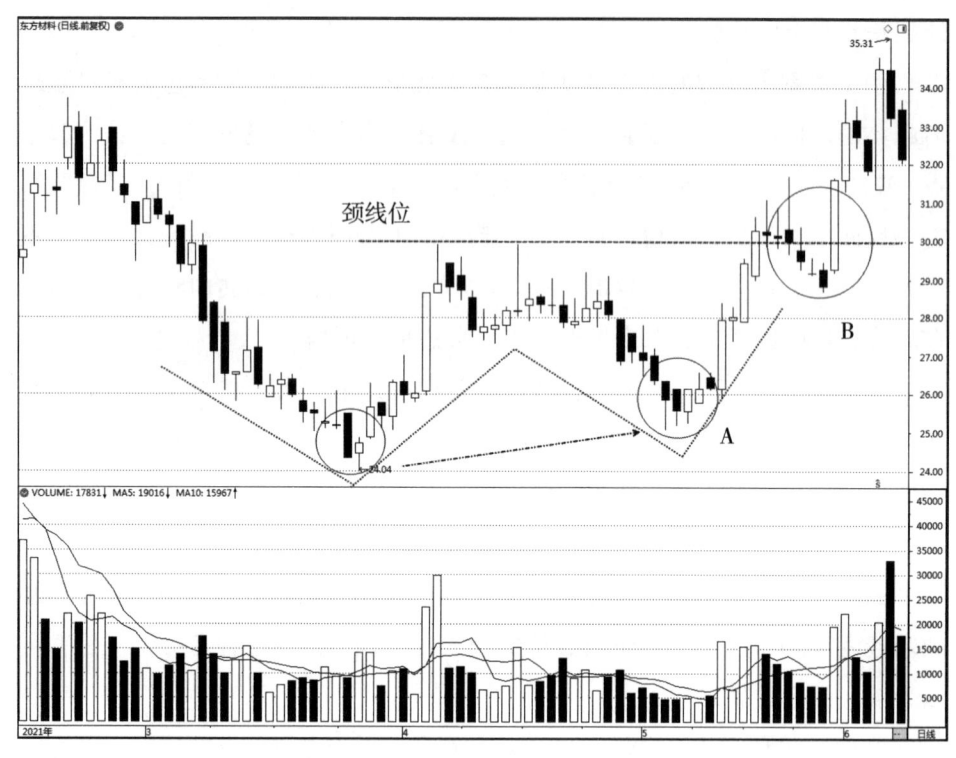

图 3-25

但在价量齐弱的情况下股价能够止跌，不再继续回归跌势，这就是隐藏的股价强度。结合图 3-25 中颈线位的存在，可以预估股价正处于摆脱原趋势、构筑新趋势的点上，突破颈线位就将真正展示出股价未来的趋势。

股价的强与弱是不断转化的，也是隐藏在过程中的。我们通过表象发现股价的强，往往都已经来到了最后阶段。只有分析不曾显露的股价强度，才能预知股价未来的运行方向。

根据股价隐藏的强度变化和双底构筑过程中的成交量变化，可以预估双底会不会走出失败形态。

双底在构筑过程中，其左侧第一个低点的成交量通常不会有明显的变化或呈零散放量，但整体上还是处在下跌阶段的常量状态。

当价格开始弹升并构筑颈线位时，成交量初步呈现聚量形态，之后价格再次回落形成右侧低点时，成交量随之缩小。价格再次上升并突破颈线位时，这里的成交量应该是最大的，并呈现明显聚量的状态。如图 3-25 所示。

整个双底构筑过程中，成交量是由低到高分布的，这种分布方式符合量价关系的同时，也能够显示出主力资金的回归路径。

实战中我们会遇到构筑双底失败的形态，也就是主力资金制造的多头陷阱，这些失败形态从成交量上就可以提前预估。如图 3-26 所示，该股在下跌趋势中构筑了一个失败的双底形态。

图中 A 段及之前的急跌，首先可以把它当成尖底构筑形态，A 段明显放量却不能突破尖底颈线位，随着股价再次下跌，这个尖底构筑失败。

图中 B 段股价下跌后再次上涨，这时候之前的 A 段就成了双底的颈线位，B 段股价两次尝试向上突破却迟迟不能成功，最终向下跌落，双底构筑失败。双底走出失败，其实从 B 段和 A 段的成交量对比就可以提前预估。B 段不但股价难以企及颈线位，整体成交量也明显小于 A 段的量，这是一个极不正常的现象。

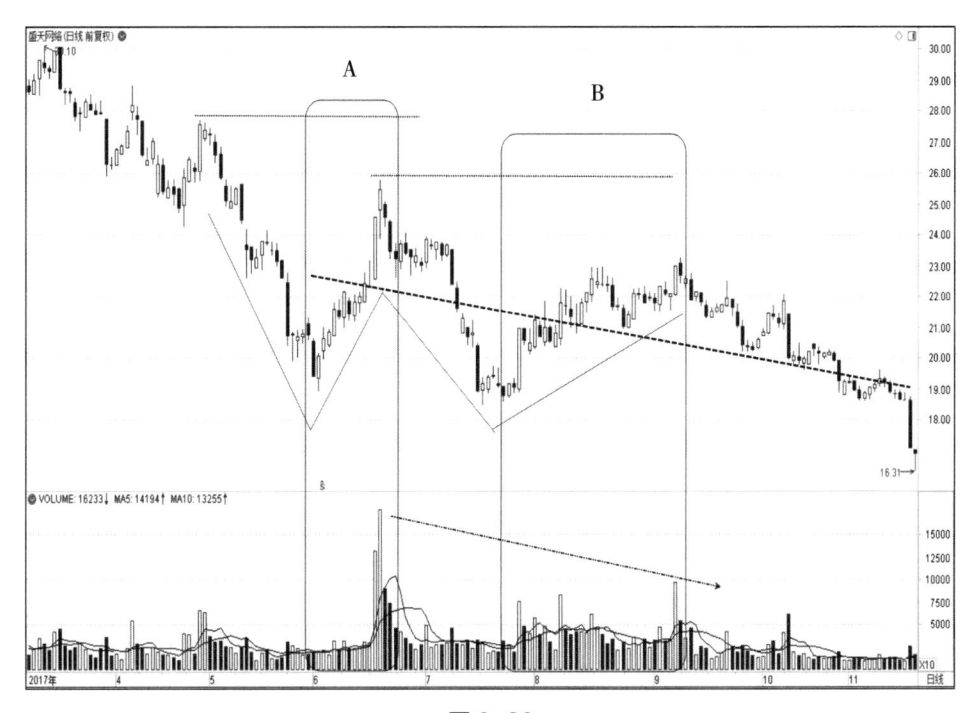

图 3-26

图中以 A 段升波和 B 段升波连线绘制出一条重心线，明显可以看出股价波动重心已经向下倾斜，这也是我们判断双底能否构筑成功的一个方法。股价波动重心的研判方法请参阅《趋势与股价波动实战技术》（中国宇航出版社出版）。

一个即将突破的形态没有成交量的聚集和支撑，大概有两种解释。

其一是上升趋势中的控盘庄股，这种类型的个股无须放量也能斩将夺关，原因是主力掌控了较大比例的流动筹码；其二是这个即将突破的形态是用来骗人的，骗更多的资金相信形态即将突破。

图 3-26 中该股处于下跌趋势运行过程中，在跌势中构筑双底没有量能的持续支撑，首先就可以排除趋势扭转的可能。作为趋势延伸形态的反弹底，无论是尖底还是双底，都不能对个股的涨幅期望过高，很多个股可能连理论幅度都涨不到。

第八节　过度上涨的反向引力——尖顶波段操作

尖顶是指在上升趋势中股价以陡峭的角度向上快速涨升，达到某一高点后，股价突然急转直下，以相似的速度和角度开始下跌。因股价由急升迅速转化为急跌，运行角度像倒置的英文字母 V，所以也称为倒 V 型顶。如图 3-27 所示。

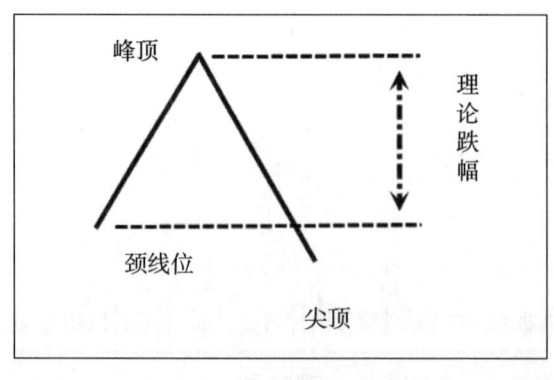

图 3-27

尖顶有个理论上的跌幅测量，即尖顶起涨点和峰顶之间的距离。理论上认为，尖顶成立后的基本跌幅可能不会小于尖顶起涨点和峰顶之间的距离。尖顶的起涨点是指最近一波急升开始时的价位，这个价位也被称为颈线位。当价格跌破颈线位而不能有效收复时，即认为价格顶部成立。

尖顶形态不是长期顶部形态，只能是中短期顶部形态。因为很多个股构筑尖顶结构时，起涨点就是趋势转折点，如果认定尖顶从最初的起涨点开始，那么即使股价跌破原位，也只刚刚抵达颈线位。这对于顶部研判理论来说就是一个死局，是一个无须研判分析的形态。

如图3-28所示，图中尖顶的认定，如果以A点为起涨点（即颈线位），那么这个形态的研判意义等同于无。起涨点认定的正确位置应该是B点，尖顶的构成以快速涨升为特征，其涨升过程中不应有明显的盘整形态出现。所谓明显的盘整形态，是指盘整时间以日间为主，最多不能超过2个交易日。

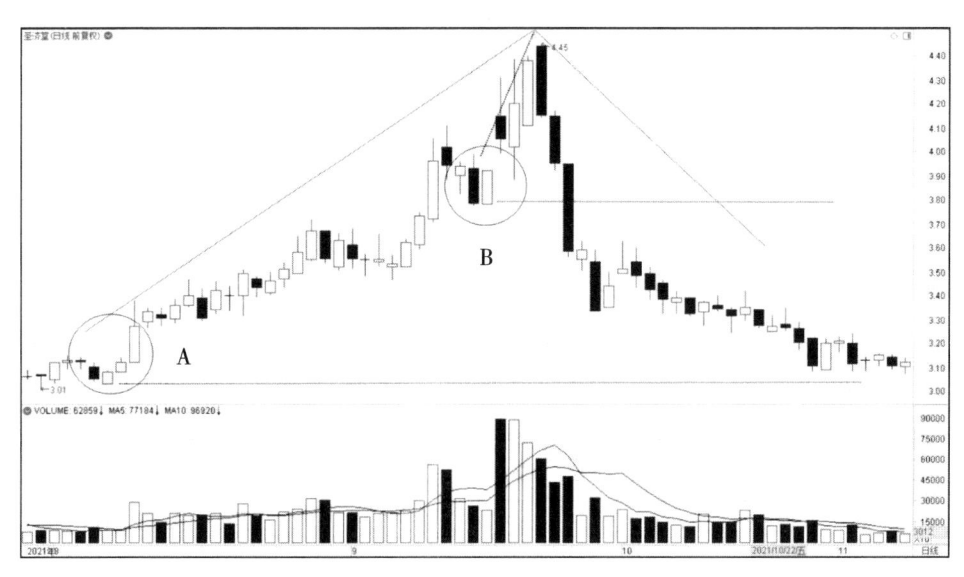

图 3-28

正确认识尖顶形态的构成，有利于交易者及时把握交易时机，既不会过早卖出持仓，也不会错过高点清仓的机会。

涨势过程中股价突然加速脱离原来的运行重心，也就意味着趋势的反向引力将要发生作用。涨速越快、涨幅越大，反向引力出现的时间可能就越近。当反向引力发生作用，股价跌破颈线位，则意味着反向引力转化为向下的主要引力。

涨势过程中，不论是中途还是顶部高位，但凡出现急速上涨，对于短线交易者来说，都是卖出的时机。即使是长线牛股，其中途出现的次级调整行情也会比较漫长，与其眼看着盈利化为乌有，不如发现高点形成就以短线或波段交易的思路卖出，待股价回落后再行买回。在一只股票上反复做波段或短线，最终的盈利幅度远比随意选股买进卖出要高得多。

如果尖顶形态出现在上升趋势的初、中期，那么其只是趋势的中继形态，可能很多个股甚至连理论跌幅都达不到，它的出现仅仅是趋势反向引力的作用，当股价回归到涨势原来的运行重心上，大多就会止跌企稳。

如图3-29所示，A处该股出现一个尖顶形态，股价跌至颈线位附近便止跌企稳，显示出反向引力已经被消耗，最后股价仍旧回归到上涨趋势中。对于这种类型的个股，交易者可以在高点上短线卖出，等待股价消耗反向引力后再行买回。

对短线与波段交易者来说，选择买进卖出时机是一个关键技术点，就尖顶而言，其卖出的阈值个人认为以成交变量形态为标准，即股价急速涨升过程中，一旦出现变量形态，则至少短线卖出信号就已经发出。

同时，交易者还可以通过绘制上涨趋势线和重心线来具体分析股价引力消耗情况。在尖顶下跌时，重心线同向向下，但在颈线位股价盘整时，重心线变轨向上，股价的波动也从重心线下转为向上，并不再跌下重心线，这就反映出股价运行的倾向性。

从图3-29中可以看到，尖顶下跌阶段，股价跌至颈线位附近，于上涨趋势线之上止跌，这就是一个反向引力衰竭的信号，之后股价开始转跌为涨，交易者可择机低点买回。

尖顶形态具有迅捷性和凶悍性的特点，对于交易者来说，股价过于急速的上涨，虽然盈利得以短时间内大幅提升，但是不能把握一瞬即逝的卖点，也只是一场纸上富贵。尖顶存在着很大的交易风险。

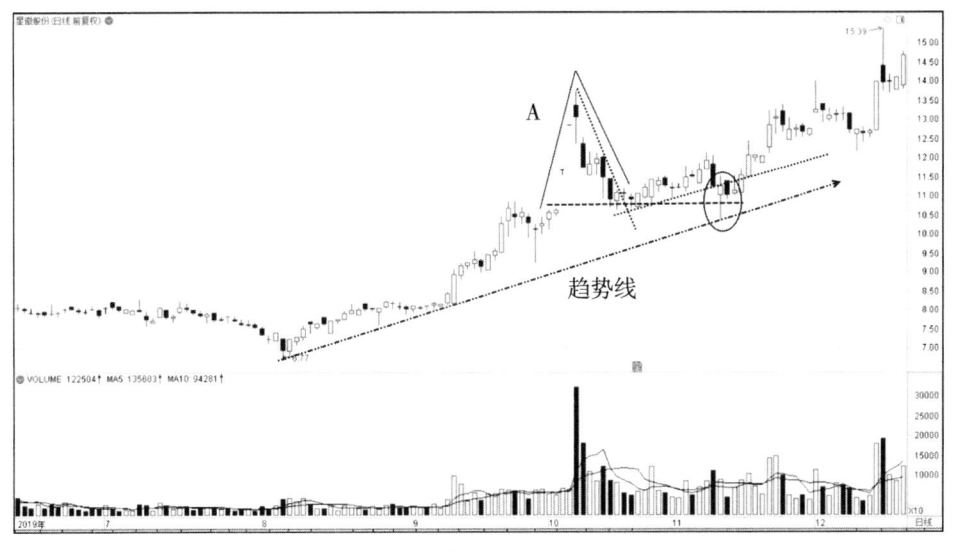

图 3-29

同样是尖顶形态，所处的技术环境不一样，其下跌幅度必有较大区别。比如，长期大幅上升趋势结束时出现的尖顶形态，其所带来的下跌动力，就要远大于次级调整的下跌幅度。

如图 3-30 所示，该股在长期大幅涨升后，于股价高位构筑尖顶成功，当股价跌破颈线位后，接下来是远远大于理论跌幅、持续数年的大跌走势。

下跌趋势中，反弹性质的短期尖顶形态一旦出现，其杀伤力也较为惊人，交易者应注意提防。如图 3-31 所示，该股构筑尖顶的涨升阶段只有短短几个交易日，下跌阶段时间稍长，但无论是涨升还是下跌，角度都较为陡峭，交易者即使利用重心线，也较难把握最佳卖点。对于类似的案例，交易者在寻找卖点时，应主要以变量形态来捕捉卖出时机。同时，对于这种技术环境下的尖顶形态，一旦被套，应在第一时间坚决止损，鉴于尖顶急速运行的特征，不必等到确认跌破颈线位。

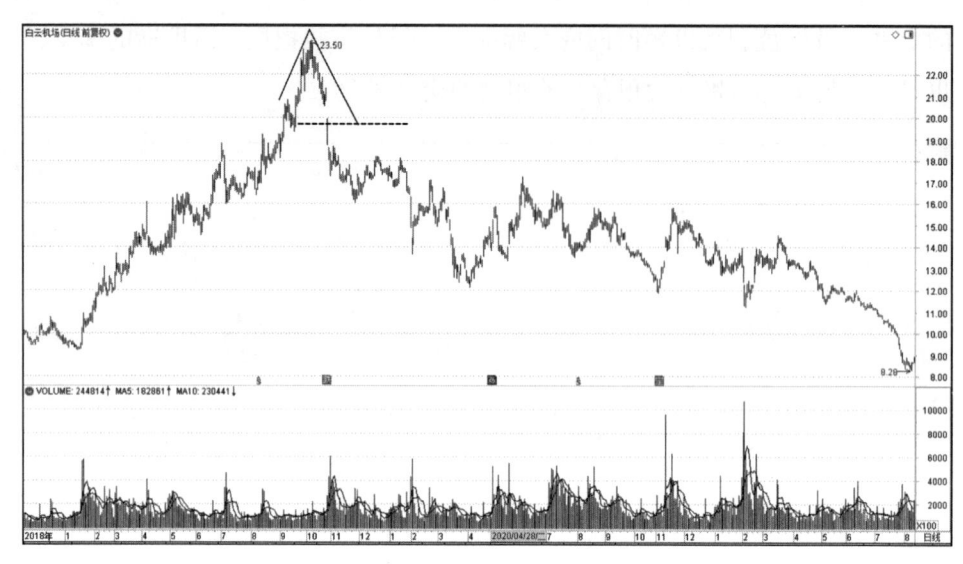

图 3-30

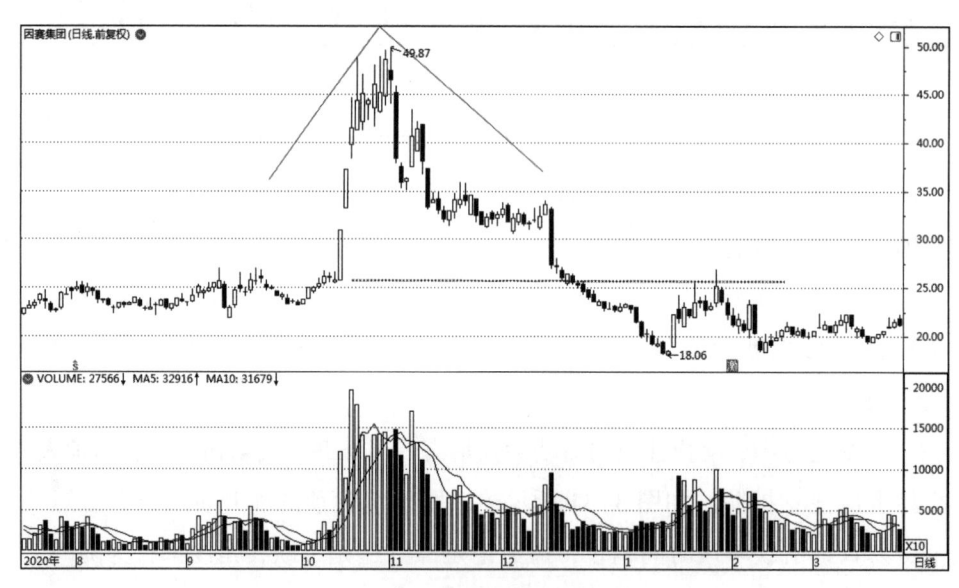

图 3-31

第九节 确认跌势形成——双顶波段操作

双顶是指股价上升到一定高点后出现回落，之后股价又开始上涨，但这次上涨达到前一高点附近时再次发生下跌，并跌破前回落低点（颈线位），且不能在短时间内成功收复，则双顶成立。双顶的形态与英文字母 M 较相似，故也称为 M 顶。如图 3-32 所示。

双顶的理论跌幅为回落低点和双峰顶之间的距离，理论上认为，双顶成立后的基本跌幅，可能不会小于这个距离。双峰顶之间的回落低点也被称为颈线位，当价格跌破颈线位而不能有效收复时，即认为价格顶部成立。

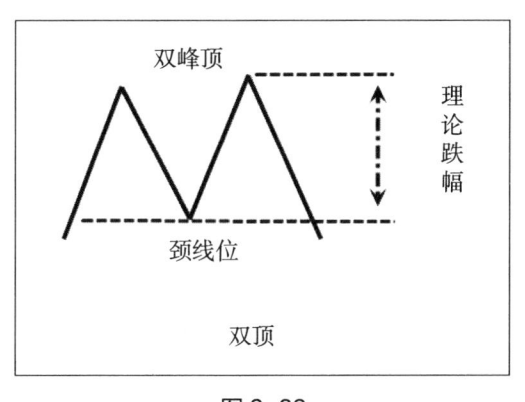

图 3-32

双顶形态形成的技术环境和构筑时间，与其之后的跌幅和下跌持续时间具有一定的关联性。在长期或大幅上涨之后出现双顶，同时营造双顶的时间周期也较长的话，那么未来的跌幅将极为可观，下跌持续时间也将较为漫长。

在下跌趋势中出现的反弹性质的双顶，虽然构筑时间相对较短，构筑过程简单，但对于短线交易者来说不可等闲视之，其后期跌幅较难以预料。

如图 3-33 所示，该股大跌之后在反弹中形成一个相对简单的双顶形态。该股股价经过一波快速急跌，打破颈线位，随后在颈线位下方弱势反抽，然后进入再一次急跌过程中。这种类型的双顶，多数为下跌趋势的中继形态，反弹结束意味着股价可能重回跌势。

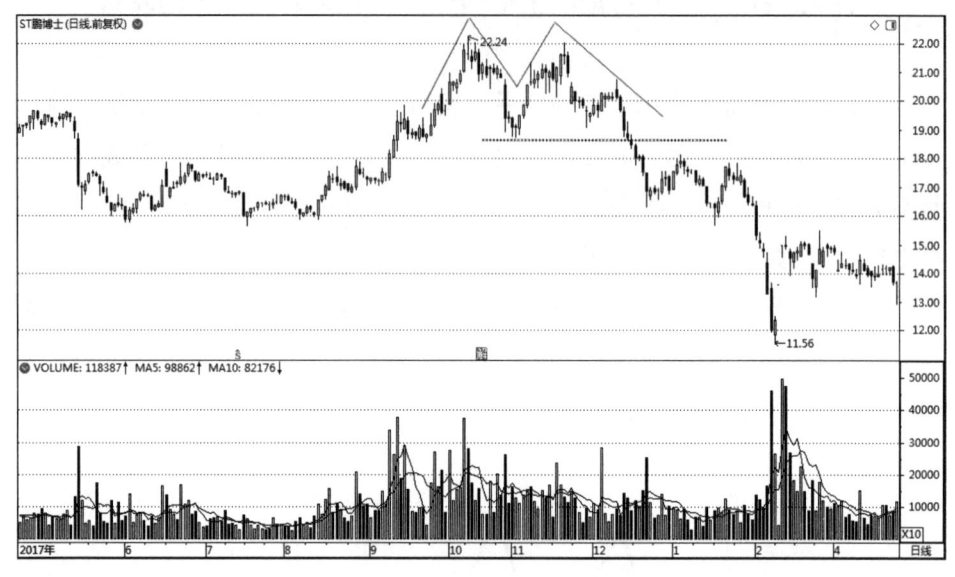

图 3-33

从引力关系上来看，双顶形态中的第一次下跌，是反向引力在发生作用。反弹之后的第二次下跌，则意味着反向引力由此转化为主要引力，跌破颈线位意味着确认趋势或趋向发生转折，此后将牵引股价转向下跌的格局。

从主力行为分析的角度来说，从吸筹建仓到拉高出货的整个过程，必然有一个完整的计划。其仓位除底仓外，也是始终处于流动状态的，这样在整个运作过程中可以不停地降低成本，直至达到计划中的出货阶段。

一些长期主力资金的出货并不像小资金那样容易，在拉高的过程中主力资金就会开始减仓，而顶部结构开始显现时，主力的出货任务应该基本完成。实战中主力资金也会遇到各自不同的问题，导致出货并不那么顺利，所以个股才会出现形态各异的顶部结构。

成交量分析是辨析主力资金行为最有效的手段，研究双顶形态两个峰顶之间的成交量变化，对判断主力资金是否已经完成出货，具有重要的作用。对于主力资金完成出货的个股，交易者就必须选择止损离场，不能有过多的幻想。而对于尚未完成出货的个股，就不必那么急切地止损，依然可以寻觅更好的卖出时机。

一、左峰放量

如图 3-34 所示，左侧峰顶在形成（拉升）过程中成交量创出新高，但是经过回落后再次构筑右侧峰顶时，这时的成交量已经明显处于量能消散的态势中。

这个成交量的变化基本可以说明：主力在左侧峰顶形成过程中已经大幅减仓，右侧峰顶缺少主力资金的参与，当然也就没有那么多成交量。

右侧峰顶在缺乏主力参与下之所以还能够减量拉高，主要在于：

一是被套的市场资金尚未形成股价见顶的共识，所以暂时没出现集中抛售。

二是仍有市场资金看好股价上涨，继续买入，可以说右侧峰顶基本是市场资金自己做出来的。对于这种技术形态，交易者可以关注特殊法绘制的重心线或者成交量变化，当股价跌破颈线位而不能迅速收复，就说明股价的快速拉升已经结束，应当及时卖出。

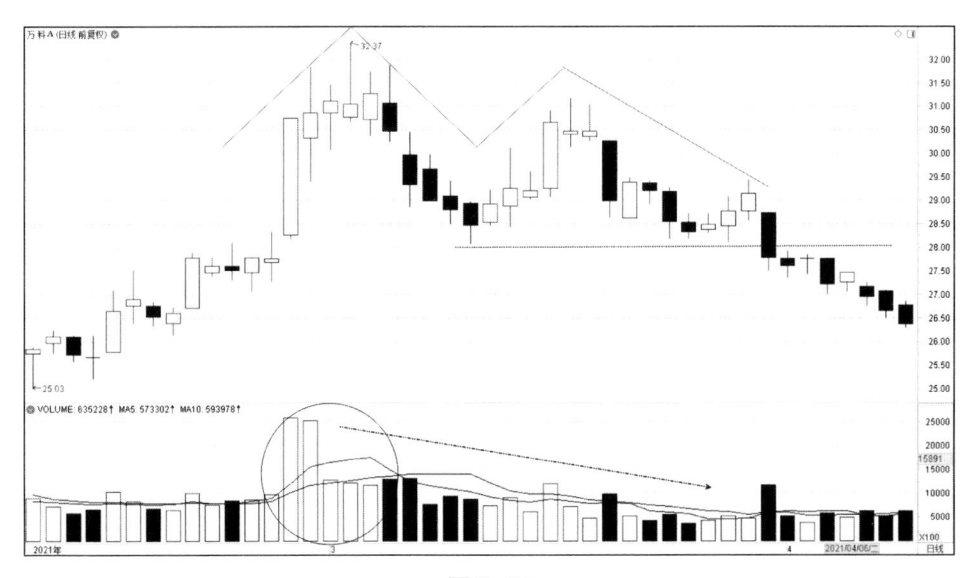

图 3-34

实战中，左侧放量而右侧缩量的双顶形态，其右侧峰顶股价是否创出新高，并不影响双顶的成立。如图 3-35 所示，股价构筑左侧峰顶时放量，回落后构筑右侧峰顶时，成交量整体处于量能消散的态势。虽然股价在右侧峰顶创出新高，但最终还是难逃见顶回落的命运。

在这个案例中，有个现象具有极大的迷惑性，即图中 A 点，右侧峰顶股价创出新高，成交量呈变量形态放大。如果交易者纠结于当日成交量放大这一点，看不到一段时间以来整体量能的萎缩，可能就会被蛊惑，并认为股价将继续上涨。但是学过变量形态理论的交易者都知道，A 点至少也是一个短线卖点。

即使交易者不相信变量的出现会使股价突变，那么当股价突然跌破重心线而不能收复时，也应该能够意识到双顶即将构筑成功，而不必等到股价下一步跌破颈线位时才恍然大悟。

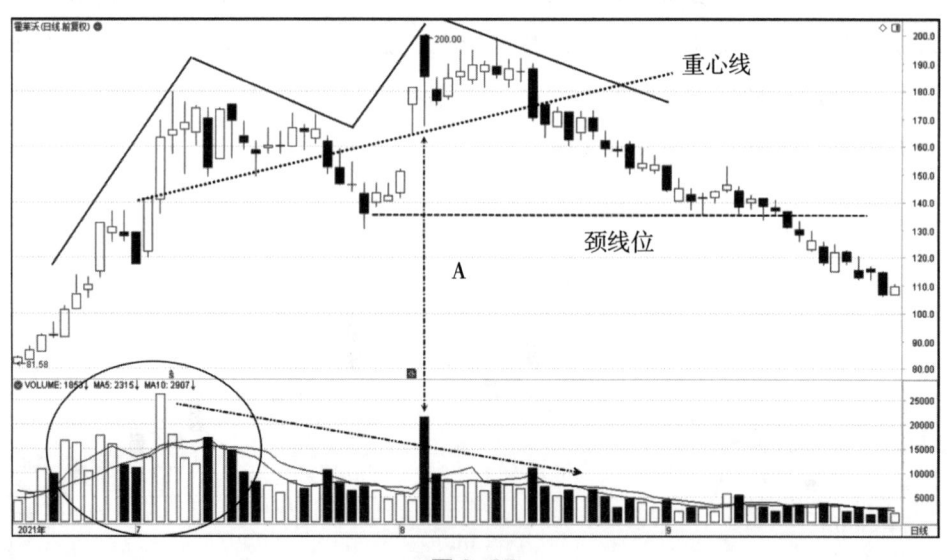

图 3-35

二、右峰放量

右峰放量和下面将要讲到的双峰放量，这类成交量表现可能是主力资金遇到了问题，导致前期出货并不理想，左侧峰顶在形成过程中也没能完成预定减仓的任务，而只能通过右侧峰顶继续拉高减仓。这种情况下的双顶形态，右侧峰顶多数会创出价格新高。双顶形态中的这两种放量形式，会使部分交易者一头雾水，主力为什么创出价格新高后，却从此不见了踪影？

如图3-36所示，左侧峰顶构筑过程中成交量有所增加，但明显小于左侧峰顶的聚量形态，之后随着成交量萎缩，股价回落跌破颈线位。这个盘面给人的第一感觉就是右侧峰顶是由成交量"顶"出来的，成交量没了，股价也就失去了继续上涨的动力。这就说明这个右侧峰顶是主力资金不得已而为之的拉高行为，完成最后的减仓后，成交量自然就会减少，股价自然就会下跌。

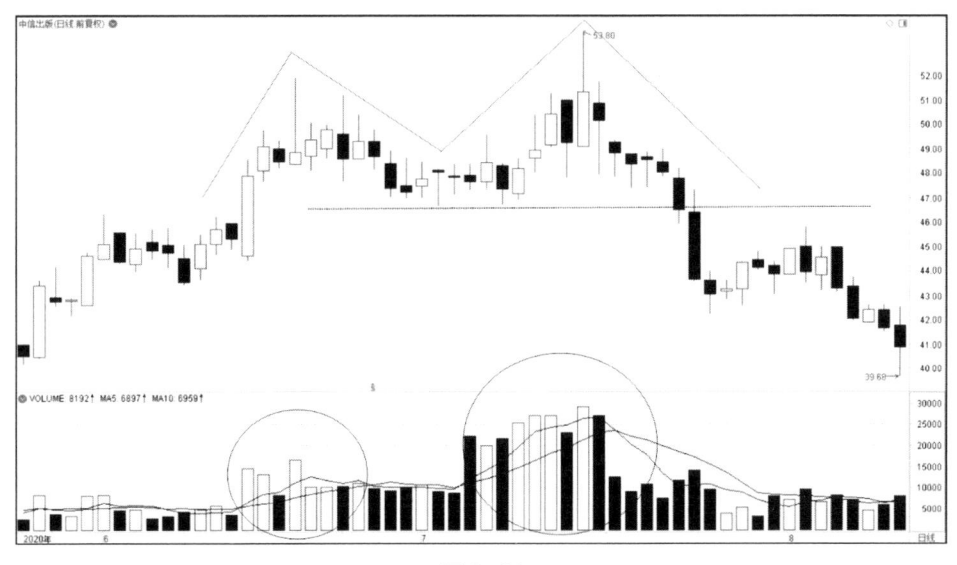

图3-36

三、双峰放量

如图3-37所示，该股在构筑双顶的过程中，两个峰顶都有放量的情况。这种类型与右峰放量很相似，都是主力资金为完成减仓计划而为之。成交量对于卖点的提示具有先天优势，量价关系的匹配与否，比其他指标发出的信号都会领先一步。

就具体案例而言，在图3-37中该股是在连续涨停之后构筑的左侧峰顶，大多数情况下,股价会形成尖顶形态并转入跌势,但该股股价回落后构筑了右侧峰顶,这说明左侧峰顶主力资金有减仓但很快就改变策略。

  鉴于之前的连续涨停,如果主力在左侧坚决减仓出货,盘中的盈利资金必然会跟风抛售,在股价的暴跌下,主力资金又能抛出多少货?所以才有了右侧峰顶的构筑,同样的急速上涨必然会让盈利资金安稳下来,让追涨资金重新树立进场信心,而主力资金这时才好借机减仓。于是我们可以看到,在双峰放量下,随着成交量的萎缩,量能消散形态的出现,股价跌破颈线位并进入跌势中。

  顶部结构的形成,源于引力的转化和牵引。股价逃不掉终究要回归趋势的命运:趋势运行中,任何次级、短期波动无疑会回归到趋势本身的运行重心中;趋势单一方向运行长久,必然会累积反向运行的动力,转折之间引力切换,又是一次股价轮回开启。

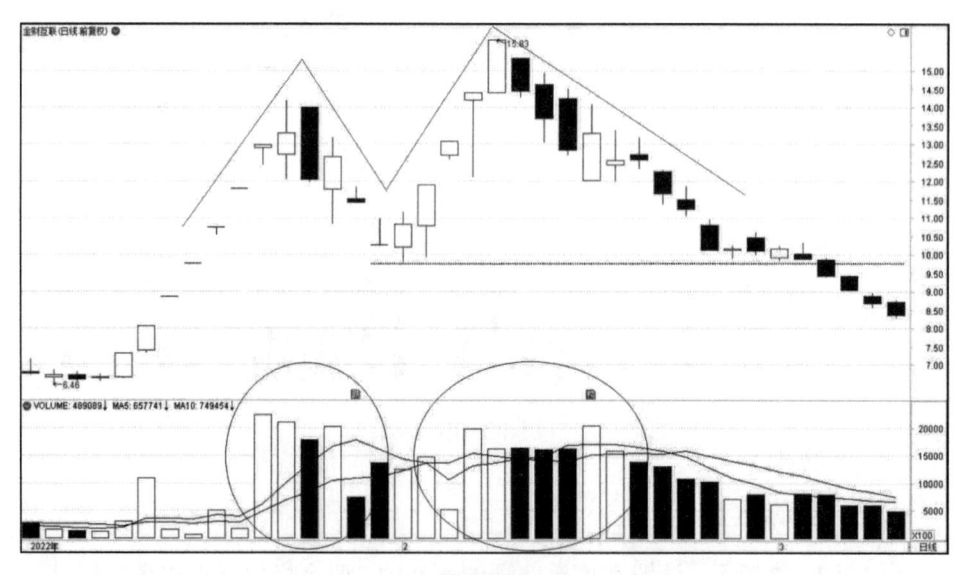

图 3-37

第四章

缺口引力和波段操作方法

第一节 股价缺口的性质和类别

股价跳空缺口是指股价在相邻两个交易日之间出现没有交易的空白空间。缺口虽然仅是一段没有交易的空白空间，但这个地方却往往汇聚着极具爆发性的力量。

跳空缺口是一种强烈的趋向信号。向上跳空缺口表示价格具有强烈的上涨趋向，向下跳空缺口表示价格具有强烈的下跌趋向。跳空缺口所引发的趋向，在部分个股中会转化为趋势，而另一些则仅是短期的趋向选择。

排除因分红派息、配股或增发等导致的对股价重新计算而形成的除权缺口，股票的技术性跳空缺口一般可分为四种类型：即普通缺口、突破缺口、持续缺口和衰竭缺口。

一、普通缺口

普通缺口的出现，多数为主力短期运作的需要或受到消息面影响，其对股价的上升或下降只有短期影响，一般较短时间内缺口就会被回补。普通缺口可以出现在任何位置上，当出现在技术关口上时，往往能够起到鱼目混珠的作用，主力利用其进行诱空或诱多操作。

如图4-1中A点所示，两根K线之间出现一个向上的跳空缺口，图中可见这个跳空缺口很快就被回补，这就是一个比较典型的普通缺口。甄别普通缺口和突破缺口，一是在于跳空缺口出现后股价运行重心的方向是否能够发生改变；二是缺口出现时的技术环境是否有利于做多或做空。

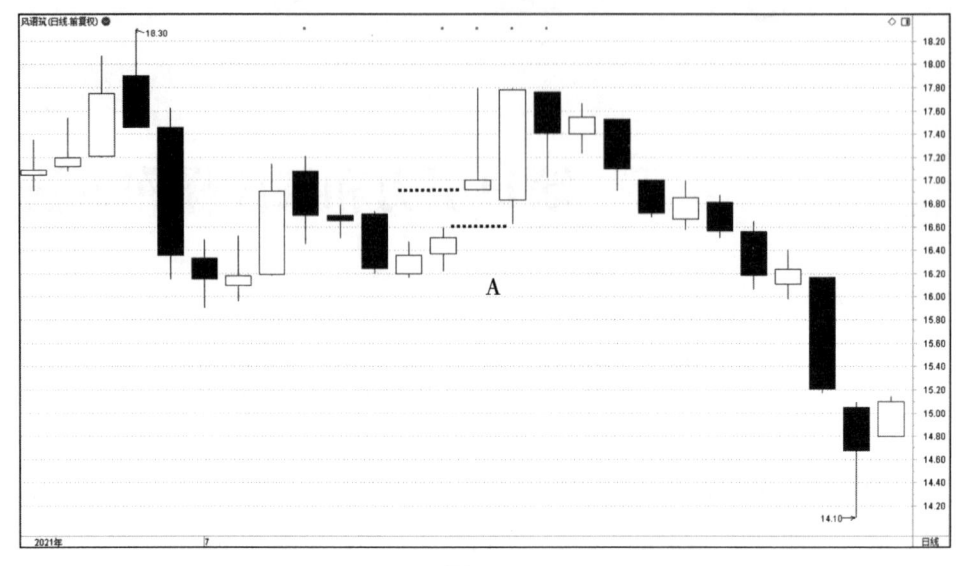

图 4-1

二、突破缺口

突破缺口主要是指突破技术关口时出现的缺口，包括脱离成本区、脱离振荡盘整区或突破下跌趋势等重要的技术关口。突破缺口通常短时间内不会被回补。

如图 4-2 中 A 点所示，股价出现一个向上的跳空缺口，之后股价延续升势。该案例就是股价突破下跌趋势时留下的突破性跳空缺口。

实战中，主力在运作过程中会利用多种手法隐藏或掩盖真实意图，不想过早地暴露自己的操作痕迹。例如，处于筹码吸纳阶段的主力，在未能收集到足够数量的低位筹码时，如果遇到意外因素（比如利好消息等）导致目标个股的股价突然性大涨，那么主力势必会在之后故意打压股价，迫使股价发生折返重回低位区域。

如图 4-3 所示，这是一个具有底部结构的个股，明显有主力资金在其中运作。A 处股价出现突破性向上跳空缺口，但很快就发生折返并回补缺口。

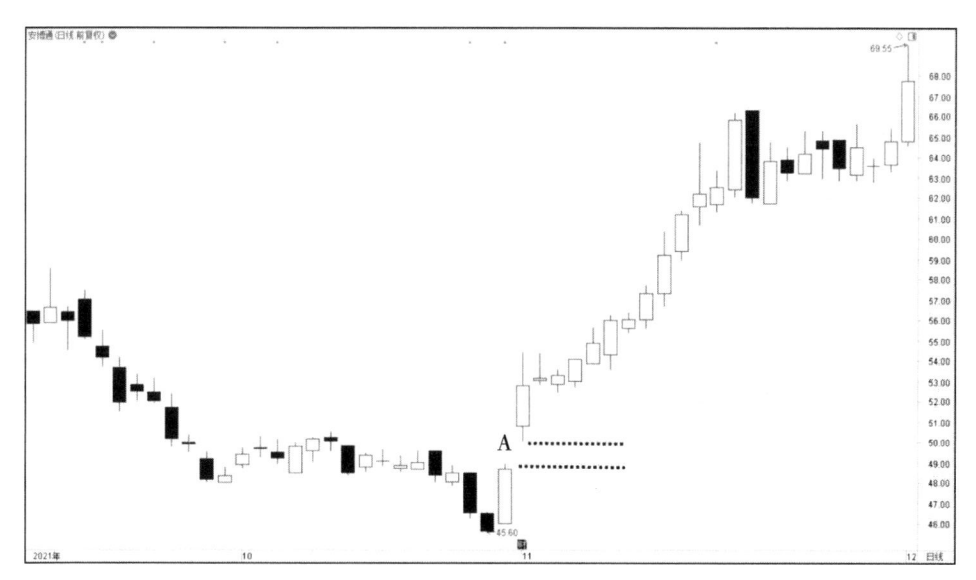

图 4-2

这就让 A 点的这个缺口看上去更像是一个普通缺口，从而掩盖了主力运行的迹象。但细心的交易者会发现，股价之后的运行重心逐步向上偏移，该股最终还是迎来了一轮上涨行情。

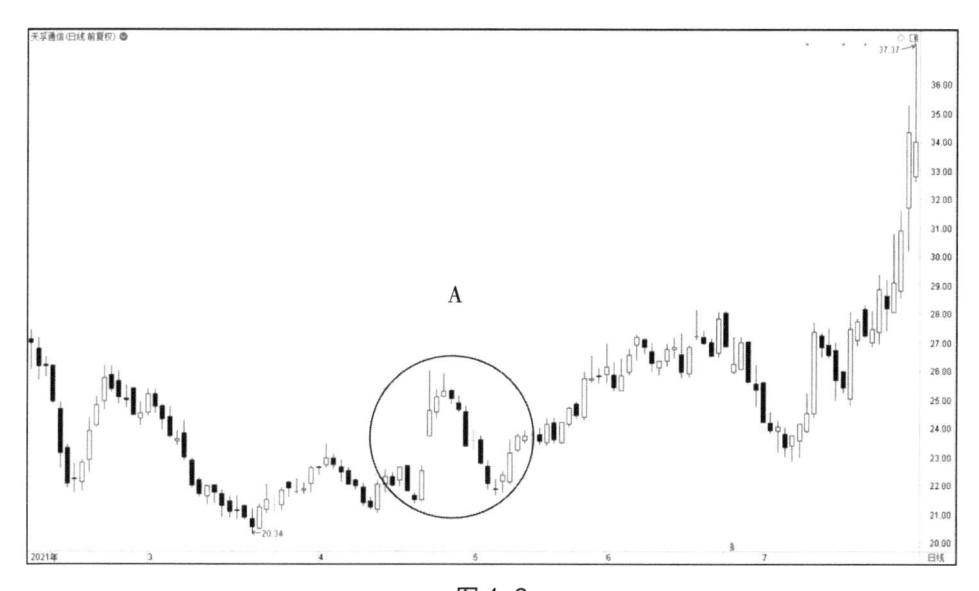

图 4-3

三、持续缺口

突破缺口出现后，在升势或跌势持续过程中，一次或多次出现的跳空缺口，就是持续缺口。持续缺口具有助涨助跌的作用，趋势维持过程中往往会出现多个持续缺口。

如图4-4所示，A点为突破缺口的位置，之后出现的数个缺口即为持续缺口。这些持续缺口回补与否，对股价当前运行趋势的强弱有一定影响。比如，当向上跳空的持续缺口被回补，说明目前股价的涨势强度在降低，有可能发生振荡或转向下跌。

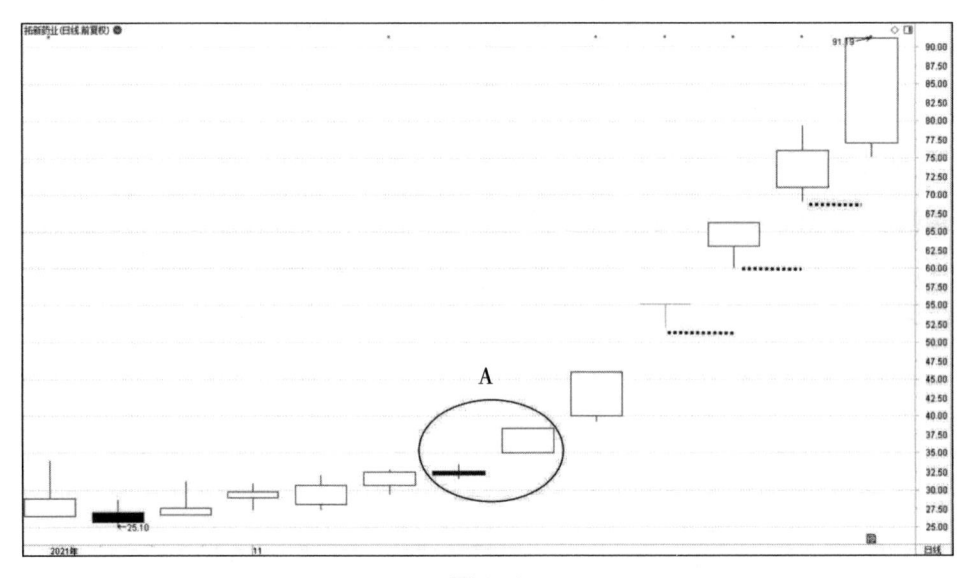

图4-4

四、衰竭缺口

衰竭缺口多出现在一个运行趋势的末端，股价做最后的冲刺，缺口一般很快被回补，市场原有的趋势也由此很快发生逆转。

如图4-5所示，该股经过大幅下跌的过程后，于A点处出现向下跳空缺口。之后股价盘整，虽然一度再创新低，但很快就转跌为升，并由此展开一轮升势。

实战中，无论是大幅上涨过后还是大幅下跌过后，如果股价突然出现同方向上的跳空缺口，则缺口空间越大，成为衰竭缺口的可能性就越大。

图 4-5

第二节　缺口都会回补吗

在 A 股市场中，跳空缺口被回补的几率，远大于留缺不补。空间较大的缺口被回补的几率，也远大于空间较小的缺口。

一、缺口为什么具有引力

排除除权除息缺口，技术性缺口往往会成为主力资金运作股价的一种手段。

主力利用自身资金优势制造股价高开（或低开）并留出向上（或向下）的跳空缺口，会使市场资金产生进一步的联想——高开高走（或低开低走）。这对于吸引市场资金的关注，无疑是一个四两拨千斤的妙招。一些主力资金在运作相对冷门的个股，或者被套自救时，也多会采用这种手段。往往能够迅速吸引市场资金的关注，以便顺利进行下一步的运作。

所以，当我们面对个股出现跳空缺口（不论向上还是向下）时，注意力不要跟着主力的指挥棒转，主力的指挥棒就是跳空缺口的指向。不要只幻想缺口出现后会发生什么，而要多看看缺口出现之前个股所处的技术环境，这样或许更能看清主力资金的意图。

通常来说，跳空缺口的空间越大，其引力越强，股价摆脱的可能性越小，缺口被回补的可能性越大；反之，则缺口短期内被回补的可能性较小。如图 4-6 所示，该股在 A 点处跳空高开，留下巨大的向上跳空缺口，但这个缺口存在的时间极为短暂，股价当日便将缺口几乎回补殆尽。

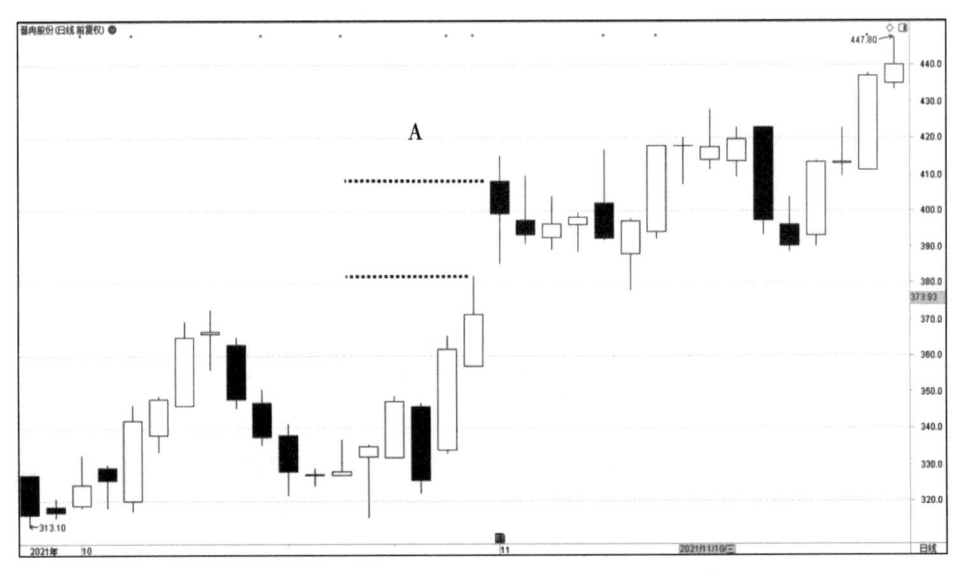

图 4-6

股价缺口空白空间引力的形成，源于股价本身的交易性。

当向上跳空缺口越大或越多，股价必然就会越高，参与交易的人就会相对减少，同时也意味着持仓者的获利越来越快、越来越丰厚，而缺乏交易的空白空间，会使其兑现欲望很快就达到极致。

如图 4-7 所示，是沪指 2002 年 6 月 24 日形成的巨大跳空缺口。这个缺口最大的空间达 140 点左右。当时很多人都认为这个缺口不会被回补，因为是由政策性利好所引发的。但无论是政策性利好还是其他各种原因，都抵挡不住这个巨大缺口本身所具有的强大引力。缺口当天即被回补50余点，之后指数受到缺口引力牵制延绵下跌，最终这个巨大缺口被全部回补。

图 4-7

当向下跳空缺口越来越多，股价必然越来越低，卖出者也会越来越少。当无交易的缺口空白空间达到一定阈值，不论是从价值角度，还是超跌的技术角度，大幅折让的股价都会对场外资金产生吸引力，从而迎来资金入场抢低点、做反弹。如图4-8所示，该股下跌过程中出现多个缺口，至A点处股价大幅低开，但当天股价反弹回补缺口。

以上所述也许并不是缺口引力形成的全部内容，但却是关键点，非常有助于我们理解缺口空间引力理论。

二、未被回补的缺口

缺口引力形成之后，并不一定马上就会发生作用，尤其是在主力资金或热炒资金积极参与的情况下。

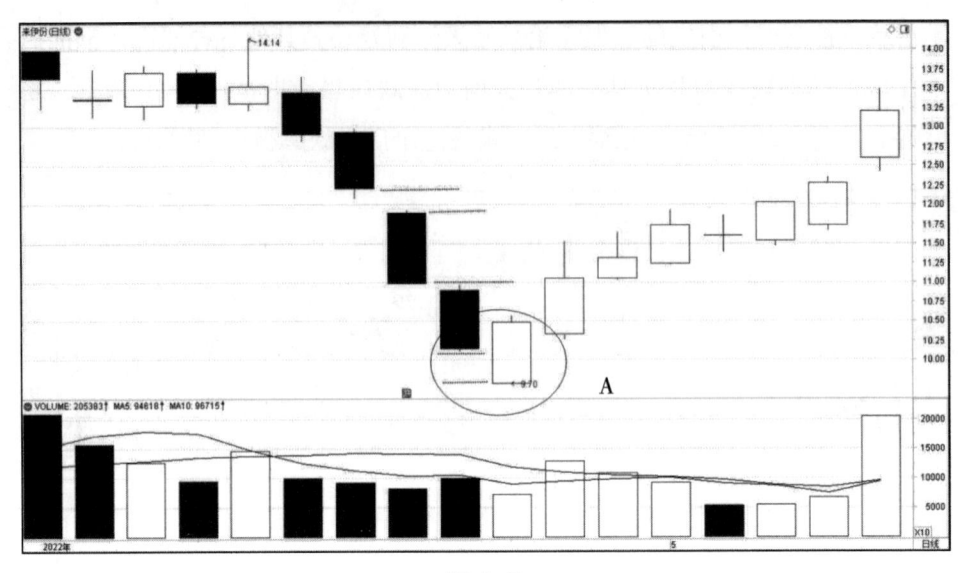

图 4-8

例如连续一字线涨停板的个股，如图 4-9 所示，该股连续十余个一字线涨停板，其空白空间何其巨大。类似情况的个股大多具有高控盘或者热门个股的特征，股价的强势表现短期内不会被改变，所以具有摆脱缺口引力的能力。

但是，盛极必衰的原则不会改变。无论多么热门的个股，总会有失去热度的那一刻。当热炒资金逐步退出时，热门个股势必会出现连续下跌。由留下多个向上跳空缺口，变为开始留下向下跳空缺口，这样的案例并不罕见。

所以，缺口的空间引力理论不是不会发挥作用，只是有时要晚一些才会显示出威力。

三、摆脱缺口引力

向上跳空缺口会给股价带来向下回补的引力，而股价能否摆脱这个引力，是由多种因素决定的。缺口空间大小所形成的引力大小，并不是股价回补与否的唯一因素，个股的强弱度、主力的控盘程度、个股热门程度、股本的大小、所属概念等也起到很重要的作用。

如图 4-10 所示，A 点处该股留下一个向上跳空缺口，B 点处又出现一

第四章　缺口引力和波段操作方法

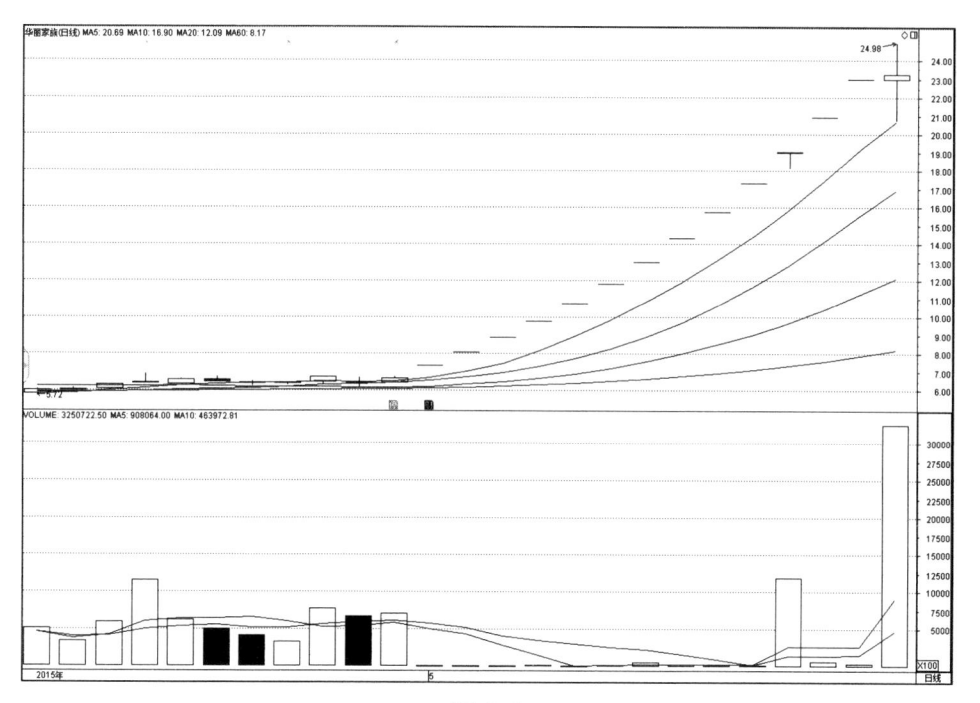

图 4-9

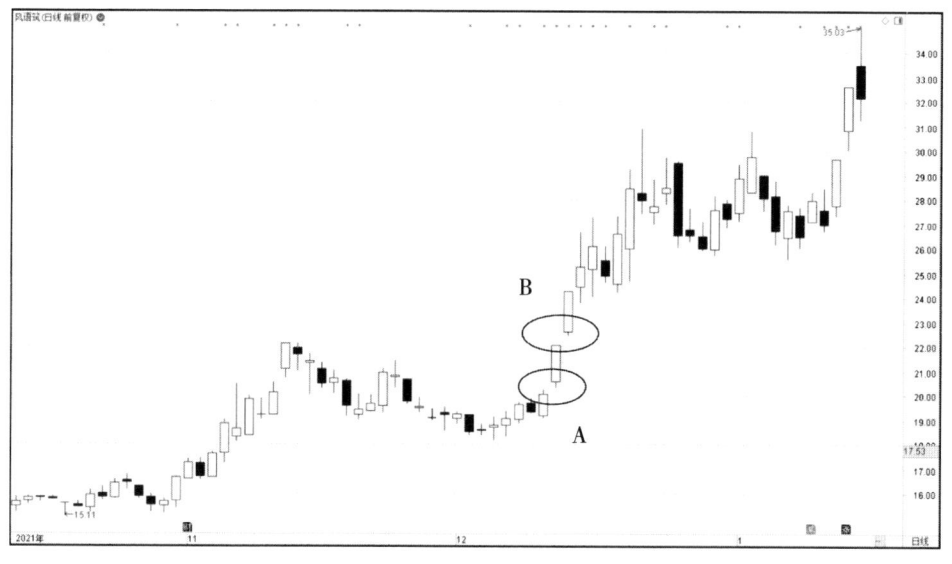

图 4-10

个持续性缺口，这两个缺口在之后股价持续上涨过程中并没有被回补。主要原因在于，当时市场正热炒元宇宙概念，而该股正是概念板块中的龙头品种之一，自然会受到资金的格外青睐。

当股价缺口短期内不被回补，说明个股的强势具有一定持续性，交易者至少短期内可安心持仓或借机低吸。

实战中，距离底部区域越近的个股，其出现缺口被回补的可能性较大，这是主力资金底部运作的需要，某些缺口看似是突破缺口，其实是普通缺口。

而脱离底部区域或处于上涨趋势过程中的个股所出现的突破性缺口，短期内被回补的几率较小。同时，即使突破性缺口被回补，也并不一定影响到突破的真实性，主要还是看之后股价的运行重心是否能够延续升势。

如图 4-11 所示，该股在 A 点处出现突破性向上跳空缺口，之后股价延续升势，但这个缺口最终还是被回补了。该缺口被回补后，并没有影响到股价整体上涨趋势，股价反而由此探底回升进入到主升阶段。

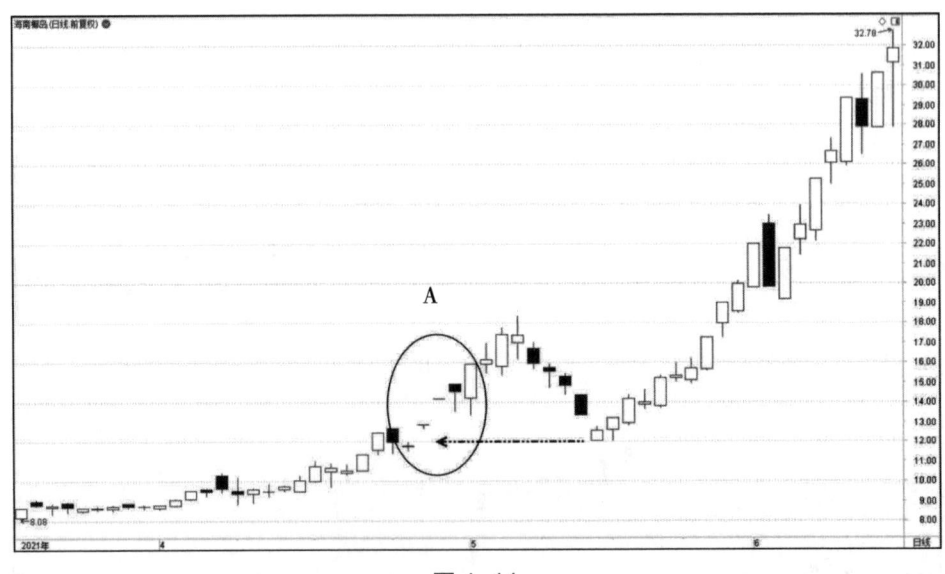

图 4-11

第三节 缺口引力与交易时机

当个股从底部或横盘区域开始向上突破时，有时会出现向上跳空缺口。部分极端强势的个股会以超45度角的急速上涨来摆脱缺口引力，这种连续留缺封停的强势上涨，一般不会给交易者低位介入的机会。一旦这种个股不再封涨停板，往往都是股价高点区域，交易者不可盲目追高。

一、回补缺口的卖出时机

当个股连续大涨留下多个缺口，持仓的交易者应该高度关注衰竭缺口的来临。一般来说，可以通过以下几个技术点来把握：封不住涨停；早盘成交量达到变量；开盘缺口大过前几个交易日。

如图4-12所示，该股连续三个涨停板后，在A点处开盘再次涨停，开盘缺口达到10%。该股前几个交易日虽然留缺，却都没有A点的缺口大，这一点需要持仓者高度注意。虽然个股直接一字线封停都会出现这种大缺口，

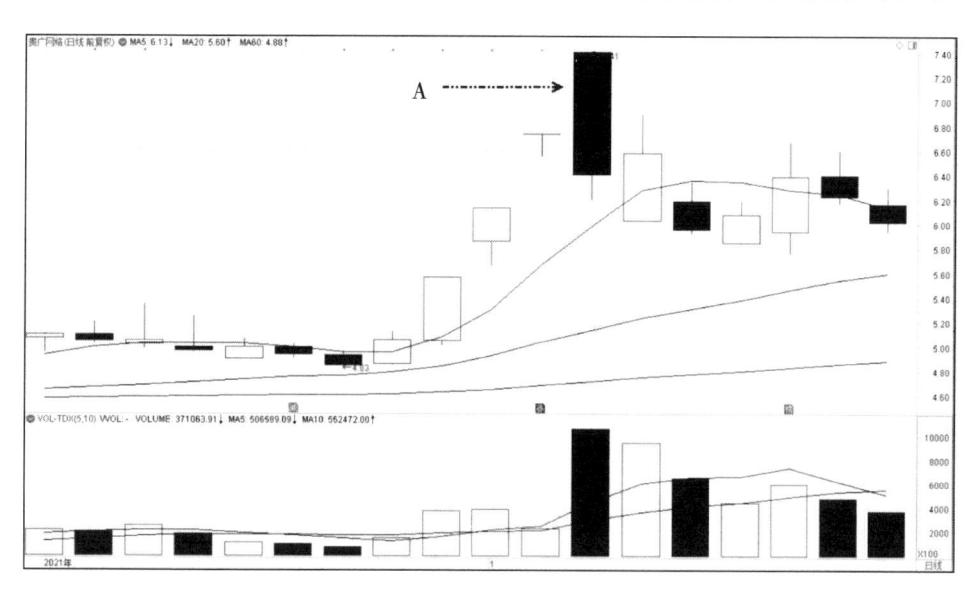

图4-12

但是在短时间连续大涨后出现，就要提防股价有冲刺高点的可能，应该做好随时卖出的准备。

当个股以涨停开盘，集合竞价结束时，交易者需要立即对集合竞价期间的成交量进行分析，比如，换手率达到多少，对比前几个交易日有没有明显的增大。同时还需要观察盘口挂单的情况，比如，买一挂单的数额是多少，对比前几个交易日有没有明显减少。

这些数据非常有利于交易者提前预判个股的涨停板能不能封住，如果数据显示该股集合竞价换手增大而挂买单减少，可以提前挂出卖单。有些交易者害怕卖错，那么至少也要做好卖出的准备。

当个股进入到连续竞价阶段，如果并未能封住涨停板，或者涨停板已有被卖单打开的迹象，这时候应该及时卖出。

如图 4-13 所示，是 4-12 中 A 点当日的分时走势。可以看到，该股开盘后直线下跌，迅速打开涨停板，大多数交易者根本来不及做出反应。

图 4-13

处于连续强势运行状态中的个股，一般来说不会立即失去强势，即使发生短期暴跌，随后也会有强反弹与之对应。剧烈振荡是这个阶段个股的通常表现，经过剧烈振荡后，个股或者失去强势转入弱势调整，或者继续强势状态。

图4-13中可见，该股当日主要的成交量都集中出现在早盘十分钟左右的时间内，也就是说早盘该股的成交量柱状图，在K线图中已经明显走出变量的形态。

变量是一种能够引起股价骤变的量能形态。出现变量，说明股价原有的运行节奏大概率会发生变化。早盘十分钟，甚至不必等到十分钟，有看盘经验的交易者完全能够预估出图4-13中该股当日大致的成交量，这个时候出现的反弹，依然是持仓者卖出的时机。

对于善于把握短线交易时机的交易者来说，操作强势股时，早盘卖出，出现大跌后，盘中或尾盘还会再买回来。但对于新手来说，不太好把握稍纵即逝的时机，或者不会设定止损点，还是不要过于求巧，先踏踏实实学会看盘，做好平素交易即可。

二、向上跳空缺口的低吸机会

除非是过于强势的个股，大部分个股在出现缺口后，都有一个试图摆脱缺口引力的较量过程，而这个过程也许能给我们提供一个较佳的低吸机会。

如图4-14中A点所示，该股首先出现一个一字线跳空的突破缺口，但次日便被大阴线回补。这种冰火两重天的走势，无疑会使不少持仓者因极度失望而放弃继续持有该股，这一点从大阴线当日突然放大的成交量就可以看出。

A点处大阴线的次日，本该继续回落的股价却收出低开高走的阳线，回落的低点在5日均线上下。学过均线理论的人应该都知道，像5日均线这种短期均线，其在技术应用上重点在于反映股价的强弱度。

股价并不远离5日均线，就说明股价的上涨强度依然还在，而A点的大阴线无疑就是主力资金骗人筹码的陷阱。发现了这一点，交易者完全可以在此时低吸入场。之后的B点又一次出现了和A点类似的场景，只不过多用了点时间。B点也是交易者适宜进仓的时候。

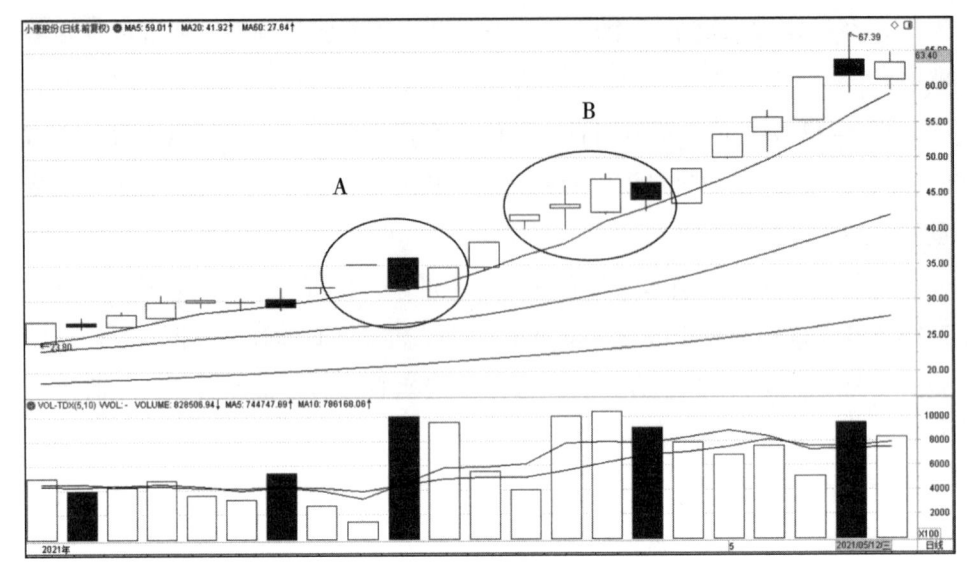

图 4-14

该股在 A 点和 B 点出现缺口后，股价都发生了振荡，这个振荡的过程也就是股价摆脱缺口引力的过程。最终股价能够进入快速拉升阶段，则说明已经成功摆脱缺口引力，进入到强势运行的状态中。

三、向下跳空缺口的低吸机会

不但向上跳空缺口能够提供相应的低吸机会，向下跳空缺口同样也能提示我们什么时机可进场低吸。

如图 4-15 所示，在 A 点处出现一根向下跳空的大阴线，这根大阴线的成交量远大于之前下跌期间的常量，可以定义为变量形态。变量是一种能够引起股价骤变的量能形态。在大跌后出现变量，往往能够提示价格低点的来临。在图 4-15 中，大阴线之后，该股股价逐步回升，不但回补缺口，还展开了快速上涨行情。

图 4-15 中向下的跳空缺口并不算过大，但阴线实体较大，显示出充分释放卖出动能的过程。实战中，对于这类个股的低吸，要把握住几个要点：前期有过大幅下跌的过程；当日成交量大过之前均量；当日杀跌较为充分，或者向下跳空缺口较大；该股没有基本面上的问题，纯属技术性下跌。

图 4-15 中该股基本符合上述几点要求，而图 4-16 中 A 点处也是一个向下跳空的阴线，阴线实体并不算大，但缺口空间较大，成交量符合杀跌特征，也比较适合交易者捕捉低点低吸进场。

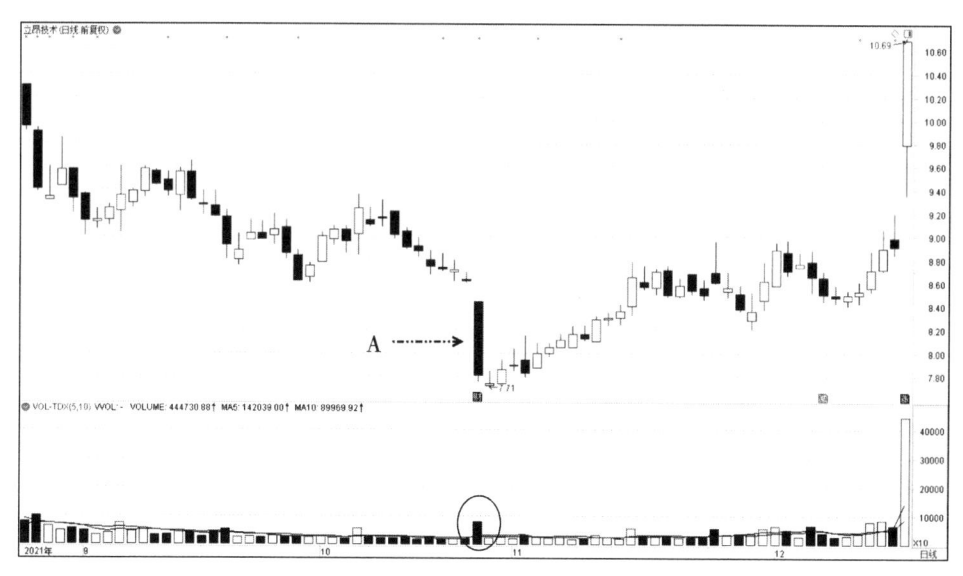

图 4-15

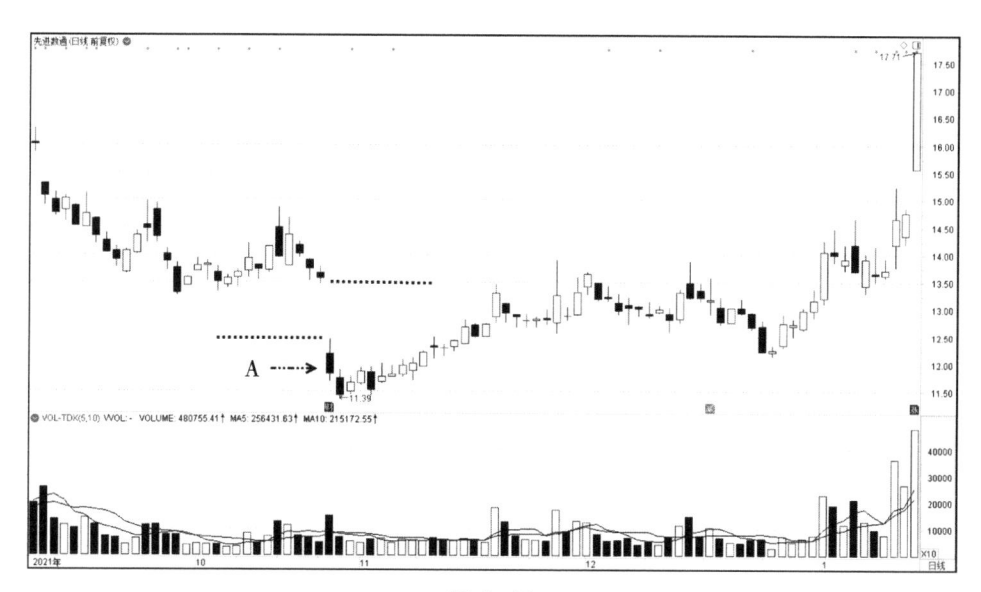

图 4-16

有一种形态需要交易者特别注意，向下跳空缺口即使有较大的缺口或较大的实体，也绝不可贸然进场低吸。如图4-17所示，A点处该股向下跳空缺口较大（长上影回补），当日回补大部分缺口，股价之后继续回落，这是一个股价摆脱缺口的过程。

在图4-17中A点处，该股成交量也基本符合逃逸量要求，之前也有过下跌过程。那为什么这一点并不符合低吸要求呢？主要原因在于形态上。

对于出现向下跳空缺口的个股，交易者在买点的把握上要格外谨慎。图中个股在A点之前出现过一个下跌过程中的平台，这种平台可以将其看作诱多平台。当个股经过一段跌势后营造出这样一个平台，容易被交易者误认为是正在构筑底部，不少资金便会"低点买入"等待底部起涨。

当股价如图4-17中A点那样跌破这个平台，便会套住大部分在平台建仓的资金。有那么多的套牢盘在这个平台上，短时间内股价根本不可能在平台附近出现强反弹。所以，对于这种平台跳水的个股，理应敬而远之，绝不介入。

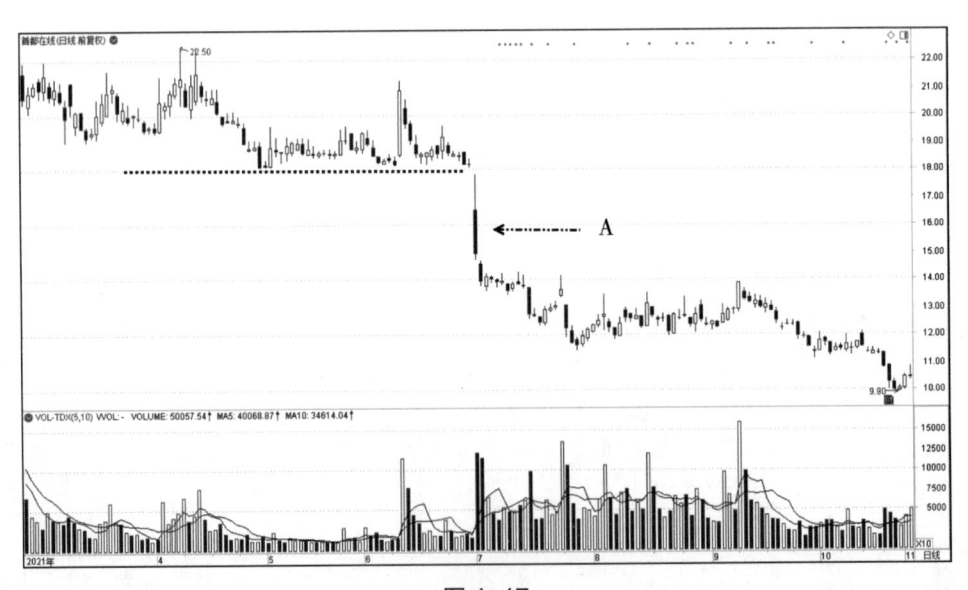

图 4-17

第四节　次新股缺口引力与交易策略

新股或次新股在上市初期阶段，经常会出现空白空间较大的缺口，如何认定这些缺口并依此进行交易，是短线交易者和波段交易者必须认真研判的问题。

一、上市次日向下跳空缺口

上市次日向下跳空缺口比较常见且多数的缺口空间较大。如图4-18所示，该股上市第二个交易日低开超过-11%，然后股价继续绵延下跌。这种空白空间较大的缺口，引力必然会发挥作用，但是出于多方面的原因（比如发行价过高等），股价摆脱引力的几率都比较大。

如图4-19所示，这个案例中向下跳空缺口的空白空间虽然比不上图4-18，但也达到-5%以上，依然算得上较大的缺口。

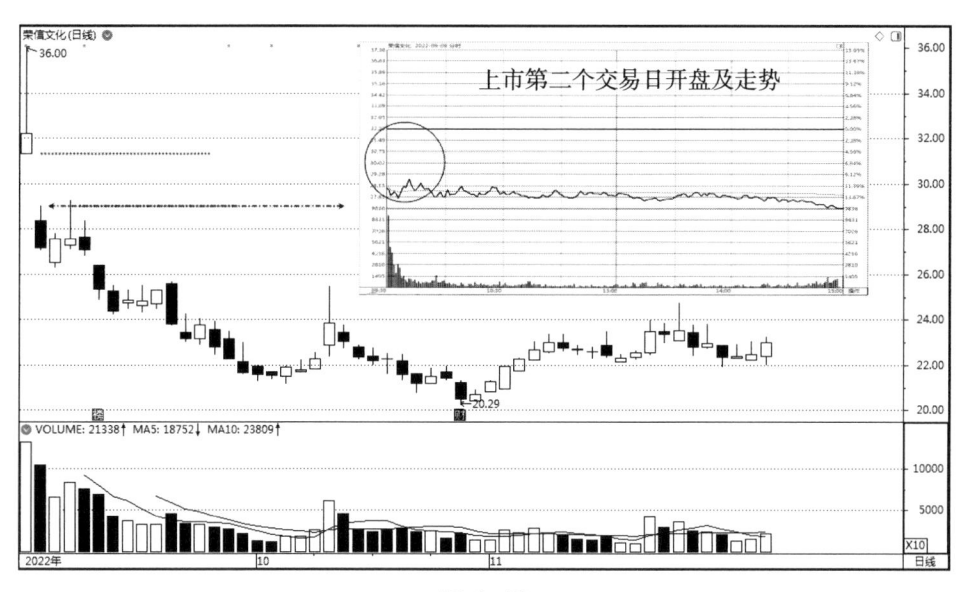

图4-18

从图 4-19 中 A 点处可见，出现缺口之后的多个交易日，股价出现了多条长长的上影线，其中一条几乎全部回补缺口，这就是股价摆脱缺口引力的过程。当股价盘桓缺口下方多日，却不能迅速以实体的形式回补较大的缺口，也就证明了股价处于转弱状态中，此后摆脱引力作用出现下跌的可能性比较大。

交易者绝不可在上市次日出现向下跳空缺口时，在股价与引力角力的过程中买入，否则在这类次新股的交易中必然要遭遇较大亏蚀。次新股的这种缺口，虽然空白空间较大，但多数个股都具有摆脱的动能，切不可以愿望式交易买入做多。如图中 B 点处，股价再次留下向下跳空缺口，这个持续性缺口的意思是说股价已经成功摆脱引力，后续必然以下跌为主。

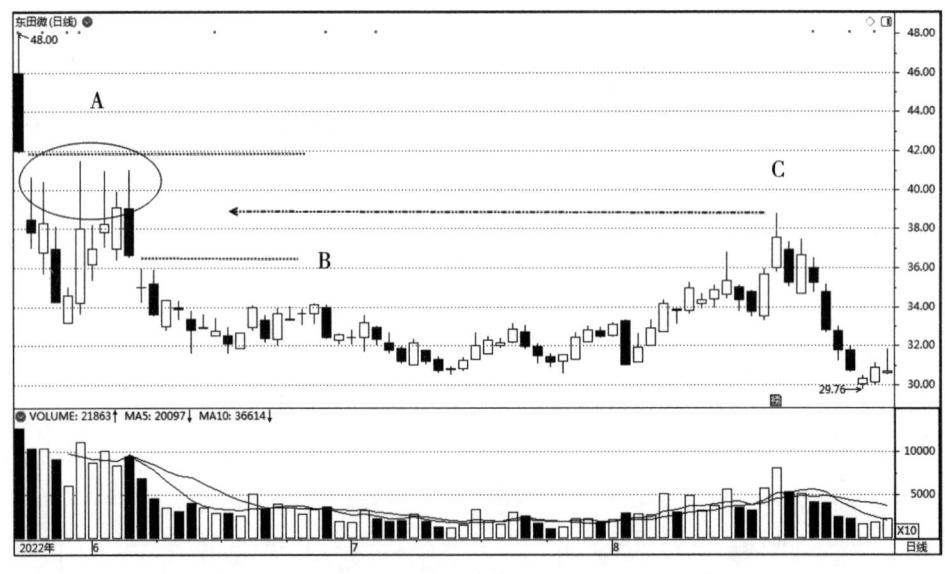

图 4-19

次新股留下的次日跳空缺口，在之后个股的运行过程中，弱势的个股会被引力牵引而上，却难以回补。如图 4-19 中 C 点所示，股价仅仅反弹至缺口下方，与全部回补缺口仍有很大距离便无功而返。交易者对此不要有过多期待，更不要认为缺口都必然会被回补。

强势个股受到引力牵引会将次日跳空缺口予以回补。如图 4-20 所示，

第四章 缺口引力和波段操作方法

该股上市次日留下缺口，盘中股价出现振荡，缺口被部分回补，但收盘股价继续下跌，第三日再次留下缺口。之后股价振荡下跌后展开升势，并将缺口全部回补。在这个案例中，股价回补次日跳空缺口并不是一蹴而就的，而是如图中 A 点那样反复振荡，这是消耗引力与测试支撑的过程，交易者可借机介入，参与一段升势的波段。

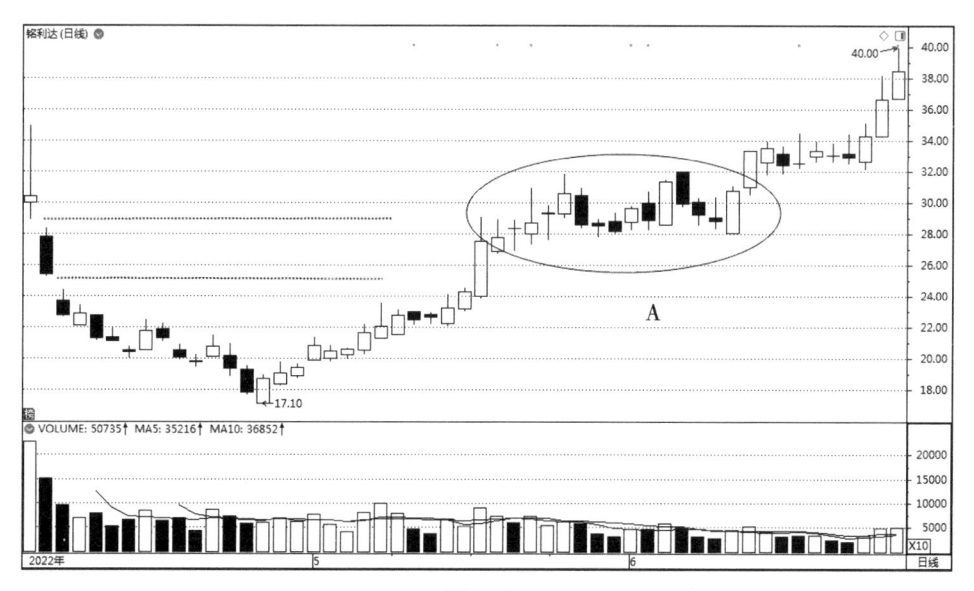

图 4-20

在 A 点这个过程中，如果成交量明显放大，形成聚量或变量形态，而股价仍旧振荡，可能走出回补缺口就下跌，而不是回补缺口就上涨的情况。这个成交量形态分析可以参看换手率实战规则的内容。

如图 4-21 所示，在 A 点处股价突然放量急涨，将次日跳空缺口全部回补，但随着缺口回补完毕，股价也失去了继续上涨的动能，随后就转入到下跌的过程中。这种在引力牵引下以回补缺口为终点的反弹，在疫情影响下的次新股行情中非常常见，交易者只能采取低吸介入法，而不可采用追涨介入的方式买入，否则很难有获利的机会。

次新股走势必然会受到大势的影响，大盘强势上涨行情中，次新股的表现往往也极为强势，回补下跳缺口并继续上涨是大概率的。而在大盘弱势下

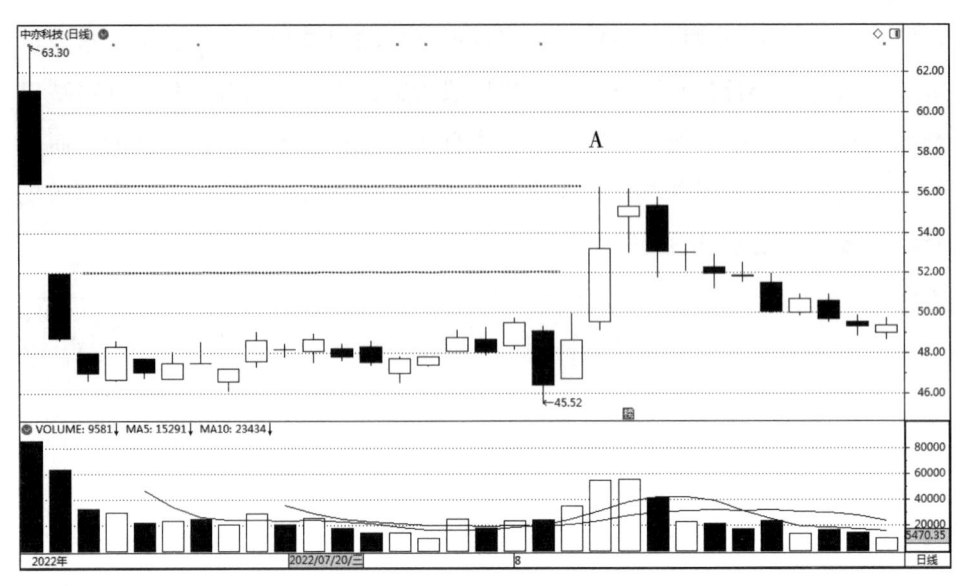

图 4-21

跌行情中，次新股的走势也较为孱弱，可能很少有个股会回补次日下跳缺口，即使回补也是在引力牵引下勉力上行，难以展开持续性上涨。

甚至有的个股短时间内一路下行，即使上方缺口巨大，也弃之不顾。这种类型的个股一旦下行时间超过 3 个月到半年，就不再适合作为次新股追踪。如图 4-22 所示，该股上市次日留下较大的下跳缺口空间，图中 A 点处约在上市 3 个月左右出现过一次级别较大的反弹行情，但是并未能抵近缺口就失去继续上涨的动能。此后股价逐波回落，次日下跳缺口的引力回补，必然要等待很长时间之后了，不再适合短线与波段交易者追踪。

二、连续下跳缺口

次新股上市后，既有直接强力上涨的，也有直接进入跌势的。在大盘行情不佳的背景下，属于后者的次新股更多。上市次日留下大幅向下跳空缺口之后，很多个股仍会继续大幅下跌，过早介入等待反弹的交易者无疑会非常焦躁，不知道股价的底部低点究竟会出现在什么价位上。

其实根据缺口理论的类别分析，并不难判定股价的大致低点是否会持续。如图 4-23 所示，该股上市次日留下突破缺口，随后摆脱引力继续下跌并留

第四章 缺口引力和波段操作方法

图 4-22

下第二个缺口，意味着跌势仍将持续。

第三个缺口本身空白空间就很小，而且当日即被回补，说明这个持续性缺口已经明显受到引力影响，股价可能已经接近低点区域。此时交易者可根据当日成交量和换手率数值进一步分析，换手率降到 10% 左右时，就意味着股价基本进入到相对低点区域，可尝试分批建仓。

第四个缺口与第三个缺口的技术含义极其相似，可以初步认定衰竭缺口已经出现，可以再次于当日或接下来分批建仓。

图 4-23 中的 A 点就是这个短线交易的最佳卖出点。可能有人会说，图中可以看到后面的走势了，你才会这么说吧。

如果交易者读过量能催化、成交量核心技术等理论，就不会这么认为了，因为图中 A 点的卖点太明显：首先 A 点的成交量无疑是变量形态，变量形态的出现大概率会成为个股高位的卖点，至少也是短线卖点。

其次，我们来看看 A 点换手率的数值，图 4-24 即为图 4-23 当日的分时走势图。图中显示 A 点当日换手率超过 30%，对于该股来说这个换手率虽然算不上高危，至少也已经进入风险区。

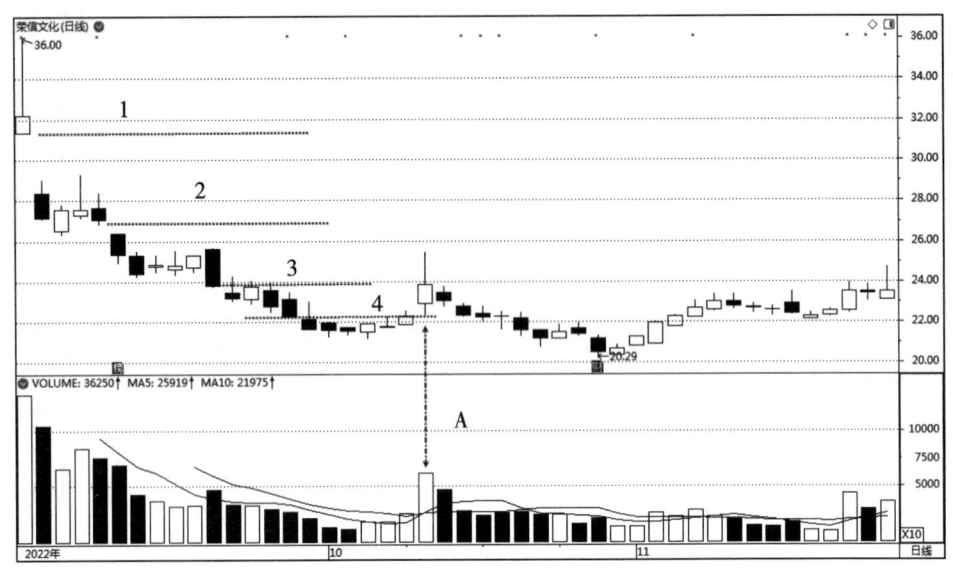

图 4-23

其三，从图 4-24 中的分时走势可以看到，当日该股冲高过程中只是接近 14% 的涨幅，并不曾封住涨停板，封不了涨停板的个股股价涨升强度要减

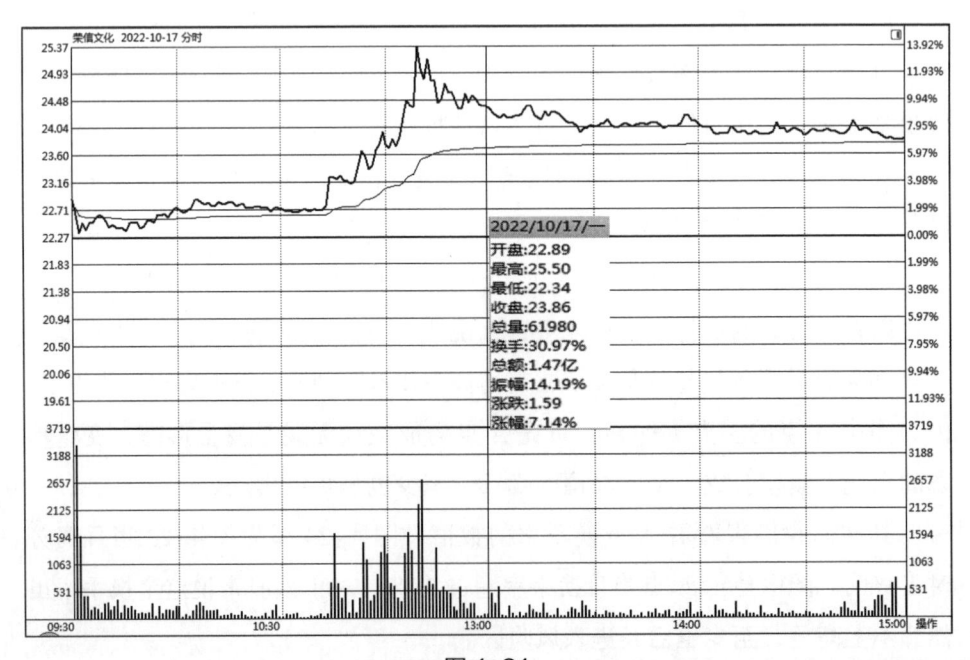

图 4-24

- 128 -

一半。之后股价回落的幅度约占整个涨幅的一半，回落幅度过大，也意味着股价涨升强度还要打折。股价涨升强度下降，而换手率创下近期新高，量价并不匹配，加上变量形态的出现，A点无疑会成为短线交易者的卖出点。

在大盘行情不佳的背景下，该股能有超过13%的单日冲高表现已经很不错了。在更为困难的阶段，一些次新股的反弹连5%都很勉强。如图4-25所示，A点处股价反弹，看上去K线好像并不小，但看右上角的分时走势就可以发现，该股当日的主要涨幅是尾盘时间里的一波偷袭式拉升所致。这种方式的拉升，无论是买还是卖，都比较难以操作。

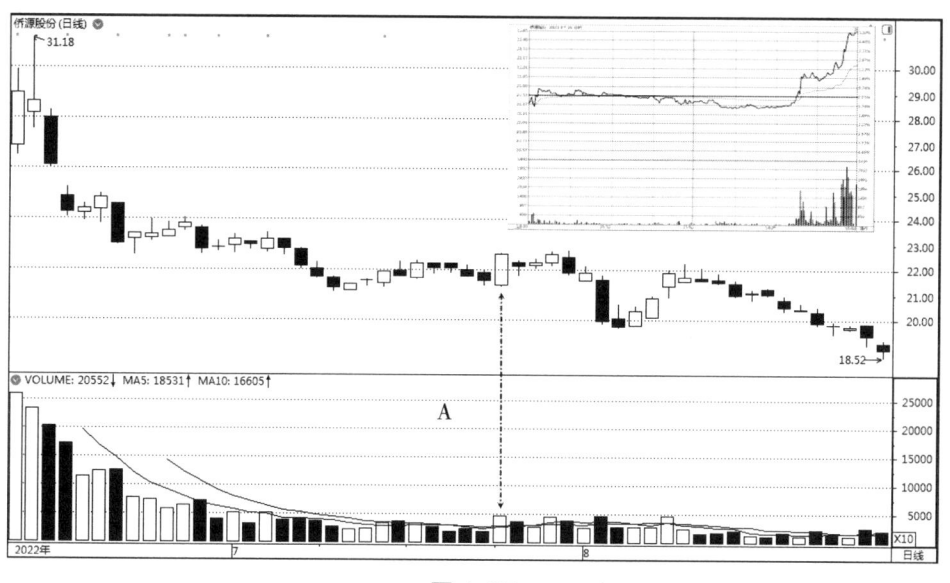

图4-25

三、超跌次新股的两怕

操作超跌次新股时，不怕高换手，最怕低换手；不怕急速下跌，最怕逐波振荡。

次新股上市初期阶段的换手率基本都较高，在下跌过程中换手率会慢慢降低。反弹中出现高换手率，交易者很容易研判出卖点。如果超跌次新股的换手率降到3%或以下时，可能股价走势会变得呆滞、缓慢，甚至有的个股还会进入到长期阴跌的过程中。如图4-26所示，该股在下跌过程中逐渐缩量，过低的换手率意味着短期内该股股价难以有强势表现，交易者应避免过早介入这类个股，以免承受阴跌套牢之苦。

图 4-26

急速下跌、连续下跳缺口的次新股，短线机会可能就在眼前，反而是那种涨一段、跌一段整体趋势向下的次新股最难缠。

如图4-27所示，该股在下跌趋势中就是保持着涨一段、跌一段整体下跌的趋势，这种股价运行方式，交易者非常难以操作，主要原因在于其涨升的波段幅度小、时间短，交易者很难有盈利空间。反倒是图中A处这种连续急速下跌的方式，交易者可以根据量价变化，研判出低位接入点。

对于图4-27中这种类型的个股，交易者应该避免介入操作。当其运行到急跌阶段时，再予以重点关注。

第四章　缺口引力和波段操作方法

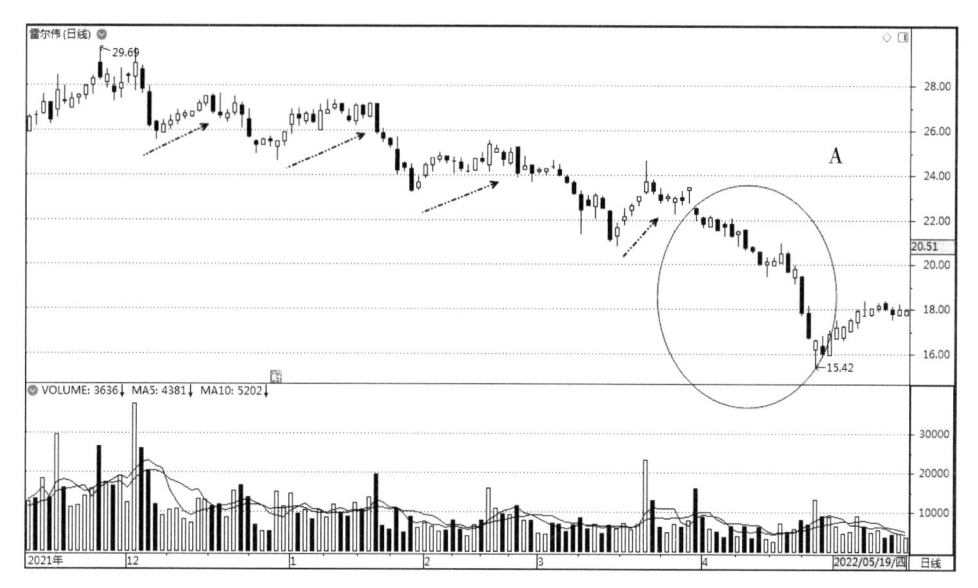

图 4-27

第五章

引力与成交量实战分析

第一节 成交量基础

第一章中讲到过成交量与引力的关系，主要体现在均线、趋势、缺口、量能催化等技术形态的辅助判断上。成交量在这些技术分析形式中的相应变化，能够昭示出引力的存在、增强与衰竭。在了解这些之前，有必要先简单讲一些成交量基础知识。

一、基本图示

成交量的计算单位为手或股，1手等于100股。

在最为常用的K线图、分时图上，通常以成交量柱状图、柱线图来表示成交量的变化情况。如图5-1所示，上方为K线图，下方为代表成交量大小的柱状图，每一根K线对应一根成交量柱。

在不同时间周期系统的K线图中，每一根成交量柱代表着不同时间周期内的成交量，如图5-1为日线系统，则每一根量柱代表某一日的成交量情况。周线、月线、分钟系统上的量柱则分别代表一周、一月和某分钟的成交量。

在成交量柱状图中缠绕的曲线是均量线。将一定时期内的成交量（值）相加后平均，即可绘制出均量线。

第五章　引力与成交量实战分析

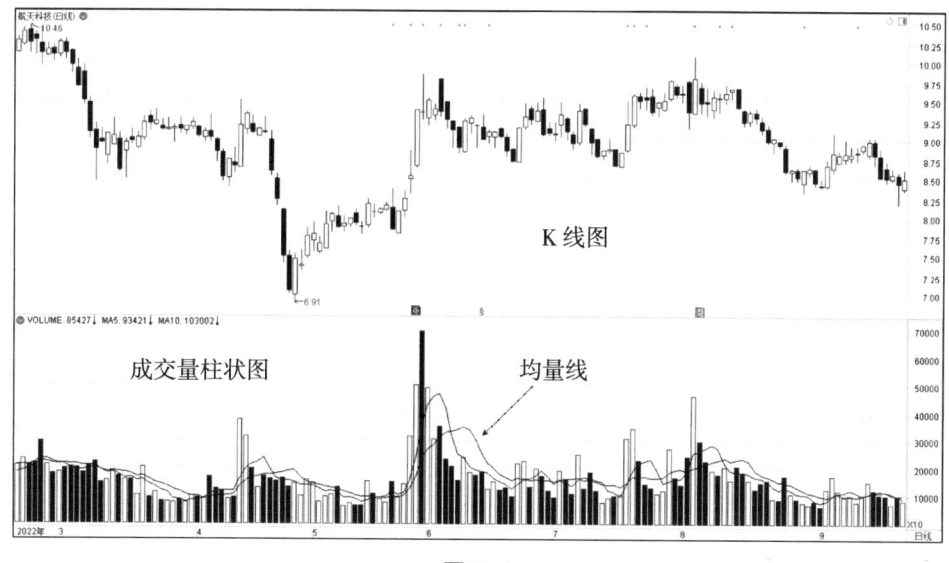

图 5-1

与 K 线图类似，分时图上同样以图形来显示成交量变化的情况，不过分时图中的成交量柱相对较细，更像一条线，通常也称为成交量柱线图。

如图 5-2 所示，上方为分时图中的现价线、均价线、昨日收盘线，下方为"成交量柱线图"，每一条长短不一的柱线，代表每一分钟的累积成交之和。柱线越长，表明在这一分钟里的总成交量越大。

无论是 K 线图还是分时图，都有各自的缺点和优点。例如 K 线图中成交量柱的优点是可以简单明了地看到一段时间内成交量的高低变化；其缺点是与 K 线的阳线或阴线相匹配的量柱，虽然也会呈现"阳量或阴量"，但是阳量并不完全等于全部是买入，阴量也不完全等于是卖出，其中的变化绝不会像图示中的"阳量或阴量"那样简明易辨。

分时图所显示的是当日的即时走势，量柱线会随着即时成交数据而变化，其优点是能够及时观测到交易中成交大单的出现和其密集程度，缺点和 K 线图类似，即并不能完全确认成交大单的真实指向。

实战中，无论是 K 线图还是分时图，最基本的成交量观测点就是量价形态以及在逻辑上是否具有合理性。

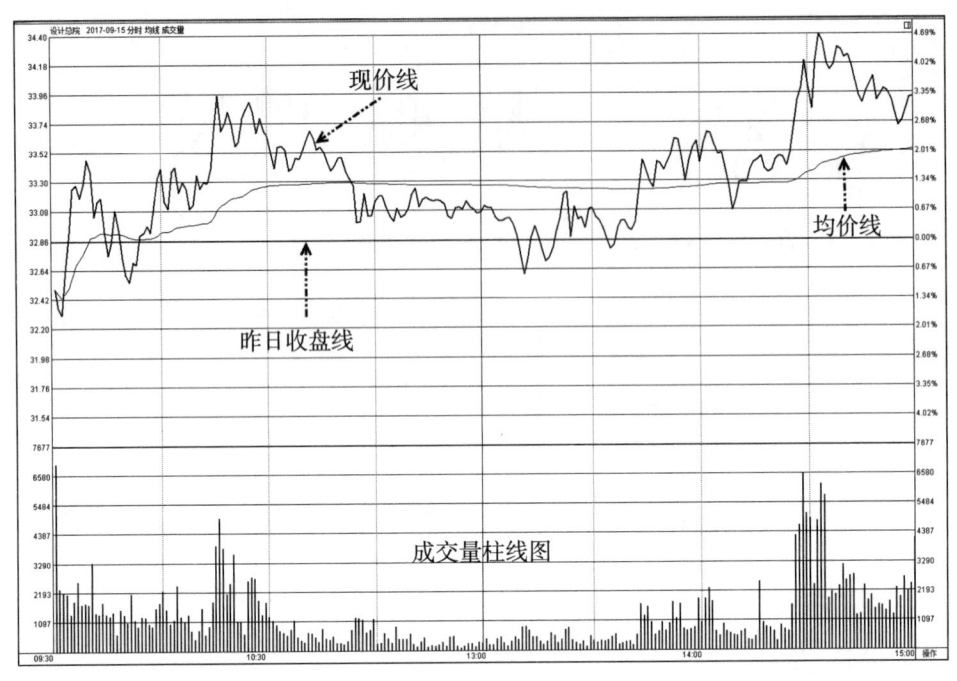

图 5-2

二、成交金额

成交金额是指交易市场的买卖双方，在某个单位时间内对某项交易成交的金额。其单位以人民币"元"计算。

例如，卖方卖出 500 股，买方需向卖方支付 500 股的价款，即为该笔成交的成交金额。股票成交金额除以成交量，即可得出每股均价。

在成交量相同的情况下，因个股股价不同，成交金额也必然不同。例如，某股日成交量 1 亿股，均价 5 元；另一股日成交量也是 1 亿股，均价 10 元，二者的成交金额显然具有较大的差距。

三、总量、现量、外盘、内盘

在个股的盘口中会有总量、现量、外盘、内盘等数据显示。

总量就是截至当前时间段总的成交量，也即外盘加上内盘合计的成交总数。现量是指最新的即时成交的数量。

以买入价成交的交易，成交现手数量加入的累计数量，即内盘。换句话说，主动性卖出的数量，就是内盘数据。

以卖出价成交的交易，成交现手数量加入的累计数量，即外盘。换句话说，主动性买入的数量，就是外盘数据。

内外盘数据是动态的，会随着行情的发展而改变。早盘内盘大的个股，也许到了午市收盘就会变成外盘大。分析内外盘要结合盘口综合运用。

四、量比

量比是以成交量为衡量对象的指标，也是成交量分析中极为重要的技术形式之一。在解读盘面、研判价格运行趋向上，是不可或缺的一项数据和指标。

量比是指开盘后每分钟的平均成交量，与过去5个交易日每分钟的平均成交量之比。

量比最为突出的作用，就是能够及时发现哪些个股在成交量上出现了突变的情况。

成交量的突变意味着交投活跃度激增，虽然并不必然就会有获利的机会，但量能的变化总会额外告诉我们一些关于价格涨跌的线索。

第二节 四种重要的成交量分析形态

成交量表现在柱状图或柱线图上时，或聚或散，或密集或稀疏，或突显或平缓，这些不同的形态必然与股价变化息息相关。探寻其中的核心原理与规则，就需要有一个剖析量能形成性质和理顺与股价之间逻辑关系的过程，这个过程就是区分量能催化和量能跟随的过程。

股价趋势或趋向运行中，量能的突变（突然增大或减小）往往预示着股价可能面临重大变化，这种引发股价发生改变的量能，即为催化量。趋势或趋向运行中，平稳增加或减少的量能，会使趋势或趋向运行得更长久，这种跟随或助推股价运行的量能，就是跟随量。

从量能性质上划分的催化量和跟随量，结合从量能形态上划分的以下四种形态进行综合分析，对于揭示股价未来运行趋势必然有所帮助。

一、常量形态

常量是指某一时间段成交量处于相对平稳、稳定的形态中，在这一段时间内的成交量值相仿。这种形态下的股价多数时候会在某一方向上平稳持续运行。

传统理论中有地量的概念，某一时间段内的常量可能是地量，但常量并不完全等同于地量，对此我们要有明确的认识。常量并非静态的而是动态的，会随着行情的不断发展而变化。某一阶段的聚量、变量等形态可能会转化为新的常量形态，所以常量的值与形态并不恒定，而是处于不断升降变化之中。

下面来认识一下常量在股价运行不同阶段的不同表现形态。

其一，当某一时期的成交量处于极度低迷期，超过或接近历史最小值，那么这个时期的成交量既是地量，也是常量。如图5-3中A段所示，在股价长时间的下跌阶段，成交量的数值、形态一直处于历史较低水平上，这期间的成交量既是该股的地量形态，也是一种低迷的常量形态。

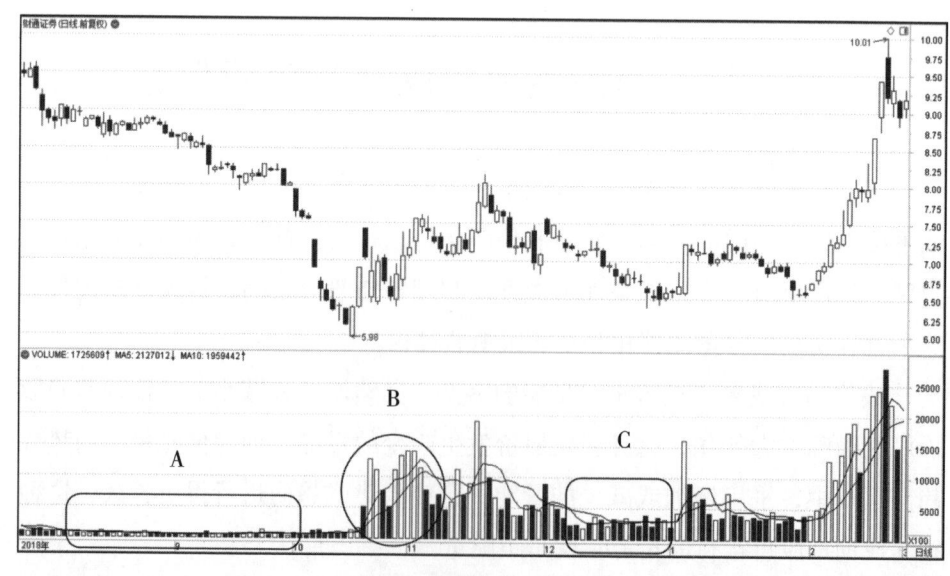

图5-3

第五章　引力与成交量实战分析

此时我们很难从日K线层面上发现量能催化现象。处于跟随量性质上的量能，只能等待股价打破原有运行格局，才能触发反向引力，进而带来量能形态的改变，触发量能催化出现。比如图中A段至B段之间股价出现急跌，股价迅速急跌会诱使资金进场抢反弹，量能形态改变，进一步催化股价继续上涨。

其二，随着行情的发展，股价反弹，成交增量，当量能达到较高数值后，不再增加也并未持续缩减，处于相对稳定的态势时，这个时期的成交量也是常量。

如图中B段所示，股价快速反弹，成交迅速增量，而后成交量稳定在这个较高数值和形态上，这种现象称作常量升级或新常量形态。此时量能催化现象非常明显，相对容易判别股价可能发生变化的方向。

其三，当股价下跌，成交量经过缩减后稳定在一定的水平上，而此时成交量仍远大于之前的地量阶段，这个时期的成交量也称之为常量。

如图5-3中C段所示，在股价下跌过程中，成交量经过之前的缩减过程（量能消散）后，不再继续缩减，而是稳定在当前的数值与形态上。C段常量的值大于A段地量（常量）阶段的值，此常量已非彼常量。这种现象也称作新常量形态。

经过一段时间的股价涨升和下跌过程后，成交量再度回到常量形态，但其数值已经不同于之前的常量，虽然同样处于相对稳定的状态中，但对于我们分析主力资金的增减仓位具有重要的作用和意义。

实战中，不仅常量这一种成交量形态存在升级现象，后面将要讲到的聚量、变量等也存在升级的现象，其实这也是行情持续发展的一种必然现象。

二、变量形态

变量，顾名思义，是指成交量出现重大变化，或是可能引发股价出现重大变化的量能形态。

变量是成交量的一种突变形式，多指成交量激增的情况，也包括成交量骤减。但在实战中比较常见的多为成交量突然性增大的类型。如图5-4所示，

A 点处成交量突然激增，与之前的成交量形态有着天壤之别。

变量的具体数值越是巨大，其引发价格巨变的可能性越高。通常来说，出现变量当天的换手率，应大于之前平均换手的一倍左右。但是如果该股换手率已经处于高值区，大于之前平均换手的 30% 左右，也基本符合对于变量的判断。

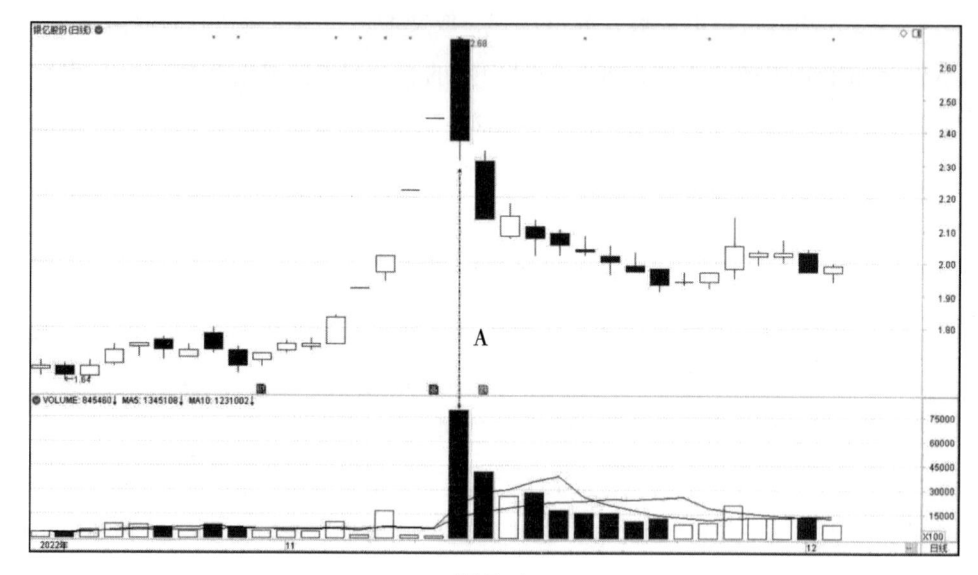

图 5-4

变量形态都存在当日成交量激增，而之后的交易日又迅速减少的过程，图示上的量柱显示极为突兀，如图 5-4 中 A 点所示。变量预示着多空双方的力量对比关系处于高度不稳定的状态中，股价可能因此出现较大的变化。

变量必然不会长时间存在，否则变量也就不是变量，而是常量升级或其他形态。变量究其根本是量能对股价激烈催化的形态，也是反向引力出现的技术性标志，所以出现变量的当日，即使股价未由此形成涨势中的拐点，也会带来短时间的回落调整。

如果变量出现之后，在随后行情中成交量并未发生明显骤减，或虽有减少但仍旧明显大于变量出现之前的成交量值，那么这个变量将有可能会演化成为常量升级、聚量或量能消散形态。

如图 5-5 所示，A 点处股价上涨，当日的成交量明显大于之前的成交量均值，这就是变量形态。B 点处再次出现更大数值的变量，但在之后的交易日，成交量并未迅速缩减到之前的常量形态，而是保持在一个相对较高的数值上，如图中 C 段所示，这个变量演化成为常量升级，预示着股价将会维持升势。

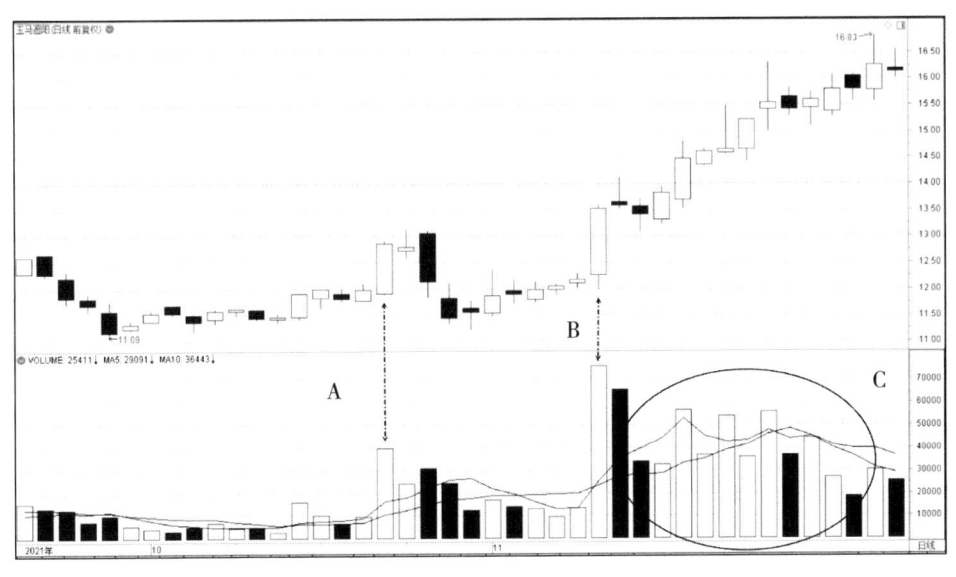

图 5-5

在图 5-6 中，A 点出现变量，之后的交易日成交量不但没有缩减，还在不断增加，这就演化成为聚量形态。聚量形态对催化股价上涨具有一定的持续性，但随着形态的延长，量能越来越大，股价涨速也会越来越快，容易在高点诱发反向引力。

图中 B 点处股价冲高回落，诱发反向引力。量能不能继续催化股价上涨，就会反向催化股价下跌。B 点后量能缩减，形成了量能消散形态，在这种跟随性质的量能形态下，股价下跌具有持续性，反向引力也会转为下跌引力。

必须注意一点：量能消散形态并不一定都会促使股价继续下跌，量能不能决定股价的涨跌，只能起到催化或跟随作用。但打破量能消散形态跟随属性的必然是股价，而不可能是量能本身。

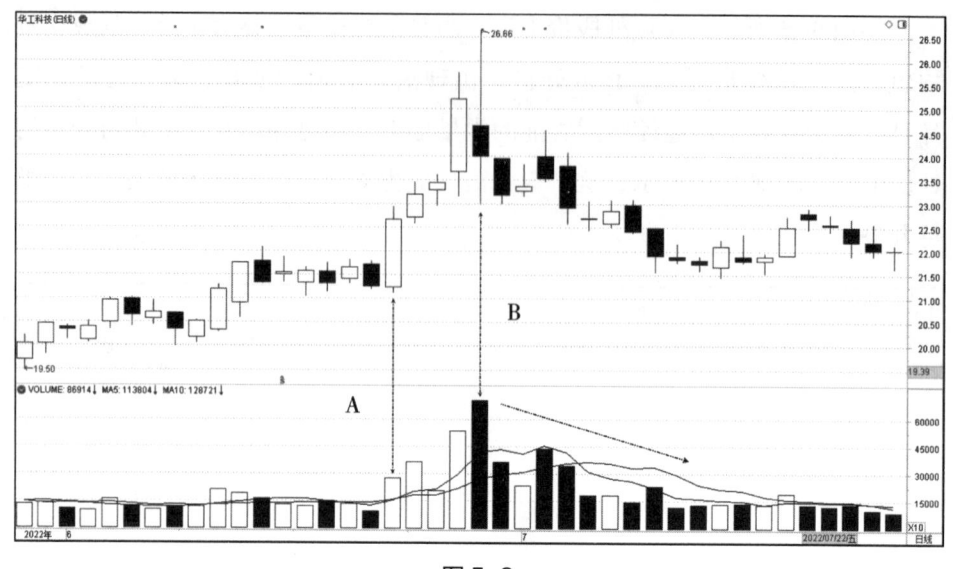

图 5-6

三、聚量形态

聚量是指成交量由小到大逐渐增加和聚集的形态。聚量是动态的，随着行情的发展会转化为常量、变量或量能消散，也会随着资金的疯狂聚集，出现更大数值的聚量。总之，聚量是一种能够体现出资金逐渐聚集，股价炒作热度逐步升高的成交量形态。

如图 5-7 中 A 段所示，就是成交量由低到高不断增加和集聚的过程，这个过程中形成的成交量形态被称为聚量形态。聚量是股价发起上涨攻击的一种量能形态，所以技术上也将这种量能形态和股价上涨统称为聚量攻击。

聚量形态对催化股价上涨具有一定的持续性，但随着形态的延长，量能越来越大，股价涨速也会越来越快，极易诱发反向引力发生作用。如图中 B 点所示，股价短时间内的快速上涨诱发反向引力发生作用，也就是短线获利资金的集中逃逸行为或主力资金的诱多行为，促使股价发生转折。

交易者在实盘中对于聚量形态下股价急速冲高的态势，要保持高度警惕，注意把握股价高点的卖出机会。很多人因为股价处于价涨量增的态势中，就认为量价配合良好，不必过于关注，而错过高点卖出时机。

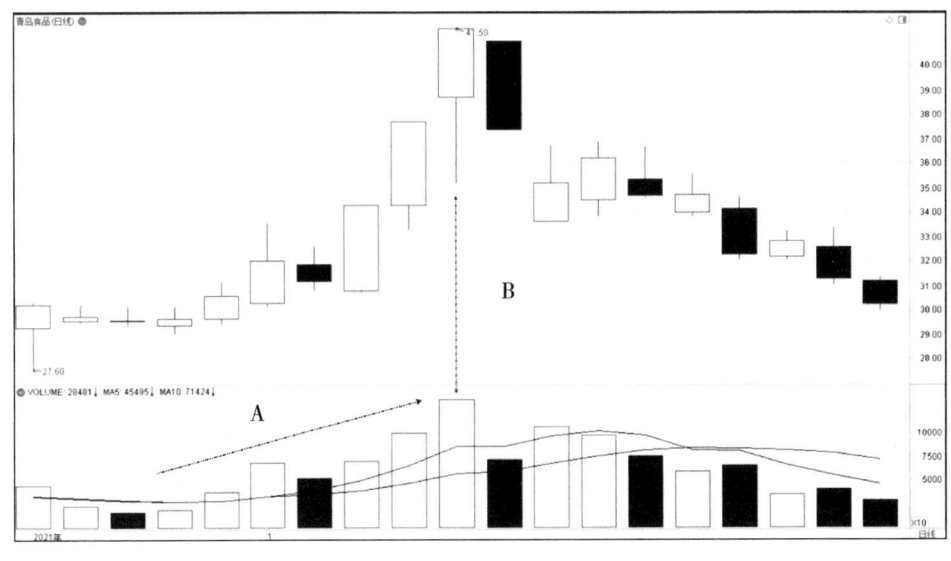

图 5-7

图 5-7 中的聚量是一种标准形态，能够完美体现成交量逐步聚集的过程。实战中还有一些聚量形态存在很多变形，形态上不是那么标准，成交量聚集过程中掺杂着常量、变量等形态，并不是始终保持"增加和聚集"的态势不变。这种情况有时对股价持续性上涨大有裨益，因为在过程中消耗掉反向引力的累积，能够使上涨行情运行得更长久一些。

如图 5-8 中 A 段所示，在成交量不断增加聚集的过程中，就出现了量能的消散、变量、常量等形态，但是在股价短期回落、量能缩减后，股价再次转升时，成交仍然能够延续整体增加聚集之势。

这就说明聚量攻击的过程并未结束，而是处在筹码振荡中得以清洗，资金再次聚集、股价炒作热度进一步升高的势头中。当 B 点出现变量后，成交不再增加和聚集，而是在之后的 C 段呈消减的态势，则意味着聚量攻击的结束，行情已经开始转为下跌。

理解一段时间内聚量的这种形态变化，有利于我们研判股价运行的阶段，能够在第一时间发现股价涨势拐点的出现，及时抓住高位卖出的机会。

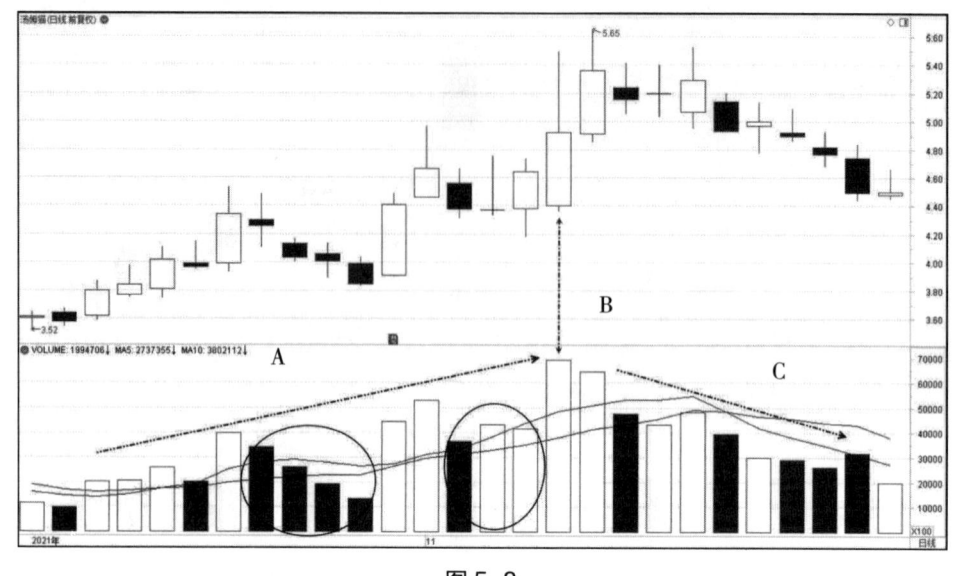

图 5-8

四、量能消散形态

量能循环中的量能消散，是指成交量由高到低逐渐缩减的一种量能形态。其实也是股价由追涨到集中杀跌、再到阴跌的过程，最后随着卖出者的逐步减少，成交量会慢慢转化为常量，从而改变逐步缩减的态势。

如图 5-9 所示，A 处就是股价下跌，成交量逐步缩减形成量能消散形态的过程。这是一个相对简约明了的量能消散形态。

大多数量能消散形态出现在聚量攻击或变量之后，也就是股价高涨之后的回落调整过程中。量能消散的出现，说明涨势已经暂时停歇，杀跌正在持续进行中。这种跟随性质的量能形态不改变，就意味着股价不会出现趋向性转折。

在不同的技术环境中，量能消散形态存在的时间并不一致，其后续的转化形态也不同。

1. 上涨趋势中的量能消散

在上涨趋势较为明确的行情中，一波聚量攻击或变量出现之后，随之而来的量能消散不会很长，很快就会迎来第二波聚量攻击或变量急拉。也就是

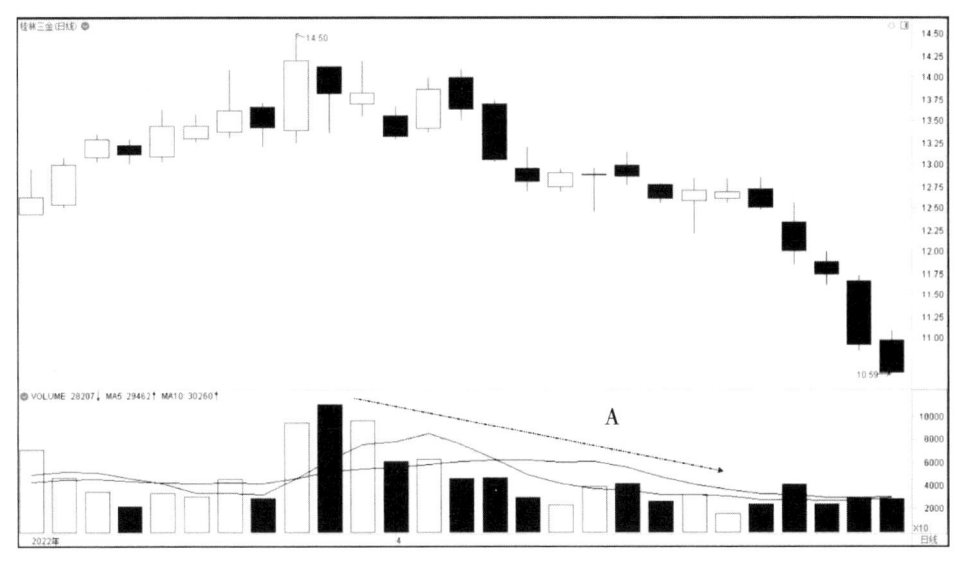

图 5-9

说，量能消散形态结束后，直接转化为聚量或者变量形态，股价出现快速上涨。这时的量能消散形态，其实是一个消耗反向引力、清理不稳定筹码或提高市场介入成本的形态。

如图 5-10 所示，A 处股价回落，成交量出现逐渐缩减的量能消散形态，但这个形态维持的时间较为短暂，B 处股价很快就再次起涨，成交量也转化为聚量形态。图 5-10 中量能消散形态维持的时间较短，对于持仓者来说相对容易忍受。如果量能消散形态为时较长，且出现在上涨趋势初期，股价趋势相对并不明朗的阶段，那么研判和持仓难度都会大大增加。

图 5-11 中，股价涨势初期在 A 段出现量能消散形态，经过一段时间回落后，股价再次起涨，但是在 B 段股价上涨过程中所形成的聚量形态，其均值相对较低，接近于常量的态势，聚量攻击应有的催化作用并不显著。

在 C 段再次出现量能消散形态，所幸这个形态维持时间较短，不然对于个股形态上的影响将会截然不同。D 段处股价脱离振荡平台，成交量形成聚量攻击，并在之后出现变量，股价也进入快速涨升过程中。

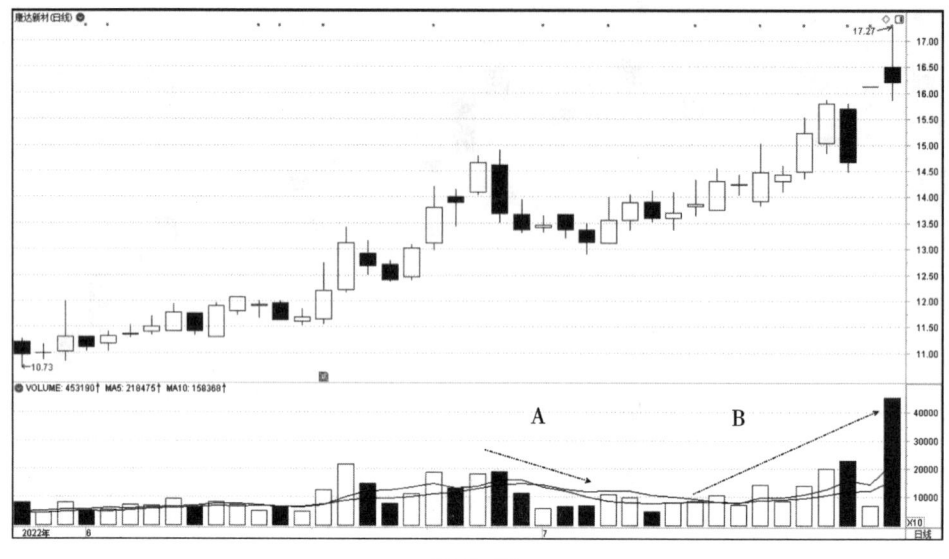

图 5-10

图5-11中，B段和C段的成交量与A段之前的成交量在均值上相差不大，这种情况给形态判断带来较大的难度，难在不能从量能变化上确认股价真实的运行趋向，只能从股价表现出来的强度上反推主力资金的逃逸与回归。

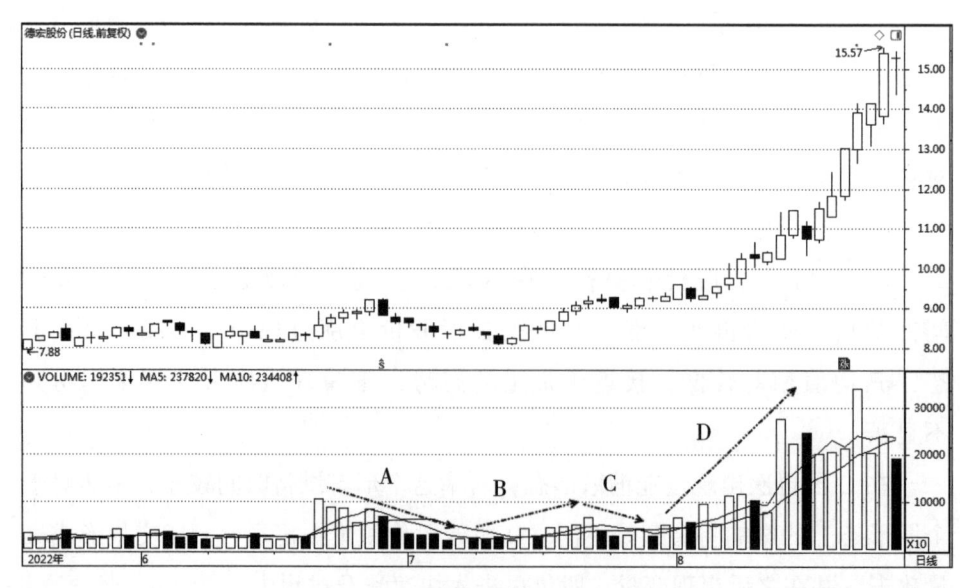

图 5-11

比如在 C 段的量能消散形态下，股价并未明显下跌，而是小幅横向振荡，这就是一种隐藏的股价强度。如果 C 段的量能消散形态继续下去，实战中的大多数结局都会是引发股价从振荡转入下跌，而不会是图 5-11 中的上涨。

通过图 5-11 的案例，可以发现一个重要的技术细节，即在上涨趋势中出现的量能消散形态，其持续的时间越短，越有可能迎来股价在之后的强势上涨。实战中短期量能消散形态持续时间大多为 3～5 个交易日。

2. 下跌趋势中的量能消散

在股价由涨转跌的初期和量能消散形态持续过程中，如果仅出现变量形态的上涨（反弹），而聚量攻击形态难以多次（升级）出现，那么可以确认股价趋势性上涨已经结束，成交量也将长时间维持量能消散形态，或逐步过渡到较低水平的常量形态。

当整体趋势已经处于下跌过程中，一波聚量攻击或变量反弹行情出现之后，接下来的量能消散会较为漫长，即使中途出现价格的强弹，也多伴以变量形态，之后量能仍会继续处于消散状态中，或转化为常量形态。跌势中的反弹，多数是股价过快下跌后反向引力发生作用，但最终还是会回归到下跌趋势引力运行过程中。

如图 5-12 所示，A 段处股价在振荡中下跌，成交量整体呈量能消散形态。这种量能形态下，即使股价出现短线反弹，也是借机卖出的时机，绝不是可以买入的形态。

在 B 段量能消散形态转化为常量，似乎股价已经跌无可跌。这一点在图 5-12 中最能迷惑人，也最容易让交易者的判断出现错误。A 段的量能消散形态明显不是短期形态，而且还出现在跌势之中，所以 B 段即使转化为常量形态，也并不能成为判断股价已经止跌的依据。

但是随后在 C 点出现变量催化下的股价大涨，必然会让上述判断看上去很像是个错误，一些人在纠错心理的影响下，会忙不迭地追高买入，生怕错过一波行情。如果结合前面讲到的变量知识点，就可以研判出 C 点只能成为一个卖点。

在 D 段成交量很快又恢复到量能消散形态，股价也随之展开一波下跌，至此一切都明了了。回顾 B 段的常量形态以及 C 点强劲的单日反弹，这里就是请君入瓮的多头陷阱。

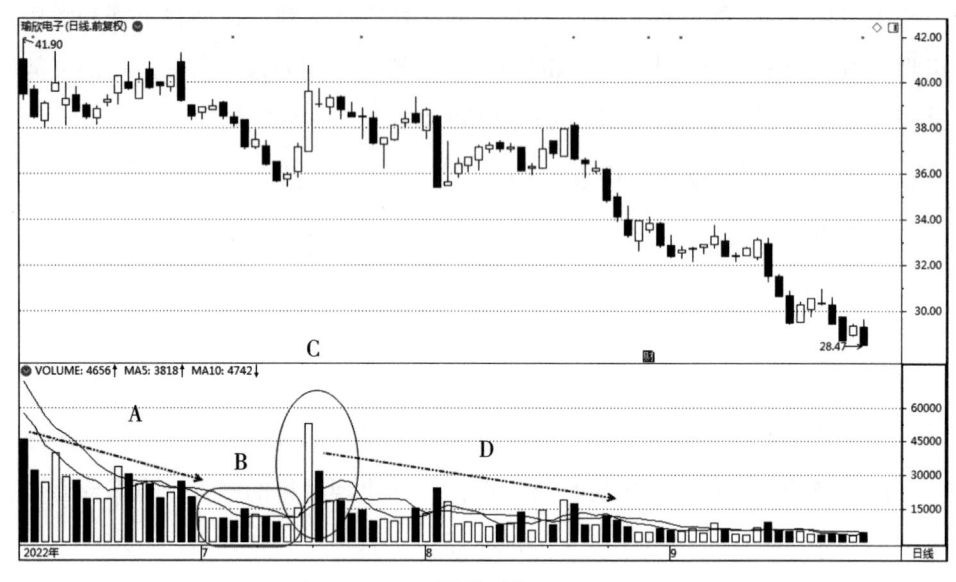

图 5-12

当行情整体处于下跌趋势中时，量能消散形态的存在就是一种警告，警告交易者尽量不要参与做多。即使是在量能消散形态中出现变量或常量等转化形态时，也应保持一份冷静，在进行技术环境分析之前，绝不可盲目追高买入。

第三节　股价暴涨阶段——量不减，引力不显

交易者在实盘中可能会发现一个现象，一些出现变量形态的个股，其股价在之后却并没有发生趋势性转折，甚至连短期调整都没有，反而是继续放量大幅上涨。那么，是不是变量形态失去应有的研判作用了呢？

其实不然。这种情况下，或是资金集中追涨的热门个股，或是主力资金

对倒诱多的个股。对于这类个股的研判，不能完全以常规分析手段对待。如图 5-13 所示，在 A 点该股出现变量上涨，但次日股价并未转入下跌，而是略作调整后继续回升，此后股价上涨量能保持高值常量的态势。

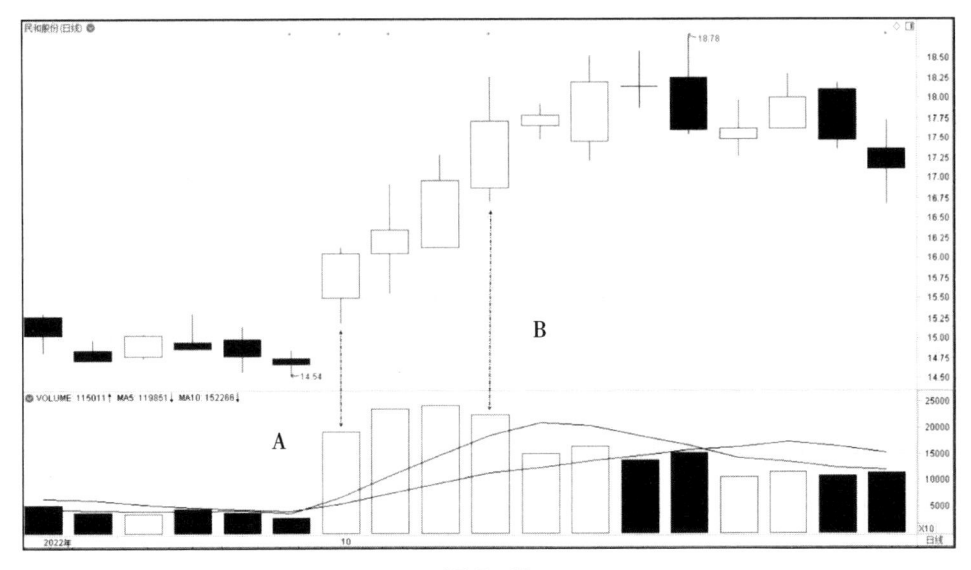

图 5-13

在 B 点成交量出现缩减，这是一个重要的技术现象，谨慎的交易者可以选择卖出，但当日量能缩减幅度并不大，交易者也可以继续等待。在 B 点的次日，量能已经明显缩减，反向引力已经开始发挥作用，交易者应该开始减仓。虽然该股本次涨势的最高点并不在 B 点，但卖点信号一旦出现，交易者就必须高度警惕，时刻注意寻找卖出时机。

实盘中，我们不可能提前知道股价的最高点在什么价位，所以选择最高点卖出是难度极大的交易方式，选择高点区域卖出才是最稳健的交易方式。对待图 5-13 这种类型的个股，可以注意观察一个技术点：只要股价在继续上涨的过程中成交量不出现缩减，反而继续放大，交易者就不必急于卖出。量能不减，说明资金攻击力仍旧存在，交易强度仍旧未减，反向引力就暂时难以发挥作用，即量不减，引力不显。

其实通过量能催化现象也可以发现股价的卖出信号。如图 5-14 中的 A

点处，该股变量上涨，次日在量能并未减少的情况下出现冲高回落走势，收出长上影线，具备量能反向催化的特征。但技术环境上，涨幅与上涨时长并不算过大的情况下，股价就此反转的可能性较小。

在 B 点时，量能放大，股价却冲高回落，再次出现量能反向催化现象，这时交易者就必须认真对待了，因为此时的涨幅与时长都已经有了较大变化。量能反向催化在股价高点上时常会与反向引力相伴出现，交易者可关注这些技术现象的共振。

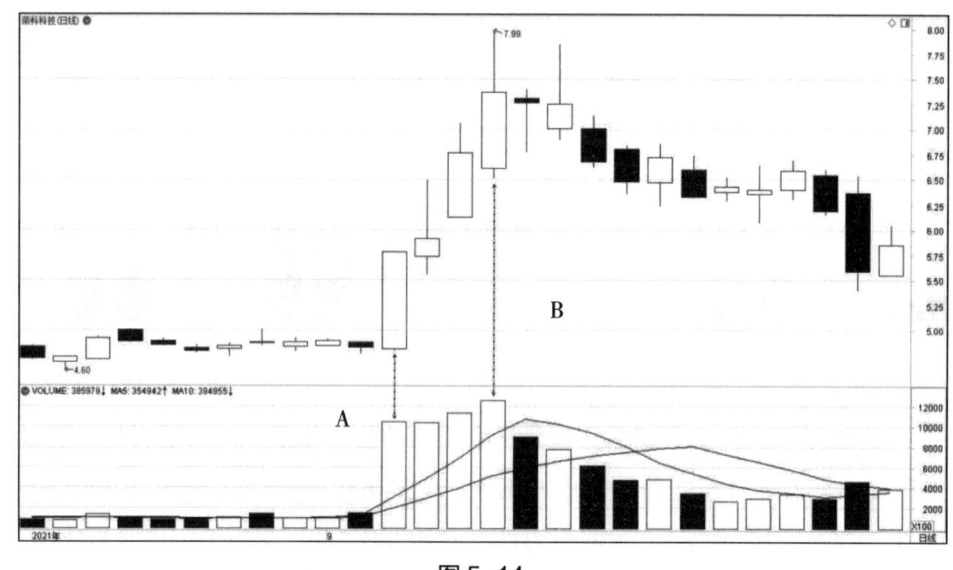

图 5-14

第四节 大涨过后出现量能消散——反向引力正在生效

上涨趋势运行过程中出现的量能消散，大多是一个消耗反向引力、清理不稳定筹码或提高市场介入成本的形态。但是，如果是在急速上涨过后的股价高位出现量能消散形态，就需要交易者高度警惕了。在量能反向催化的情况下，股价有可能迎来高位拐点，反向引力就此发挥作用，往往就以量能消散形态表现出来。

如图 5-15 所示，在一波急速拉升之后，A 点处股价创出新高，成交量也处在聚量形态上，因为当日没有出现变量形态，所以对于 A 点形成波段高点似乎并不确定，可能很多交易者不会寻求减仓操作。

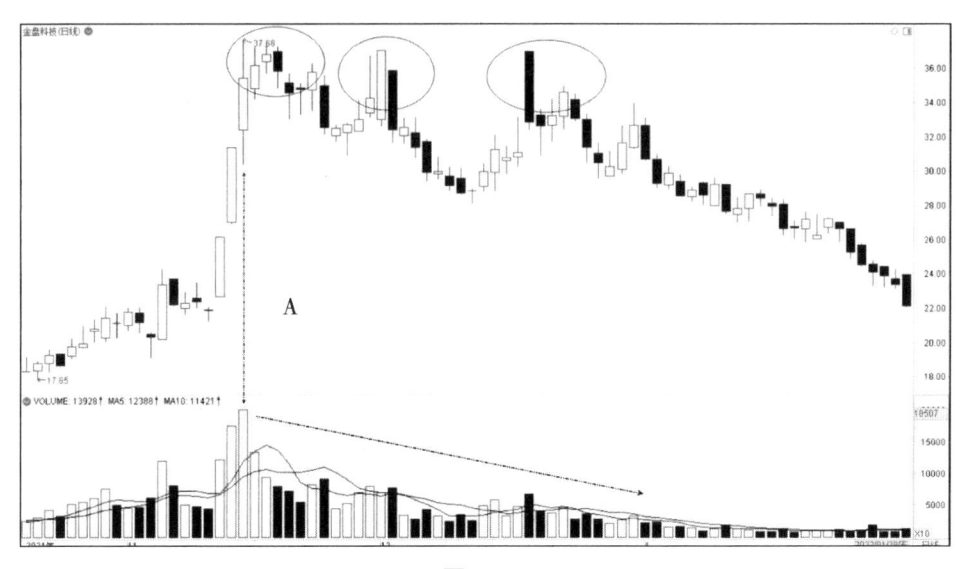

图 5-15

但是如果是盯盘的交易者，可能就会有不一样的感觉。图 5-16 是 A 点当日的分时走势情况，图中可见，当日第一波拉升就已经触及涨停板，可是并没有封住。经过较长时间振荡后，虽然封住涨停板，但尾盘还是被大卖单打成烂板。

结合前两个交易日封板的量价情况，再综合 A 点当日的分时走势分析，是具有量能反向催化的特征，尽管并不明显。交易者如果此时难以抉择卖不卖出，还是可以等上一等，次日如果量能不缩减，股价继续涨，仍然可以再战，但是等待的后果必须能够承担。

实盘中，我们不可能知道次日股价会怎么走，也并不都会像图 5-15 中这样出现一根容易选择卖点的小阳线，很有可能出现一根低开低走的下跌阴线。交易者如果等来的是这样一个结果，就必须计划好自己该怎么做。

其实不管 A 点之后是阴线还是阳线，量能一旦缩减，就应该警醒起来，因为一旦形成量能消散形态，反向引力就已经开始发挥作用，交易者要做的就是寻找相对高点，尽快卖出持仓，结束波段交易。

图 5-15 中的 A 点之后，量能消散形态形成过程中，股价还是出现了两次反弹的高点，交易者只要不被股价的突然上涨所迷惑，还是有机会将持仓卖在不错的价位上。在股价大涨之后的高位区域，一旦量能消散形态出现，就没有什么好犹豫的，至少对于短线或波段交易者来说，都是需要卖出持仓的时候。

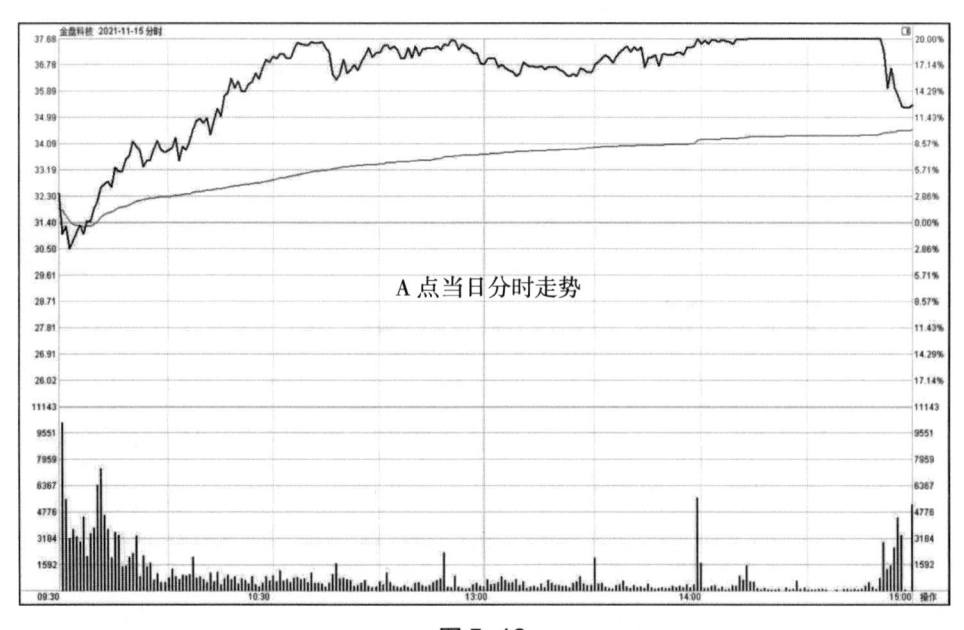

图 5-16

第五节 跌势阶段出现变量上涨——反向引力难以持久

下跌趋势运行过程中，股价也不会一直处于下跌状态，而是会出现无数次强度不等的反弹。对于被套牢的持仓者来说，借助其中的强反弹降低仓位或者及时出逃，是相对较理想的交易策略。

如图 5-17 所示，该股在跌势中出现一波较强的反弹行情，交易者如何利用这波反弹行情进行减亏操作呢？减亏解套的方式有很多，比如低点补仓、高点卖出折返买回等，但是其中的操作难度都很大，一旦做错就需要及时止损，不能将仓位越买越重，成本越做越高。

图中 A 点处是股价大跌后振荡过程中出现的变量上涨，跌势中出现这种变量的阳线并不都会如图 5-17 那样股价在振荡后继续反弹，而是很有可能由此回归跌势。这中间的风险，交易者必须提前预估，并做好预案。

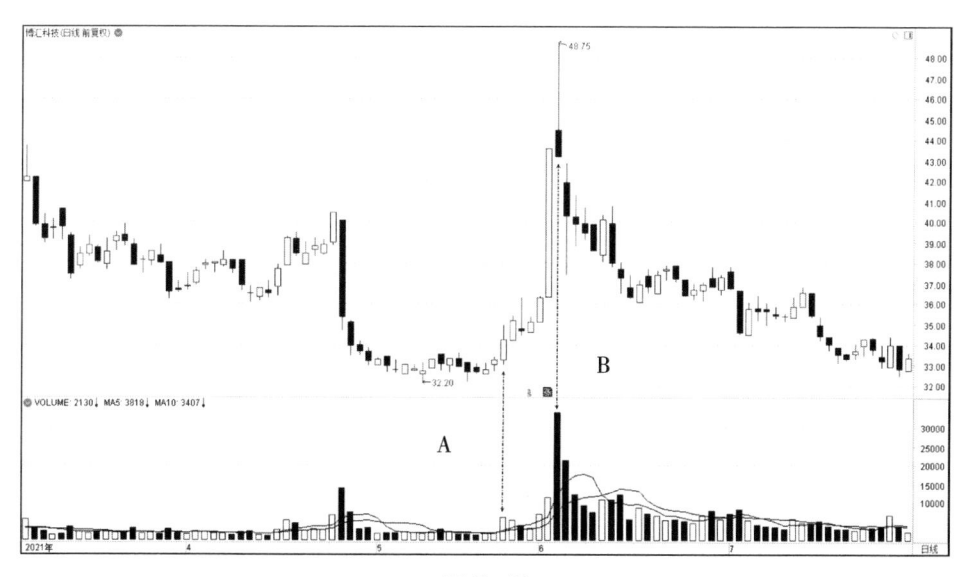

图 5-17

综上所述，A 点并不是最适合的买点，但如果交易者一直盯盘，熟悉该股的运行特点，在不追高的前提下发现启动之初的机会，也可以趁机补仓。

A 点之后股价振荡，这时的成交量虽有萎缩，但仍大于 A 点之前的常量，也就是这里形成了新常量的形态，交易者可适量补仓。当股价开始向上急速上涨，尤其是 B 点变量出现后，无论有没有在低点补仓，交易者都只能做一件事，就是减仓。

补仓的交易者如果已经弥补亏损，那么卖出解套就是非常惬意的一件事；没有补仓的交易者，在 B 点这种具有非常明确的量能反向催化的变量形态出现时，也能够明白反向引力已经衰竭，跌势引力将促使股价回归到趋势中来，应该借机降低仓位，留存资金，以待股价回归跌势后，再寻找下一次减亏的机会。

第六节　跌势阶段出现聚量上涨——真假尽在盘口

下跌趋势中出现变量形态的反弹，相对来说比较容易研判，也大多不会给交易者带来误判。但是一些个股在反弹过程中，成交量若以聚量的形态出现，就比较具有迷惑性了。如图 5-18 所示，股价在反弹过程中成交量呈聚量形态。图中加入了均线系统，对于研判个股盘口的真假虚实就增加了一份把握。

根据均线理论，5 日短期均线反映股价强度，20 日中期均线反映支撑与压制。图 5-18 中 A 点处虽然成交量呈聚量，但是股价盘绕在 5 日均线上下，根本无力触及上方的 20 日均线，股价的孱弱程度尽显。

图 5-18 中的聚量形态相对比较容易识别，但实盘中有一些形态就相对复杂得多。如图 5-19 所示，该股反弹过程中也出现了聚量形态，股价突破了 20 日均线，A 点处出现变量下跌，却未能跌破 20 日均线，随之在振荡中确认了支撑的存在。

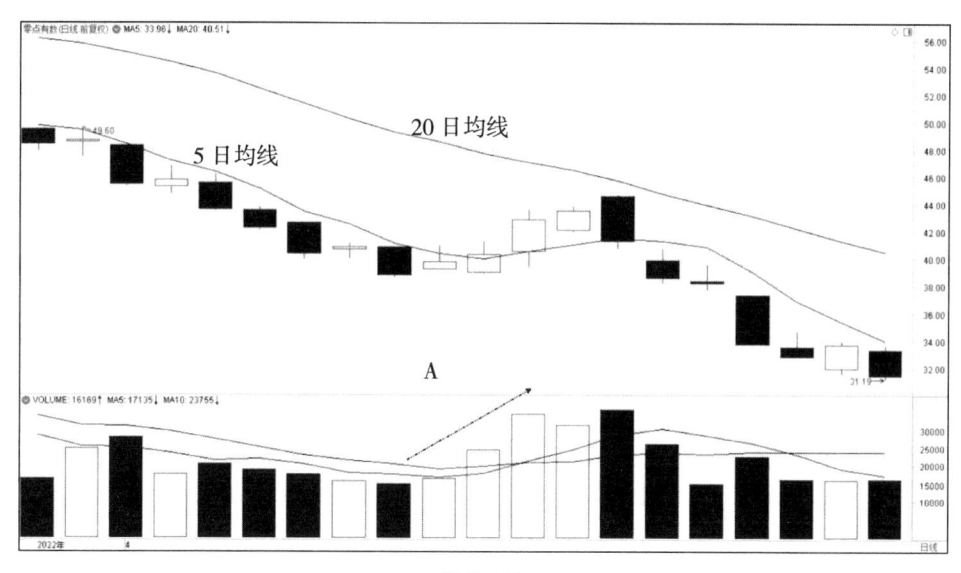

图 5-18

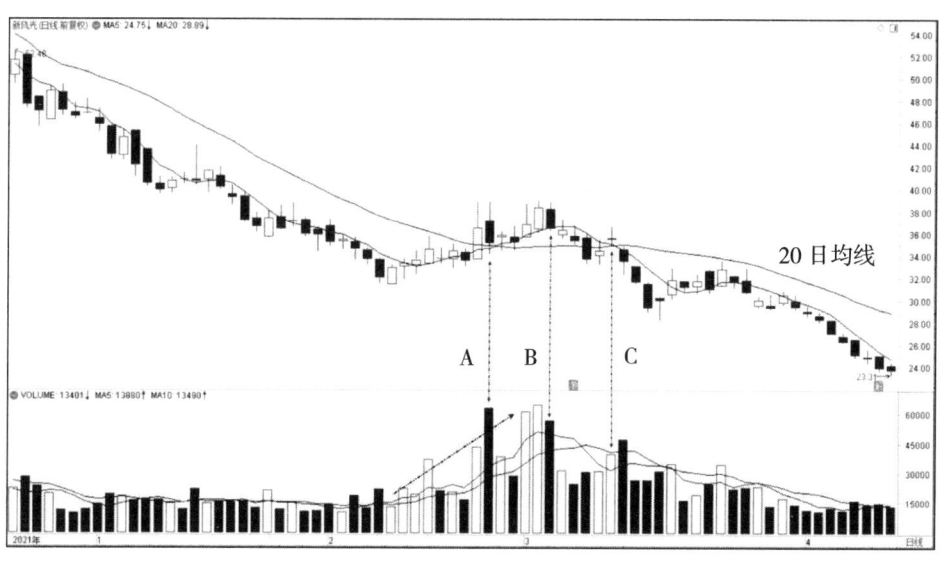

图 5-19

此时的股价与均线形成托线形态，即保持近距离运行，成本引力处于不断被消耗的过程中。当这种消耗达到一定程度后，股价多会迅速向上脱离均线引力，出现不同程度的急促上涨。根据托线形态理论，这种走势会给交易者带来一定的希望。

但是该股在之后却并未展开大幅涨升行情，反而在 B 点出现放量后的第一次缩量，这个技术点看似普通，其实较为关键。一个并非大幅度的缩量并不重要，关键在于后续是否持续缩减，一旦形成量能消散的话，则升势必然成空。

在 B 点之后，股价愈发屡弱，量能也出现消散。这种技术态势已经告诉我们本次聚量反弹的虚假性。在技术上，唯一可以挽救这种危局的，就是缩量之后的第一次放量能够达到何种程度。

如果是主力资金故意示弱，那么缩量后的第一次放量上涨会非常有力度，量能至少能够达到本次反弹的最大值附近。如果反之，那么量能依然会很低。如图中 C 点所示，尽管量能从最低点回升，却很难再达到 B 点区域的量能。对于这种量能表现，结合股价的弱势程度，交易者不难判断出聚量反弹不仅是虚假的，而且已经结束。

第七节　大跌过后再现变量下跌——杀跌不可取

实盘中不可避免地要遭遇到持仓被套的情况，尤其是波段交易中，当一个升势波段处在进行过程中时，股价不可能一直保持上涨，其中的起起伏伏很正常。遇到波段中的下跌阶段时，最需要交易者关注的有时不是股价，而是心态。技术心态一旦崩溃，就会完全放弃所有理性的思考。

如图 5-20 所示，该股处于下跌过程中，A 点处股价下跌，成交量突然激增。对于这种盘口情况，交易者如果跟随下跌节奏，股价越跌，心里越恐慌，很有可能会在跌势最猛的时候跟风杀跌。图 5-20 中 A 点的杀跌放量，很有可能就是跟风杀跌盘造成的。

图 5-20 中的个股一直在 5 日均线的压制下下跌，形成压线形态，A 点处脱离 5 日均线，形成跳线。从引力上来说，突然性大幅脱离趋势，很有可能会引发反向引力。所以在实盘中，对于类似的盘口，持仓的交易者即使颇受煎熬，也要忍住不要跟风杀跌。

第五章 引力与成交量实战分析

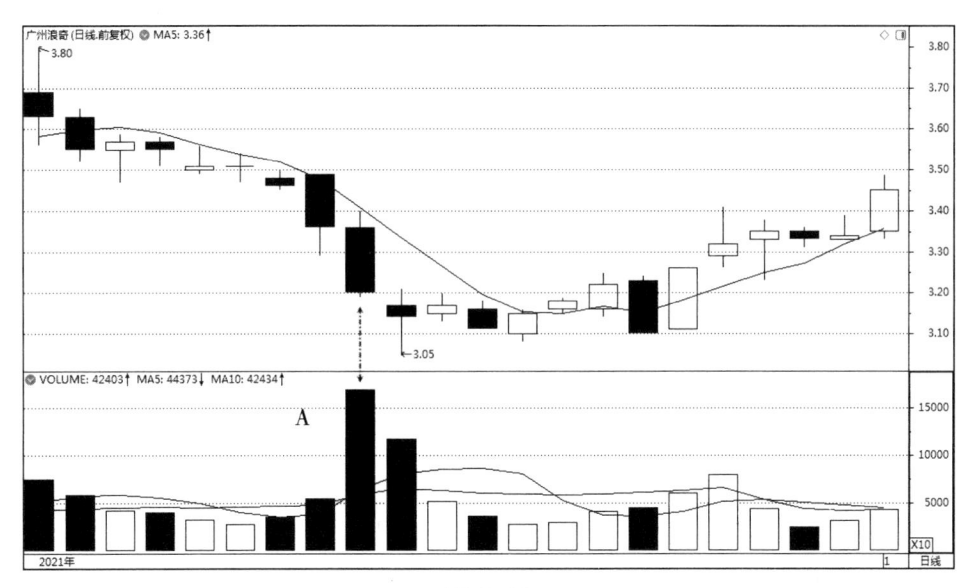

图 5-20

可能有人会说，图中 A 点处次日股价依然创出新低，A 点卖出不是正好回避了继续下跌，还可以逢低再买回来吗？

这个问题的答案很简单。我们是可以选择 A 点卖出，然后次日再买回来，但是面对实盘波诡云谲的变化，你确认自己可以做到吗？A 点卖出容易做到，但次日买回可不是谁都能做到的，尤其是在恐慌中杀跌的交易者，能作此选择的必然很少。

真正适合大多数散户交易者的策略是：当股价如 A 点处那样放量下跌时，如果没能在当日冲高时卖出的话，就要忍受住在最后时刻杀跌。放量时跟风杀跌，不是个好习惯，更不会卖出一个好价格。

放量杀跌的最后阶段倒是适量补仓或做 T 的好时机，但交易新手还是少操作，稍纵即逝的时机不是每个人都能够把握住的。跌时放量，最容易引起的是持仓者的恐慌，对于想要减仓的主力资金并不是一个好选择。所以，不要在跌势最猛时自己吓唬自己，猜疑主力资金正在疯狂出货。想要减仓的交易者无论如何都要忍过最难熬的杀跌，因为过了这一关，总会有更好的卖出价位等着你。

实盘中必须注意另一种形态的变量下跌，与图 5-20 中的成交量很相似，但股价基本处于刚开始下跌的阶段上。如图 5-21 所示，A 点处股价向下跳空低开低走，如果持仓者跟风杀跌，无疑会卖在最低价附近，而股价收盘时回升，收出长下影线。

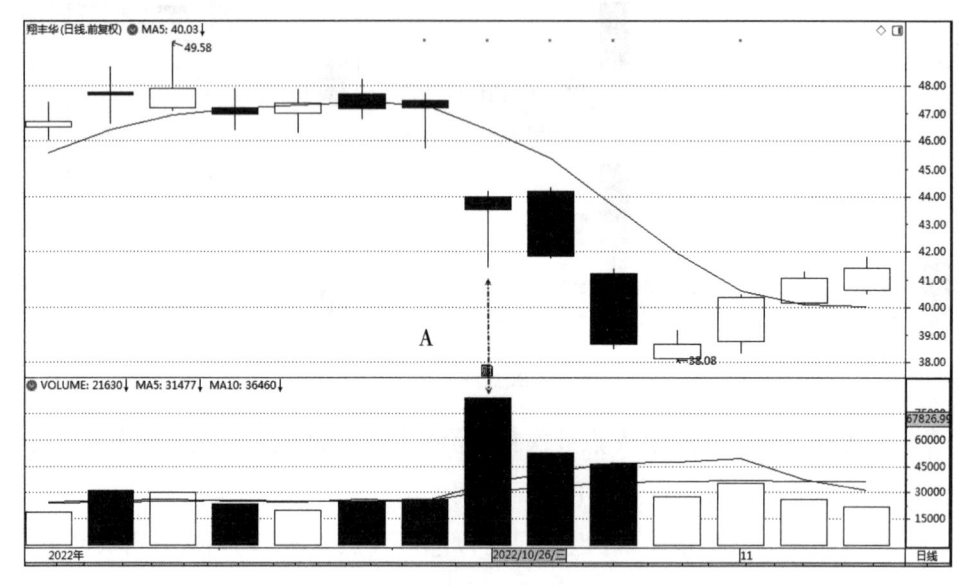

图 5-21

图 5-22 是 A 点当日的分时走势，可以看到当日大幅低开后股价急速下跌，成交量在这个阶段最为集中，也就是不少人选择在这个时刻恐慌性杀跌。其实盘中这种情况正是有经验的交易者做 T 的良机，大幅低开加上急速下跌，正好买入，当股价回升时，如果观察股价并没有回补缺口的可能性，则当日卖出做 T。

可能有新手会有疑问，买入后如果股价直接跌停怎么办？

所有的交易都是在做概率，我们不能排除任何的可能性，但要选择出现概率最大的那种可能。股价跌停和涨停，在正常市况中都是比例比较低的。正常情况下，大幅急速下跌或者大幅急速上涨，受到引力的牵引必然会有不同幅度的回收，这个回收就是做 T 的理论根源。

图 5-21 中，不管在 A 点做不做 T，只要没卖在最低价上，就说明你不

是一个"菜鸟",但是A点的技术形态并不让人放心,它并不是经过大跌之后急跌放量,而是在振荡中跌落下来,有放量破位的嫌疑。

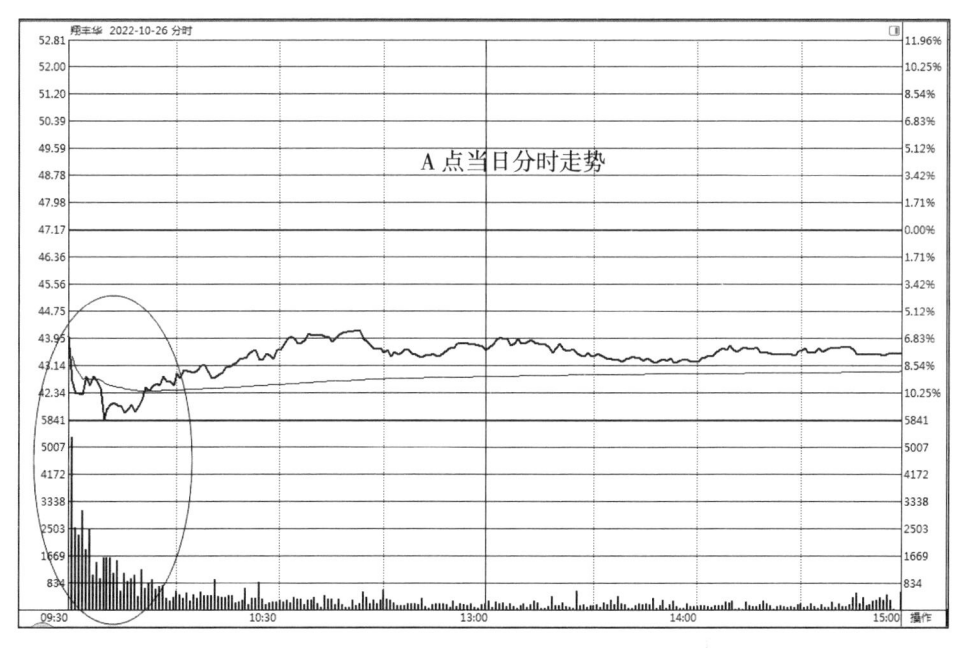

图 5-22

所以,交易者通过引力关系判断A点难以回补缺口,就说明股价向下脱离的动力非常强大,即使不在当日减仓,也要在此后的交易日及时选择离场的机会。

无论是大跌之后底部低点上的变量杀跌,还是个股破位出现的变量杀跌,交易者都不必过于恐慌,更不可将恐慌付诸于行动。

第八节 挖坑——波段操作的量能分析

股价上涨过程中,主力在股价运行的各个阶段,出于不同需要,会通过减仓来打压股价,当股价回落到其希望达到的幅度时,主力便会重新拉升股价。股价形成的这种跌落——涨升的形态,通常称之为挖坑和填坑。如图

5-23 所示。

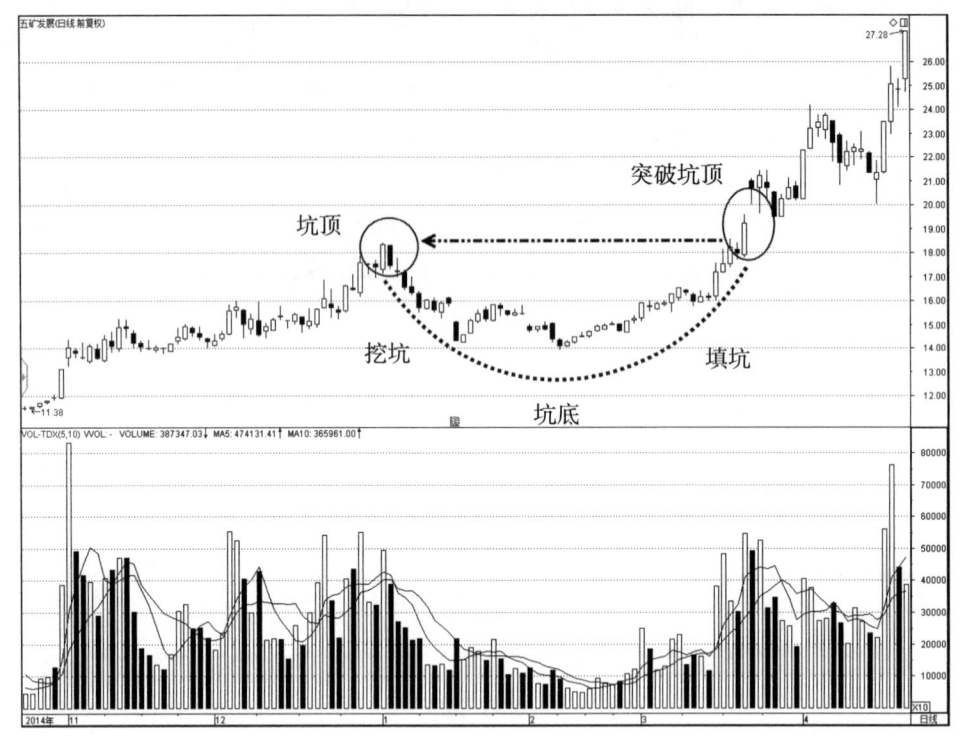

图 5-23

一、如何识别挖坑

挖坑和填坑，比较明显地体现出引力的牵引作用，股价脱离趋势，再回归趋势的整个过程。大多数挖坑行为是主力诱空式减仓所致，但在个股不同的技术环境下以及不同主力的操作方式上，会有截然不同的下跌幅度和持续时间。也就是说，主力基于不同的需求，可能挖个深坑，也有可能挖个浅坑。

实战中，某些个股从挖坑到填坑耗时较长、幅度较大，能够达到次级回落调整的幅度。也有的个股用时极短，三五天的时间完成下跌挖坑，随后就进入到填坑回升。挖坑的幅度和耗时并不一定成正比。

挖坑虽然属于主力诱空式减仓，但在实战中出现时，也会给交易者的心理带来极大的冲击和压力。当密集的大卖单疯狂打压股价，当大阴线兜头而下时，无不让人心惊胆战。

当这一切发生时，很多交易者并不会认为主力在挖坑，而会认为主力已出货或其他能够想象到的和恐慌有关的事件。随着时间的推移，当股价回升填坑并继续飙升时，交易者才发现自己的筹码低卖在了坑底。

实战中如何识别挖坑呢？

其一，从技术环境分析上入手，挖坑是指出现在上涨趋势中的价格回落调整形式，挖坑会在上涨趋势的多个阶段出现，直至出货阶段。

不少交易者经历过涨势中的多次挖坑后，当出货阶段来临时，仍会将其视为挖坑，致使辛苦赚到的盈利大幅缩水。所以在长期大幅上涨过后的价格高位，一旦出现价格滑跌，就要高度警惕，不要被涨势中形成的惯性思维所误。

其二，涨势中的横向振荡盘整阶段，会反复出现价格折返的情况。其中每一次的折返其实和挖坑都很接近，但若认为主力在挖坑或采用挖坑、填坑相关技术来判定，则很可能会在短线上带来损失。判断股价横向振荡盘整，还是采用箱形理论等方法，更能相对准确地把握价格的波动趋向。

如图5-24所示，该股于涨势过程中出现一段时间的横向振荡，形成了较为明显的箱体形态。这种类型的走势就不宜以挖坑来进行研判，否则难以界定主力资金运行的状况和阶段。

其三，进入挖坑阶段之前，成交量形态会出现相应的变化，交易者可以根据相关形态的意义以及转化循环来分析确认。

如图5-25所示，该股在升势过程中接连出现了两波挖坑的过程。在挖坑过程中，成交量基本都是在量能消散和聚量形态之间转化，这种相对简单的转化模式所显示的是资金借机吸筹并稳步推进股价上升的过程。

这种类型的挖坑相对较为平缓，也很容易判断，股价基本都不会偏离10日均线过远，显示股价强度仍未完全失去，股价回归涨势的引力作用也比较强。

挖坑并不都像图5-25中那样相对平缓，也有故意制造盘面凶险，引导持仓者误判大顶部来临的情况。

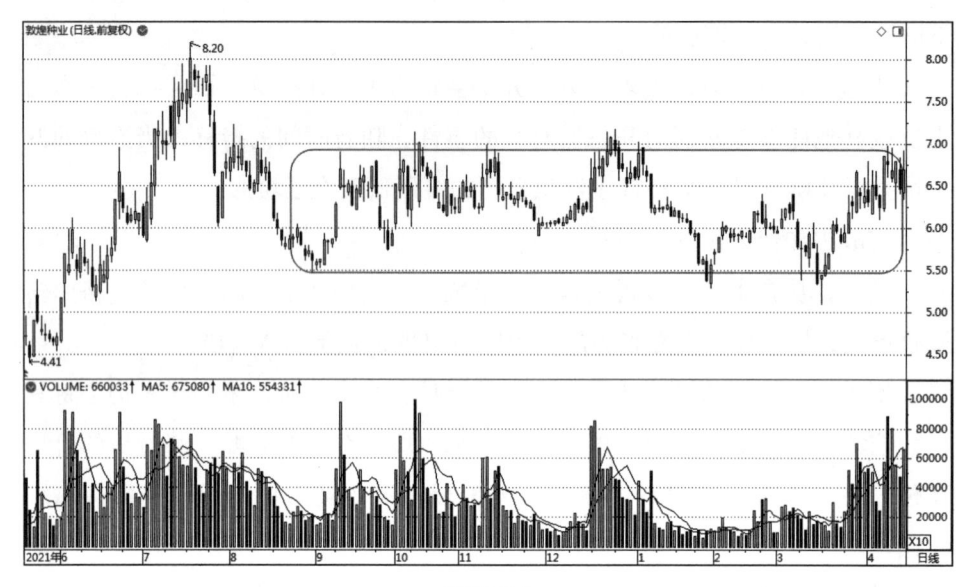

图 5-24

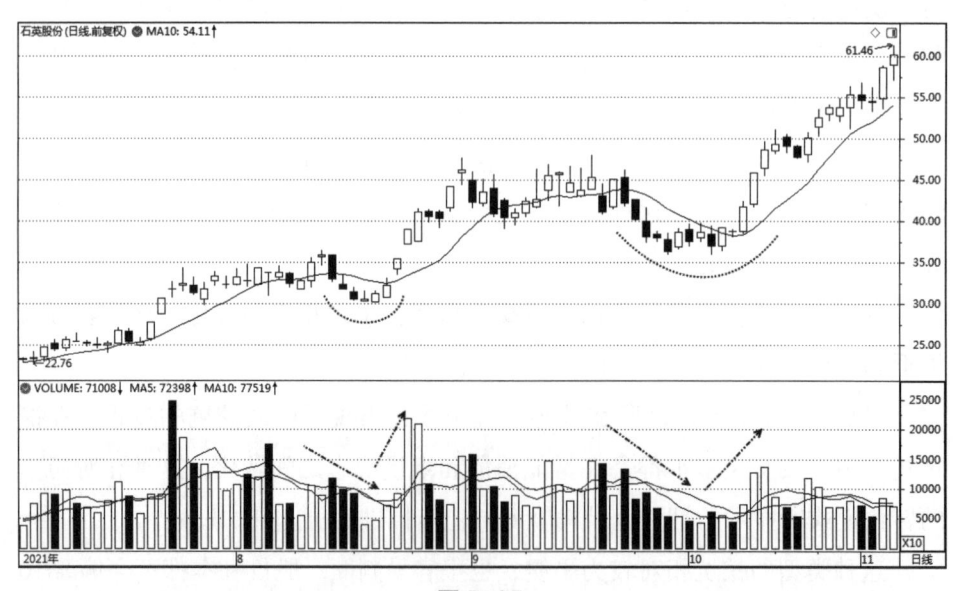

图 5-25

如图 5-26 所示，在 A 点和 B 点两处出现变量，然后股价横向振荡，容易让持仓者怀疑主力资金有减仓出货的行为。当进入 C 段股价在量能消散形态下下跌时，会让持仓者之前的怀疑有得到证实的感觉，更容易加入杀跌的队伍中。该股之后挖坑以连续阴线下跌的方式展开，而且坑底触及到 120 日均线，这个凶悍的挖坑过程，对于持仓者来说绝对是一种煎熬。

无论哪一种类型的挖坑，当量能消散形态结束缩减，进入到常量或再次进入到聚量形态，同时股价开始有效收复均线关口时，则意味着填坑上升可能已经开始。

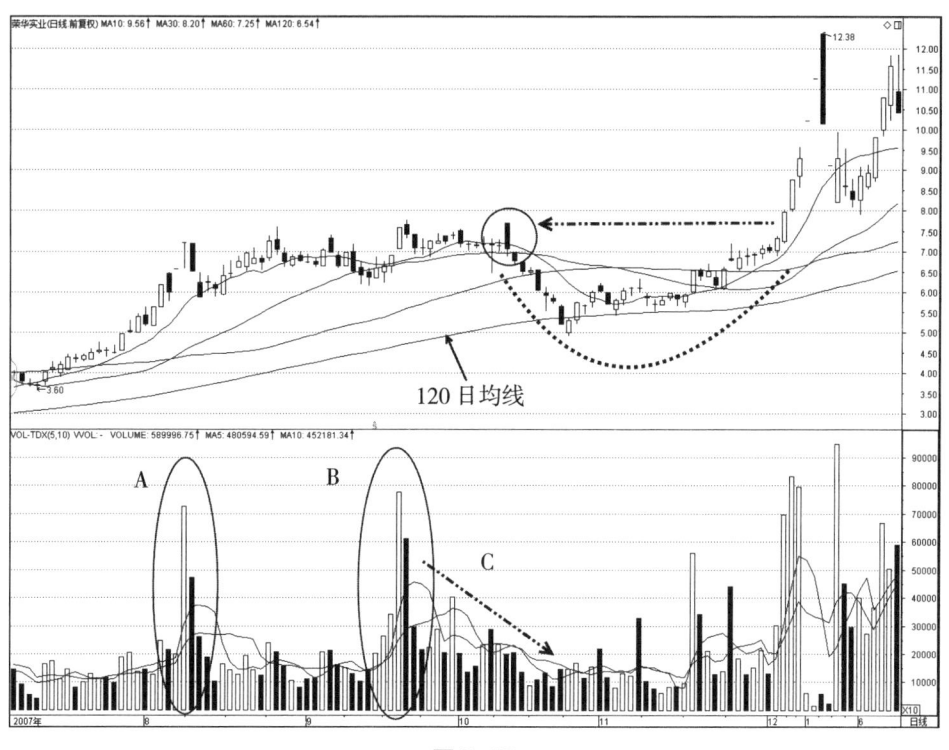

图 5-26

二、填坑与突破

挖坑结束后，就到了填坑回升的阶段。填坑回升的方式较多，比如有的个股会以大阳线迅猛拉升的方式进行填坑，采用这种方式的相对较为少见；还有的个股在坑底多以实体较小的 K 线，辅以渐次增加的量能开始填坑，这是最为常见的一种方式。

填坑过程会为交易者带来极佳的介入良机，而对于挖坑并未明显结束，就突然以大阳线迅猛拉升的方式进行填坑的个股,交易者则只能选择追涨的介入方式。这种拉升类型的个股,要求交易者对量价关系有较深的理解,否则一旦遭遇主力诱多式的虚假突破,则短线损失可能会较惨重。

对于上述另一种最常见的填坑方式,则较为适合大多数交易者操作。在填坑的不同阶段,交易者可以选择低吸以及追涨的介入方式来予以应对。

当股价结束下跌,量能不再缩减,随之进入到股价回升,量能转化到常量或再次进入到聚量形态时,意味着填坑的开始,此时交易者可以选择低吸介入的方式。

在填坑过程中,当股价回升至坑顶位置附近时,大部分个股都会出现加速上升的情况,也包括虚假突破的个股。个股能否有效突破坑顶,是一个极为关键的技术点,因为这将决定该股是继续升势,还是就此转入到下跌趋向或趋势中。

股价有效突破坑顶,一方面说明坑底的杀跌资金已经失去低价回补的机会,另一方面说明,既然能够解放坑顶的套牢筹码,主力必然不会就此偃旗息鼓,这就是突破坑顶的技术含义。突破坑顶应以收盘价为基准,而不采用以上影线等形式出现的最高价。

1. 突破坑顶的方式

股价填坑过坑顶时,多会出现加速上升,因此此时的K线多为放量阳线,当然,也存在其他形式的填坑回升,但坑顶放量阳线在实战中比较常见。

(1)大阳突破。

强势状态下的填坑长阳,既有突破性涨停板的类型,也有一般性的大阳线。实战中并不要求必须是涨停板,一般性的大阳线也可以。

(2)振荡盘整突破。

实战中,并不是所有个股都会选择直接强势突破坑顶的方式,基于个股不同的技术环境,还会出现其他突破方式。

如图5-27所示,该股挖坑结束后,填坑过程中以股价振荡盘整的方式最终向上突破坑顶,如A段所示。

这种类型的突破颇为复杂多变，股价走势也多以折返的形式展开，股价在突破成功—不成功之间徘徊不定，会让交易者在分析判断上难以决断。选择这种走势的主力资金，一是为了尽可能在拉升之前吸足筹码；二是以清洗浮筹或提升跟风成本等为目的。

图 5-27 中，虽然股价表现飘忽不定，但是成交量上可以看到，其早在坑底就已经形成聚量攻击的形态，并随着股价的振荡不断增强。这个技术点就暴露出了主力资金的潜在意图。

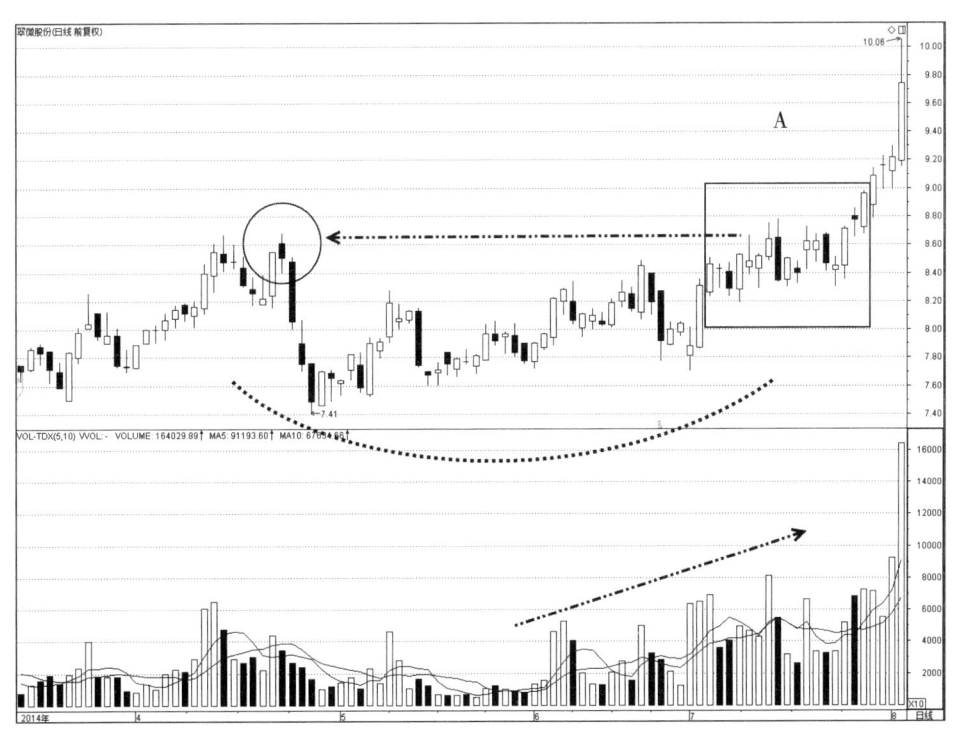

图 5-27

（3）跳空突破。

当主力需要快速拉升股价完成填坑回升时，有时会因为技术压制等原因，或受制于幅度限制，即便采用涨停板也不能完全突破坑顶。但是这类个股因内在上涨动能十分充沛，次日往往会跳空高开，留下一个向上的跳空缺口。

如图 5-28 所示，在 A 点处该股收大阳线并留有上影线，其当日量能已经脱离之前的常量形态，显示盘中一度强冲坑顶，但未获成功。次日，该股跳空高开，强势突破坑顶。

对于大阳线未能突破坑顶的个股，交易者可密切关注次日开盘的情况，若低开或平开，则有可能走振荡盘整突破或再度大阳线突破的路子。

若次日跳空高开并不回补缺口，同时成交量未明显大幅缩量或激增至天量、巨量，则至少存在短线介入的机会。在之后的交易日，强势个股短期内不会回补缺口，而是直接进入拉升；一般个股则会选择回补缺口，也借机确认突破的有效性，随后再转入上升。

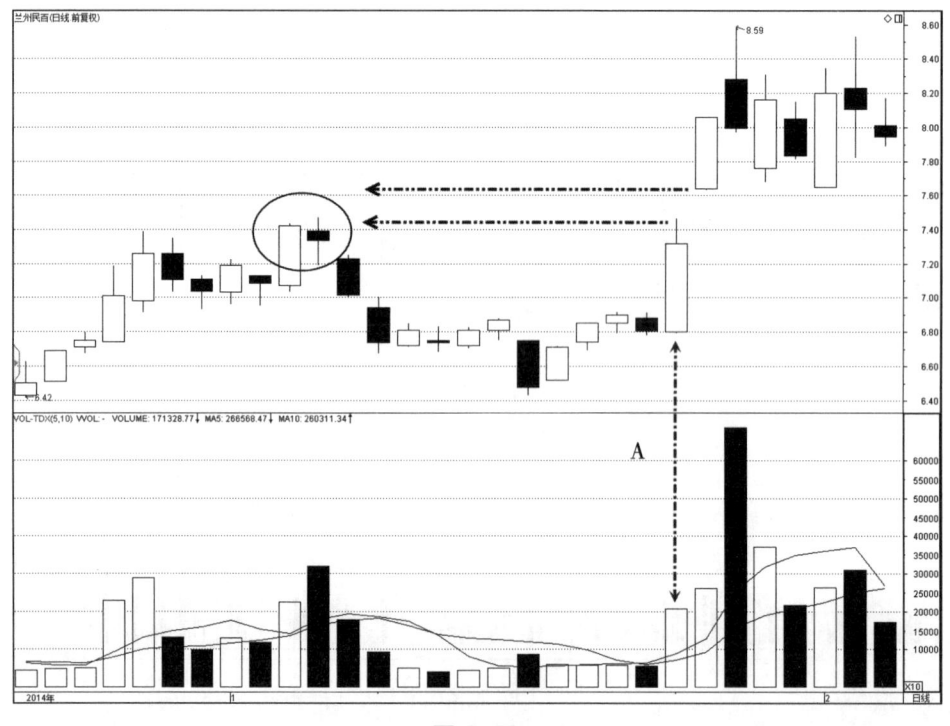

图 5-28

2. 填坑的量能条件

填坑过程中的量能，比较理想的是温和放大的形式，比如呈聚量形态。在这个过程中不能出现巨量或历史天量，巨量或历史天量这种量能极端形式的出现，极有可能会引发填坑的失败。

第五章 引力与成交量实战分析

挖坑，从根本上来说，是股价的一种良性回落调整，和出货、清仓等有着本质上的不同。主力挖坑的过程，也是让坑顶的套牢盘逐步杀跌离场的过程。

随着挖坑开始出现的量能消散形态的结束，也就意味着套牢盘抛售基本告一段落。而主力接下来填坑回升，根本不需要过大的量能，因为多数的套牢盘压力早已消化在下跌挖坑途中。

从这个意义上来说，填坑过程中如果出现过大成交量，就极有可能存在主力对倒减仓的行为，这个位置上的减仓可能会导致填坑过程的失败。

还有一种情况，即主力发现挖坑的效果并不理想，坑顶仍旧存在较多的筹码并未出逃，如果是这种情况，则主力必会继续振荡，甚至有的个股主力会不辞劳苦地再次挖坑。

如图 5-29 所示，该股于 A 点挖坑、振荡，B 点时出现变量拉升的中大阳线，但是股价却不能成功突破坑顶，成交量也不能持续增加，显示坑顶仍旧存在较大的压制。

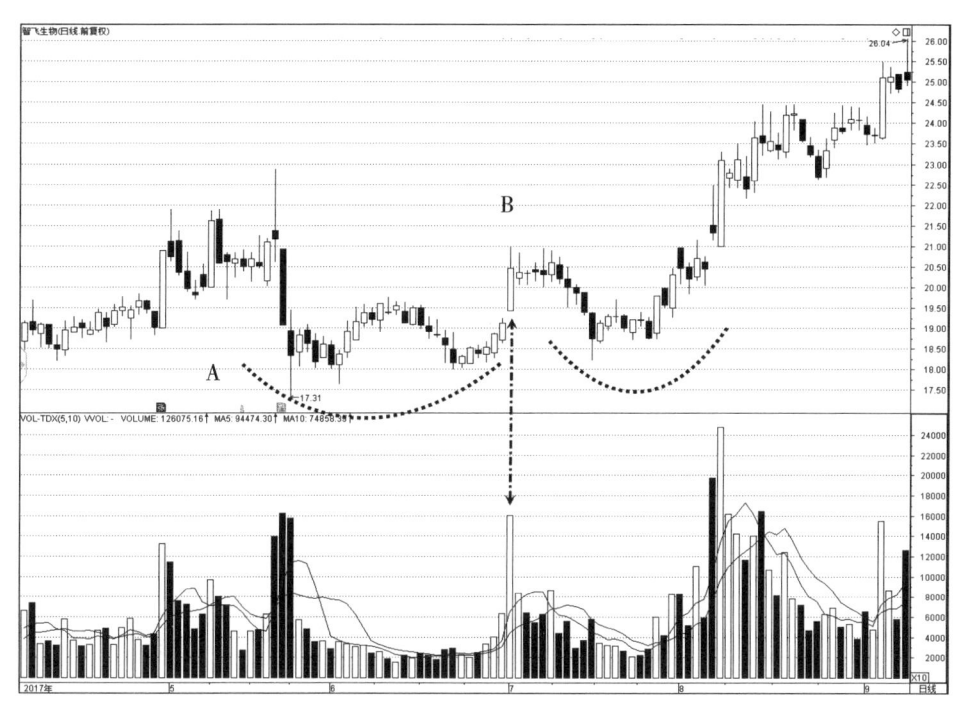

图 5-29

B点之后，股价再次回落，形成一个二次挖坑的形态，之后股价才在聚量形态下真正突破坑顶展开上升。

3. 填坑确认

当挖坑—填坑—突破坑顶的整个过程基本完毕时，大多数个股会出现一个向下的回落。这个填坑后的回落过程，在技术上又被称为填坑确认。

从技术的角度来说，突破之后的回抽确认，是测试被突破的技术关口是否具有支撑作用的过程。

从主力运作的角度来说，这个回抽确认性质的回落，能够对填坑过程中跟风进场的资金起到一定的清理作用，同时也对刚经过挖坑折磨的、坑顶之上曾经被套牢的筹码进行恐吓——"再不卖，又要下跌了！"

如图 5-30 所示，该股突破坑顶后，股价在 A 段出现回落，但在坑顶上方明显受到支撑。A 段的成交量呈新常量形态，说明在突破坑顶的变量出现

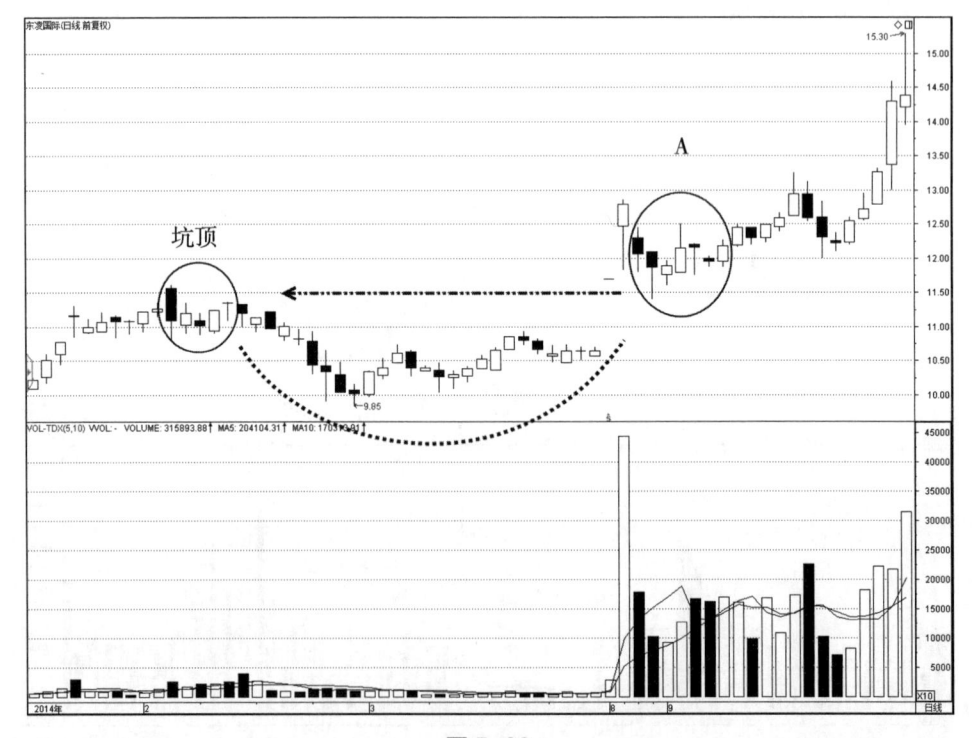

图 5-30

后，虽然出现大幅萎缩，但是相比坑底的常量却是大幅提高。这也显示出盘中主导资金开始活跃，并借助振荡吸纳和夯实筹码的过程。

通常来说，确认过程中成交量保持温和缩量，而确认结束后股价上涨时，成交量温和增加，这是填坑确认中较佳的量价契合形式。

第九节　引力与密集成交区的实战分析

聚量、变量等成交量形态处于较高数值上并相对集中出现时，通常被称为密集成交。密集成交持续存在的股价区域，则被称为密集成交区。

如图5-31所示，由聚量、变量等多种形态构成的成交量汇聚集中的情况，即为密集成交。K线图中与密集成交相对应的股价运行的大致区域，就是密集成交区。

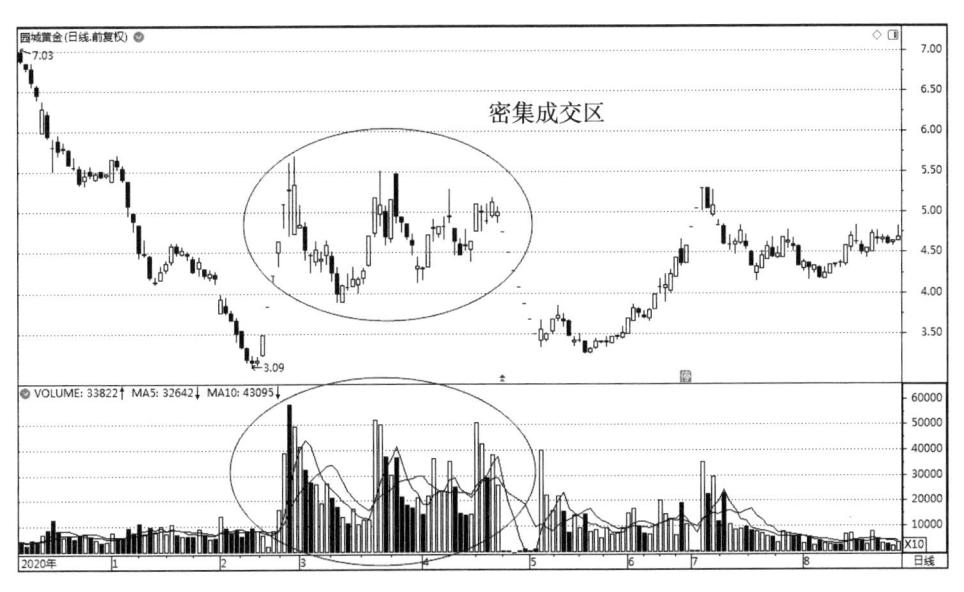

图5-31

密集成交最基本的技术含义，当然是指某些价位上成交火热，多空双方频繁换手，但基本含义大多只是原理性阐述，不可能完整表达实战中的诸多变化。

例如出现在某价位上的密集成交，是真实的多空换手形成，还是大部分为主力对倒所致；某密集成交区形成的过程中，主力究竟是意在吸筹，还是减仓出货？这些实战中出现的变化，是交易者分析和研判的主要目标，因为唯有搞清楚这些变化，在交易中才能做到有的放矢，不至于被主力牵着鼻子走。

从引力关系上来说，密集成交区的存在，有可能会对股价运行趋势产生重大影响，该密集成交区是顺应引力回归趋势，还是反映反向引力接近衰竭的态势，这些都需要实盘中具体个股具体分析。

一、密集成交的相对性

密集成交的概念具有一定的相对性，并不像换手率那样有具体的百分比。不同个股、不同阶段上的所谓密集成交，可能有着较大的差别。比如，分时走势上的密集成交反映到K线图上，并不一定就会出现较大量柱，在K线图上也未必就处于密集成交的态势中。

如图5-32所示，当日的分时走势上，该股出现两波较为密集的成交。这两波密集成交对于股价的上涨起到了明显的催化作用，可以说该股当日的升幅主要都是由密集成交来完成的。

那么，图5-32分时走势上形成的密集成交，在K线图中处于何种情景呢？

图5-33中的A点处即为图5-32分时走势所形成的K线和量柱。从图中可见，K线和量柱并不算太大，结合趋势等技术环境整体分析，当日的量能勉强算得上一根孤零零的单日变量，处于量能消散后的常量阶段中，变量尤其是单日变量，很难说得上有什么重要的趋势分析意义。

结合这两张图可以看出，分时上的密集成交并不代表股价趋向必然处于密集成交阶段。换句话说，密集成交具有一定的层次和级别，如果用密集成交来研判股价趋向，那么至少也需要日线系统级别。分时走势或者时间周期过小的分钟系统上出现的密集成交，有时并不能反映出个股真实的趋向。

第五章　引力与成交量实战分析

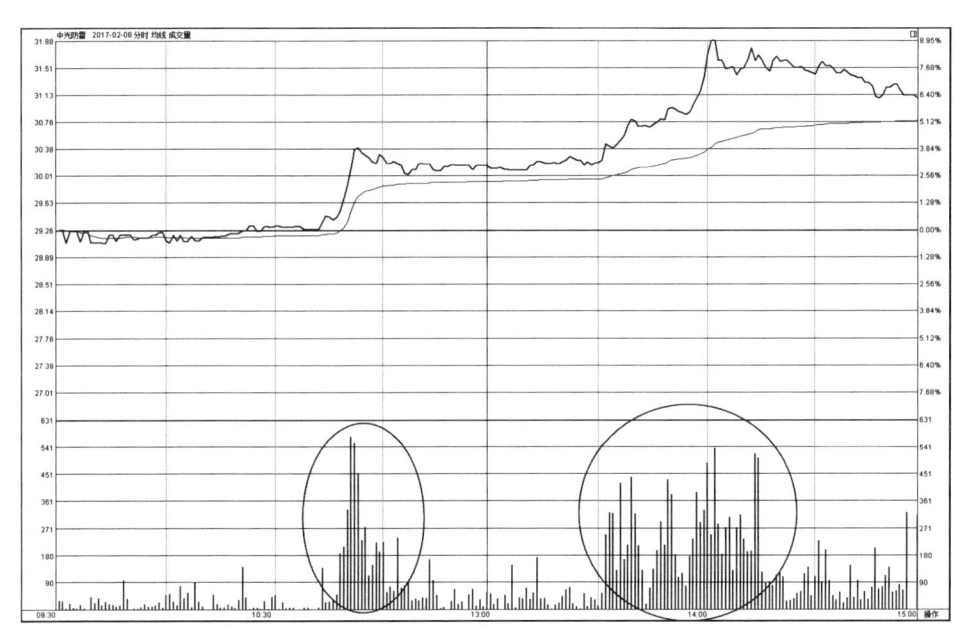

图 5-32

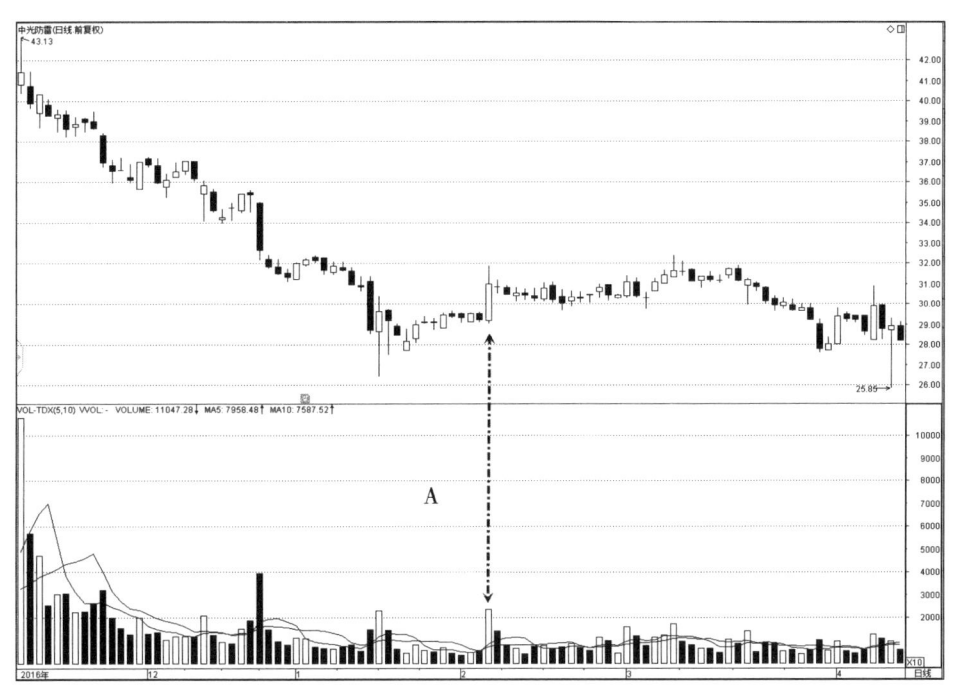

图 5-33

当然，并不是说分时走势或者分钟系统不能在分析中起到作用。

图 5-32 中分时走势上的密集成交，就能够清晰地告诉我们，当天大部分的成交量都是在拉升股价的过程中产生，并不具有明显的量价背离。尽管存在主力对倒的可能，却可以排除主力大幅减仓出货的可能。

分时走势或者分钟系统，可以在细节上帮助我们分析密集成交的具体构成，但若要求它们来判断趋向或趋势，则未免强人所难。

密集成交的出现，在实战中具有重要的分析意义。

其一，地量或低数值常量形态下，大部分个股的股价变化相对迟缓，当没有新资金主动攻击该股或原存量资金处于守势时，任何判断都不可避免地掺杂了个人主观愿望，必然导致判断结论存在极大的不确定性。

其二，密集成交的出现，不论是主力对倒，还是市场真实的多空换手，主力都不会置身事外、袖手旁观。我们在分析中最怕无迹可寻，却不怕主力兴风作浪。因为无论多高明的主力，都不可能隐藏住所有的"作案"痕迹。

其实辨别密集成交的性质，一是可以通过其中的成交量形态予以判断，二是可以利用股价在密集成交中的支撑与压制关系来进行辨别。密集成交的性质，决定着股价真实的运行方向。

二、密集成交的支撑与测试

根据密集成交的基本含义，涨势中出现的密集成交，意味着多空双方频繁换手。如果这个频繁换手是多方消耗空方筹码的过程，那么此后占优的多方势必会表现出对于价格上涨的主导性。

如图 5-34 所示，在 A 段和 B 段出现的多次变量在成交量的整体形态上形成聚量，并构成密集成交的过程。在这个过程中，股价整体处于上涨的态势中。图 5-34 中的密集成交，可以说就是一个多方消耗空方并吸纳筹码的过程。

通常来说，主力资金的吸筹建仓不会采取密集成交这种过于招摇的形式，除非涉及短期操作行为或需要突击性增加仓位。当然，也有某些建仓时间仓

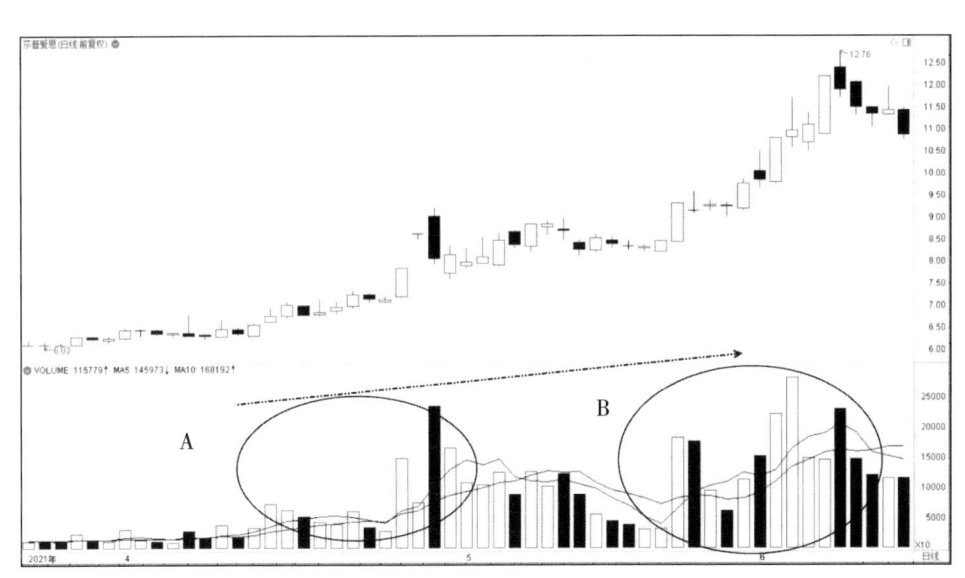

促的主力资金，会利用这种形式快速完成吸筹建仓。

图 5-34

从成本的角度来说，如果密集成交源自主力资金的吸筹建仓行为，那么在此之后，即使股价有所回落，也很难出现较大的下跌幅度。这种因密集成交而出现的支撑，主要是受到成本因素的影响。

从引力关系上来说，密集成交体现引力与股价激烈角力的过程，上涨累积的反向引力时刻准备发挥作用，股价的密集成交将反向引力逐步消耗，保证涨势持续进行。

密集成交过后，股价振荡折返，其实是测试支撑的过程，这个过程将会反映出反向引力消耗的真实状况。如图 5-35 所示，A 段股价急升后形成密集成交区，这个密集成交对反向引力消耗的程度，需要观测区域支撑强度。

在 B 段股价出现回落，成交量处于量能消散状态，这是对于支撑强度的测试过程。从图中可见，股价并没有顺势跌破密集成交区，说明 A 段的密集成交区具有较强的支撑作用，也显示这里密集成交的筹码具有较强的锁定意愿，大多数并不是由松散的市场追涨资金构成。

实盘中，我们经常看到一波带有密集成交特征的拉升或振荡过后，股价轻易就会跌破密集成交区，这种情况就说明密集成交区主要由松散的市场资金构成。

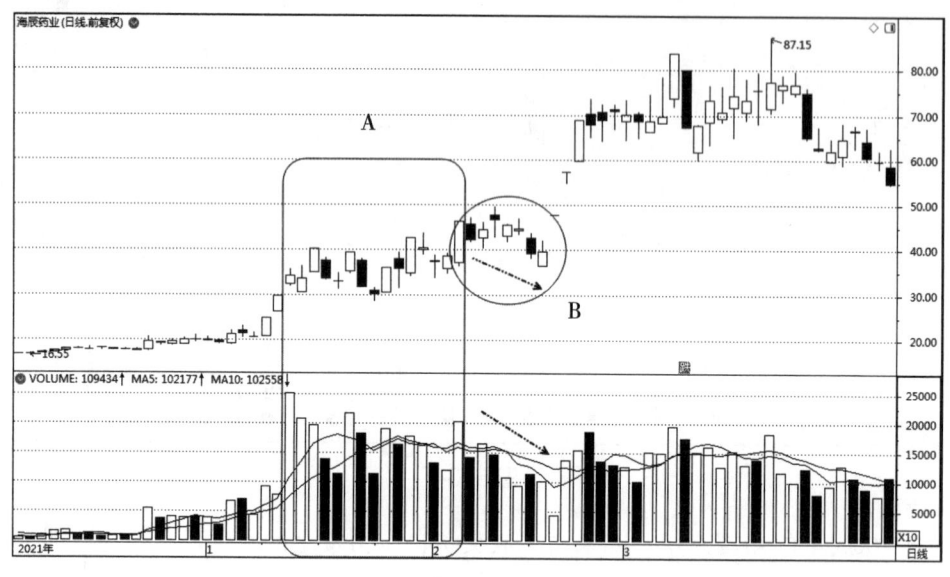

图 5-35

必须明确一点，密集成交不可能都是主力吸筹建仓行为所致，更多的是主力为降低成本进行折返或洗筹，甚至是为减仓、出货而营造的诱多陷阱。

在这种前提下出现的密集成交，有时也会出现具有支撑的情况，即股价回落到密集成交区就发生反弹，而不是立即快速下行。但股价的反弹相对羸弱，多呈横向振荡。当多数持仓者认为股价可能就此筑底而不会深跌时，真正的下跌过程才会展开。

如图 5-36 所示，A 点处出现密集成交，股价急速上涨。在之后的回落中，股价在密集成交区得到支撑并反弹。这种表象无疑会给人带来错觉，让持仓者误以为该股将会在密集成交区附近振荡洗盘，不会轻易击穿和跌破。当持仓者在心理上形成相对一致的认识时，股价的转折也就即将开启。图中 B 段股价跌破密集成交区，并展开一波快速下跌。

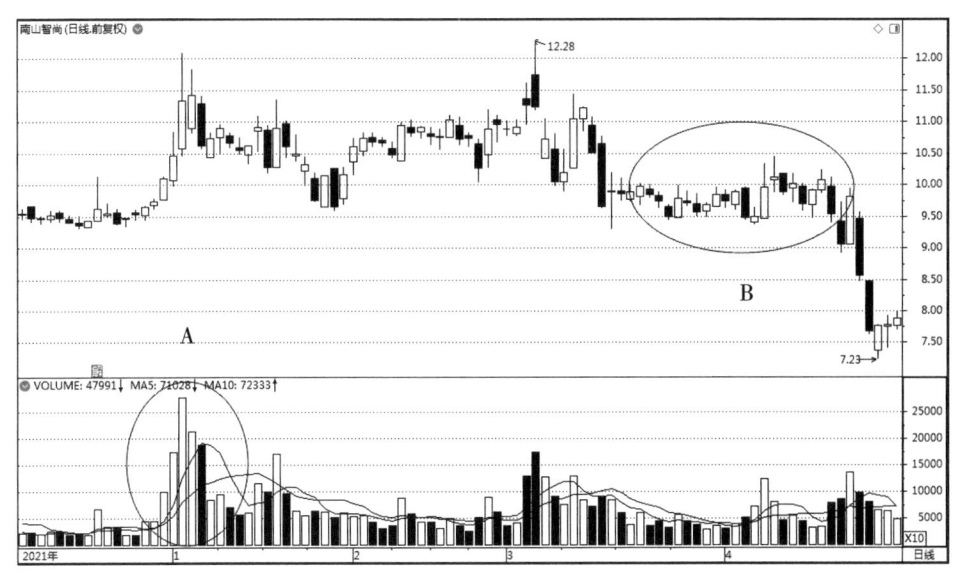

图 5-36

三、密集成交的压制与突破

当一个密集成交区形成之后，股价如果由此开始下跌，那么这个密集成交区会对股价未来的上涨形成相应的压制。

不管密集成交是如何形成的，股价反弹接近这一区域时，大多会遇到相应的阻力。如图 5-37 所示，在 A 段形成密集成交区，股价之后振荡回落，至 B 段时，股价开始反弹，成交量相对密集，但在股价接近 A 区域的高点时，便难以继续升势，同时量能也快速萎缩，说明升势遇阻，密集成交区的压制显现。

密集成交区的压制，排除主力刻意打压的可能外，更多的来自前期被套筹码的抛压，以及本次上涨持仓者的逢高兑现。当股价不能强力消化密集成交的压制，也就证明当前的涨势并不具有较大的强势，可能仅为一个短期性质的反弹。

密集成交区是一块试金石，当股价强力收复密集成交区，并再启升势，则密集成交区的压制转化为支撑，涨势的性质应重新定义。如图 5-38 所示，在 A 段形成密集成交区，随后股价回落，B 段时股价迅速突破 A 段的密集成交区，并进入到一波快速拉升行情中。

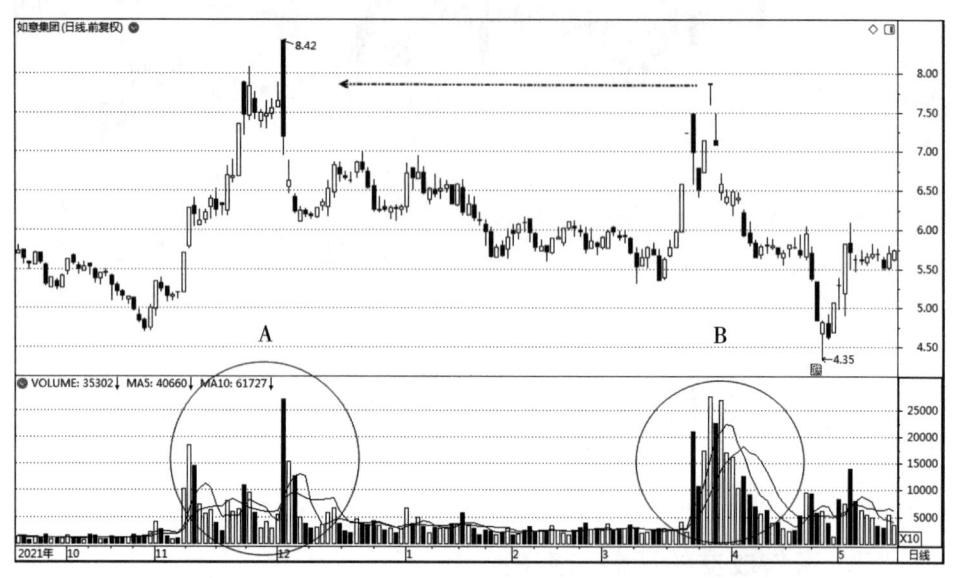

图 5-37

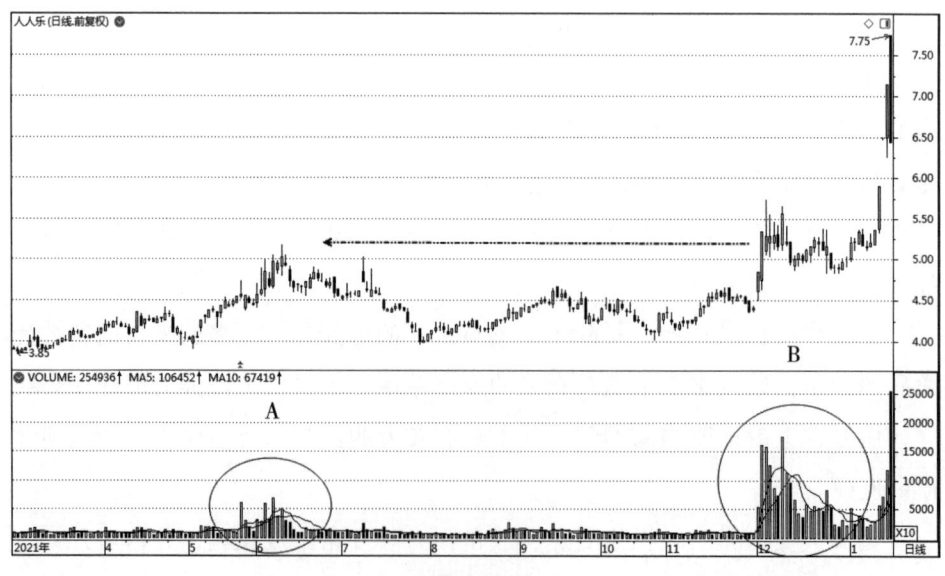

图 5-38

实战中也会遇到个股强势穿越密集成交区，但随后就立即向下折返并回归跌势的案例。如图5-39所示，在A段形成密集成交区，至B段股价以变量催化的方式急速突破A段的密集成交区，但这个突破存在的时间极其短暂，股价很快就快速回落。

对于图5-39中的这种假突破，近年来实战中非常常见，而且多数情况下假突破所采取的量能催化方式都是变量，相对比较容易辨别。变量不是不可以出现在突破的关口上，重要的是变量要能够转化为新常量或者聚量，才会有后续继续上涨的动能，否则的话大多都是主力资金制造的诱多陷阱。交易者需要高度警惕类似图5-39中这种以急速大幅拉升突破密集成交区的态势，并参考换手率实战规则来及时确定卖点。

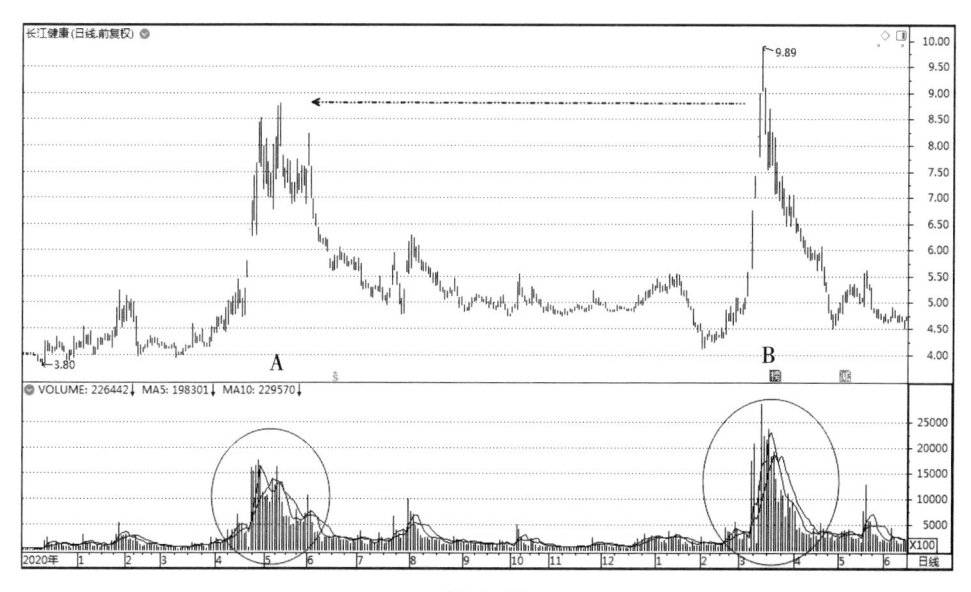

图5-39

四、涨势中的密集成交

在一轮上涨趋势中，股价会出现大量级别不等、性质各异的高点，比如主力为低价吸筹而制造的折返高点、振荡洗盘形成的折返高点，以及减仓出货形成的高点等。

在这些高点形成的过程中，多数会有密集成交的出现，而交易者正好可以利用密集成交来判别相关交易点的支撑与压制。当然，在判别不同级别的股价高点时，技术环境分析仍是不可或缺的。

涨势运行中，密集成交的出现必然会引发股价在之后出现调整，只不过因个股及技术环境的不同，其调整的级别和形式也大相径庭。

如图 5-40 所示，在 A 段出现密集成交之后，股价调整相对较为平稳；而 B 段出现密集成交之后，股价的调整较为迅疾，跌幅也较大；C 段再一次出现密集成交之后，股价由此扭转上涨趋向，转入到下跌趋势中。

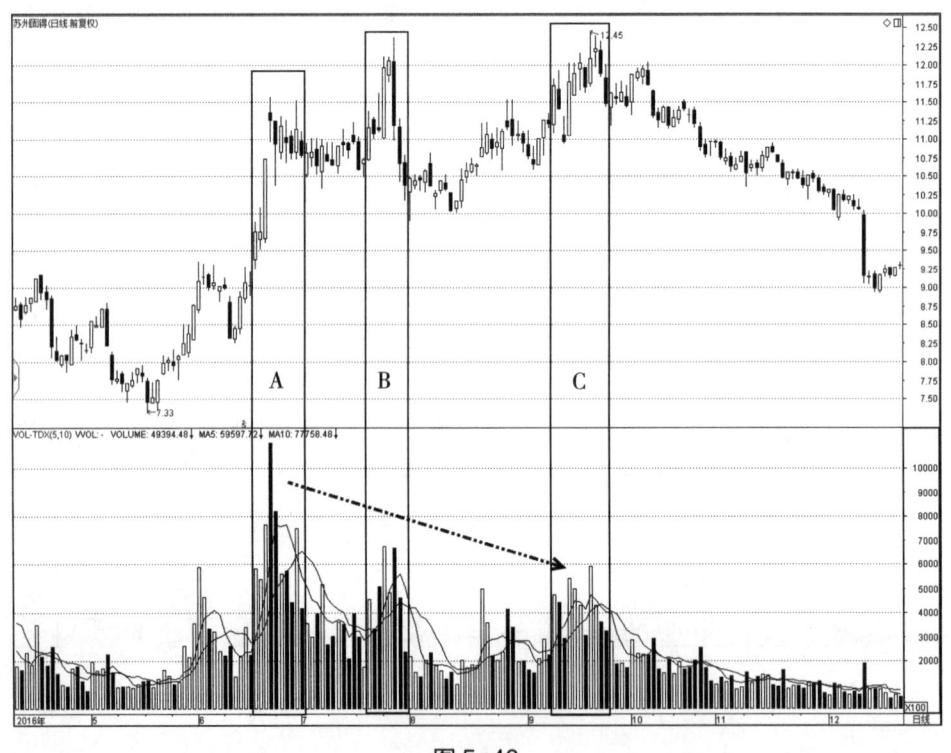

图 5-40

图 5-40 中的三次密集成交，股价调整的幅度和形式各不相同，这种情况在很多个股的整个涨势运行中是常见现象。但具体到该案例中，这三次时间距离较近的密集成交，其实是存在一定逻辑关系的。

A 段的密集成交以变量为主体，显示这里存在一个资金减仓的过程。但主力资金显然较为收敛，不愿意在此过早露出减仓的痕迹。

虽然主力减持了不少仓位，但为稳定其他持仓者，还是在一些关键点进行了护盘，减仓并未全部完成，所以才有了 B 段密集成交下股价的二次冲高。

B 段的密集成交，在整体上已经明显小于 A 段的量，但股价却刷新了高点，这里也形成量价背离形态。B 段密集成交后，股价下跌之所以较迅疾，原因可能就在于主力资金在这里基本完成了大部分的减仓任务。

通常来说，类似于 B 段的密集成交出现后，股价基本确立顶部高点，进入下跌趋势就是下一步的选择。而图 5-40 中股价却并没有就此展开下跌，而是在 C 段又一次重新拉起，再创出一个价格新高。

具体原因我们不得而知，但也不外乎几种情况，比如受到大盘不利因素的影响，B 段减仓并未达到目标，或盘中仍存在其他实力资金的运作等。

不管何种原因，C 段的密集成交以变量和常量构成，且很快就大幅萎缩，进入到量能消散的形态中，并未能显示出这是一个极具攻击性的上涨行情。

同时 C 段也再一次显示量价背离的存在，对于连续出现密集成交的个股而言，量价背离的存在，几乎等同于宣告行情即将结束。

在股价不同高点上出现的密集成交，必然会有不同的调整形式。有些强力吸筹的个股，其调整往往以盘中、日间的形式来完成。

涨势过程中出现的密集成交，是短线交易者需要高度关注的形态，因为股价可能会因此出现不同级别的折返；而经过长时间大幅上涨的个股，一旦出现高数值的密集成交，则可能面临趋势的转折。

五、跌势中的密集成交

如果说涨势中密集成交的出现，意味着不同级别调整的到来，那么在跌势中密集成交的出现，则存在股价迎来转机的可能。但是，这种可能性要演变为现实，有着诸多技术环境上的限制。

首先，跌势初、中期的密集成交，出现在个股反弹的高点附近时，其所代表的技术含义是反弹即将结束，随后股价将回归下跌趋势中。

如图 5-41 所示，该股运行于下跌趋势中，A 段处股价反弹，而密集成交就出现在整个反弹的股价高点上。类似于图 5-41 中的密集成交，大多是盘中资金为寻求脱困而营造的诱多陷阱。

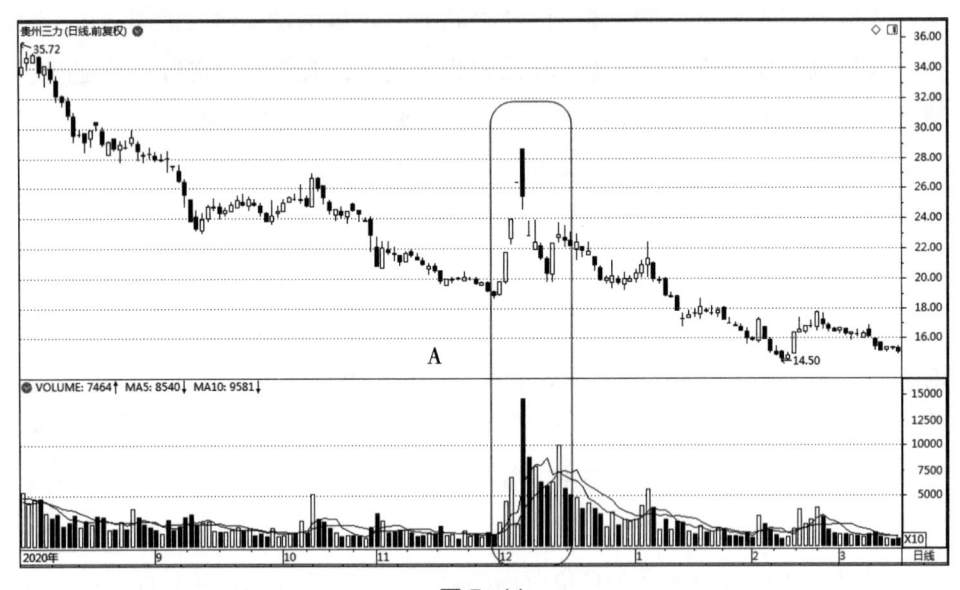

图 5-41

其次，从技术环境上来看，长期或大幅度下跌过后出现的密集成交，是最值得关注的类型。

股价长期或大幅度下跌过后，意味着做空力量已经有过一个大幅释放的过程。在这个技术环境中出现的密集成交，不管是新资金的入场，还是存量资金"复活"，都说明价格必然不会如死水一潭。

如图 5-42 所示，该股经过大幅下跌后，于 A 段展开反弹。相比前期，成交量明显较为密集。A 段的密集成交在很多个股的跌势中都会出现，并不能保证股价就会由此发生转折。

关键处并不在 A 段，而在于之后。

在 A 段之后，股价回落，量能消散，但我们可以看到，成交量并未萎缩至 A 段之前的水平，而是整体出现了一定程度的增加，并且在这个过程中变量不时出现，说明资金处于活跃的态势中。同时股价也并未回落到前期低点，而是保持在一个相对高点振荡盘整。

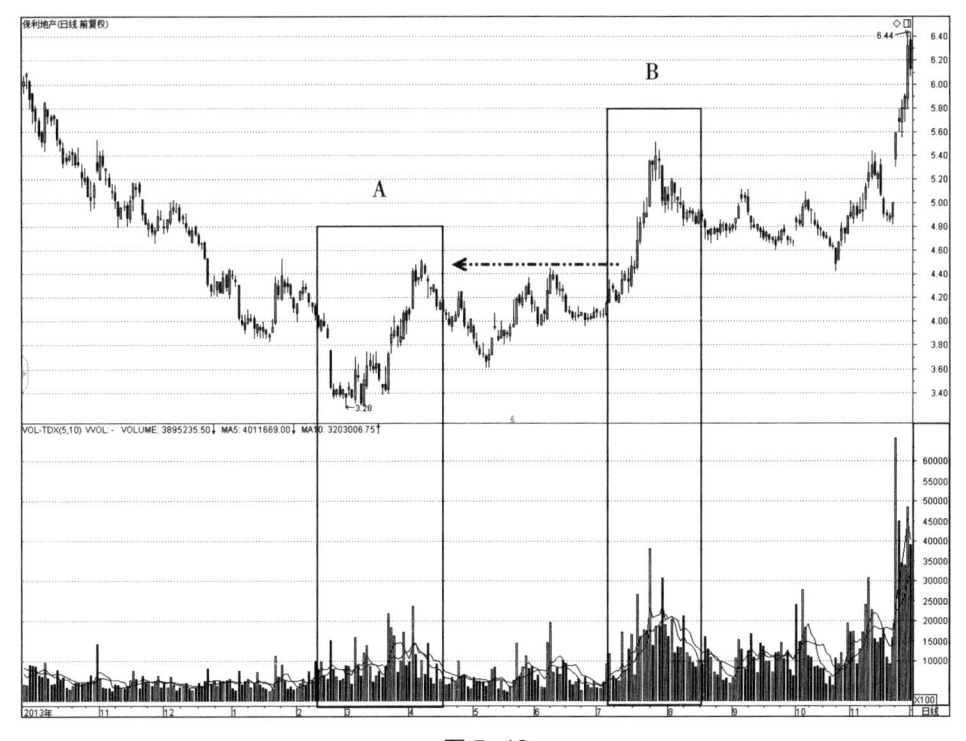

图 5-42

这种形态说明在 A 段进场的资金在之后并未大幅撤离，而是蛰伏其中，待机而动。交易者面对个股出现这种形态，一般有两种选择。

其一，寻找股价急跌点低吸介入，之后只要股价运行重心未出现向下运行，则保持潜伏。

其二，当股价出现图中 B 段的二次密集成交时，则在第一时间（突破最近密集成交高点）追涨介入。

跌势中的密集成交，主要提防主力资金的诱多式短弹，而当判断出如案例中那样有资金谋求布局行情时，就需要及时转变交易思路，跟随主力资金的步伐一同前进。

某一股价区域有密集成交的存在，说明这里曾经出现过大量、密集的换手过程，而当股价再度临近这一区域时，势必会遇到支撑或压制。

六、向上突破密集成交区

密集成交之后股价下跌，买入者必然发生亏损，这个时候买入者有三种选择：卖出、持仓或补仓。

对于卖出者而言，密集成交只是一个伤心地；而对于持仓或补仓的人来说，密集成交是自己的成本区和被套的地方。当然，这只是交易者或市场资金的想法，对于主力资金来说，这只是股票运作中的一个步骤和过程。

股价的涨跌就像是一场轮回，跌久了就会涨。当股价上涨接近前期的密集成交区时，必然会面对不同强度的压制。密集成交的压制在前面讲过，主要是来自前期密集成交区被套筹码的抛压，以及本次上涨持仓者的逢高兑现，或主力的刻意打压。

分析一个密集成交区的压制强度，可以通过以下两个方面。

其一，分析密集成交区整体数值达到何种程度，是处于历史高值区，还是仅略高于之前的常量。

如果该密集成交区的数值处于个股的历史高值区，那么毋庸置疑，这个密集成交压制的强度必然不会小。除非主力愿意强力突破，否则的话，股价必然会在这一区域受到较强的压制。

如果该密集成交区的数值仅略高于之前的常量，远小于历史高值区，那么该密集成交区的强度较小或适中，股价的突破应该不会存在太大问题。

其二，分析个股所处的技术环境是跌势中还是涨势中。分析密集成交区强度，个股所处的技术环境非常重要。

例如，某股前期经过长期或大幅下跌的过程，出现一个密集成交区，其数值处于成交量的历史高值区，之后该股又出现一段下跌，那么这个密集成交区极有可能是主力资金建仓吸筹的成本区域。主力不会长时间让股价处于低位，很快就会拉升股价脱离这个所谓的历史高值区（成本区）。

如果是大幅涨升过后的个股，密集成交区的数值处于历史高值区的现象，即使该股股价不是处于顶部高点，也大多是在一个中期调整的高点上，也就谈不到突破密集成交区了。

对于密集成交区的突破，大部分个股仍然需要成交量的存在，即多数个股以"密集成交突破密集成交"。如图5-43所示，A点处该股出现密集成交后，股价大幅下跌，B点处股价回升并突破A点高点，成交量仍以密集成交的形态出现。

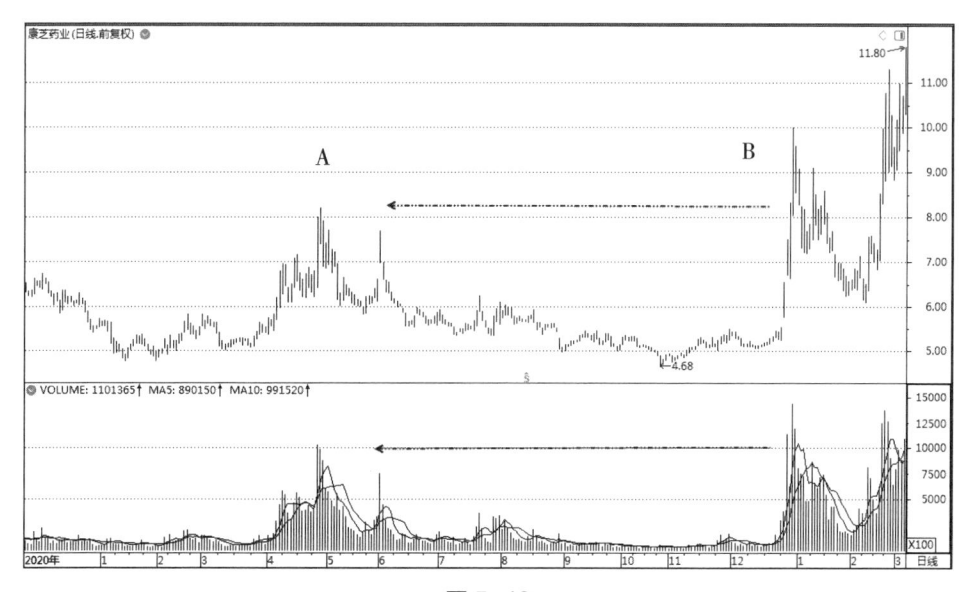

图 5-43

有些案例中，股价突破前密集成交区时成交量虽相对密集，但明显小于被突破的区域。其实突破时的成交量并没有固定的模式，或大于被突破区域，或小于、或基本相当。

这和个股主力前期所拥有的筹码仓位（控盘比例）有较大关系，前期建仓吸筹较为充沛的，可能突破时的成交量就相对小，股价的突破走势也相对流畅；反之，需要再次大量吸筹的，可能突破时的成交量就相对大，股价的突破走势也相对要曲折一些。总之，主力资金的筹码越是集中，股价突破产生的振荡越小。

如图5-44所示，该股在A点处形成密集成交区，经过一段时间的振荡后，股价于 B 点处向上突破该密集成交区。图中可以看到，B 点的密集成交明显小于 A 点的量，但股价成功突破 A 点并继续保持上涨。

这个技术现象至少能够说明一点，即 B 点的筹码稳定性非常高，并没有因为股价接近前高就发生大规模松动的情况。依此进行反推，似乎可以得出 A 点密集成交的筹码大部分都落在了主力资金的囊中，市场资金即使有参与追高，可能很大一部分也会在之后股价回落振荡中卖在相对低位上。

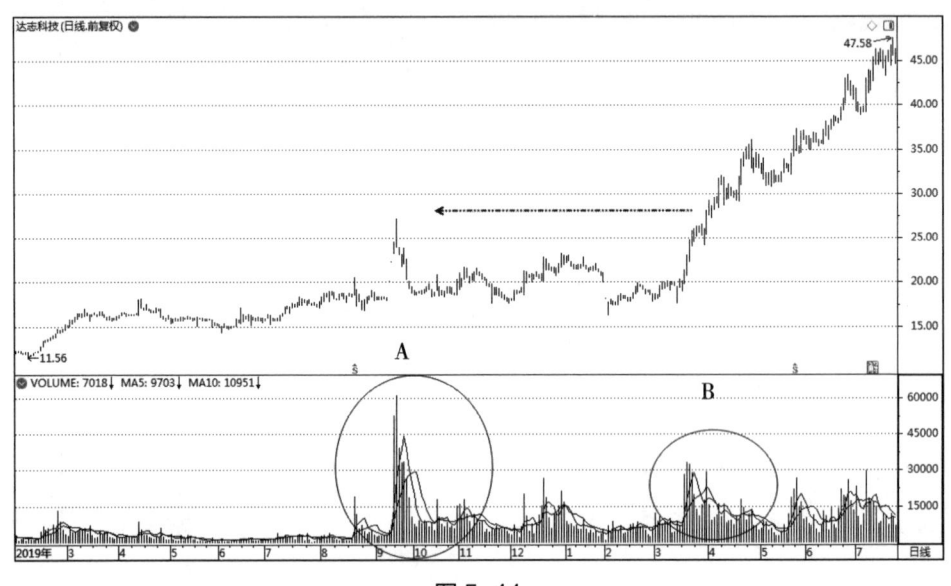

图 5-44

七、密集成交区破位

密集成交之后股价上涨，买入者必然获利，那么当股价又回落到这一区域时，就到了买入者的成本区。这个时候，买入者有三种选择：持仓、加仓或卖出。

如若这个买入者是主力资金或实力强大的其他资金，那么持仓、加仓就是主要选择，卖出只能是诱空的手段，而作为成本区的密集成交区域，必然就会体现出强大的支撑作用。

如果密集成交区未能体现出应有的支撑作用，股价出现向下突破的情况，排除诱空的可能性，说明这个密集成交区的主要买入者并非主力资金或实力强大的资金，可能只是市场跟风资金。

还有一种情况，即密集成交区出现后股价大幅上涨，经过较长时间的运行，股价才再度回落并向下突破密集成交区，而这时密集成交区的支撑，可能已经大幅降低或不复存在。

实战中，股价向下突破密集成交区的方式有很多，比如直接以大阴线或连续下跌的形式突破，以横向振荡盘整的形式渐次向下突破等。

如图 5-45 所示，该股在 A 段出现密集成交，股价回落调整后向上突破 A 段密集成交，并于 B 点处创出上涨的高点。在之后的行情中，股价的数次回落都在 A 段密集成交区上方得到支撑并转为上涨。

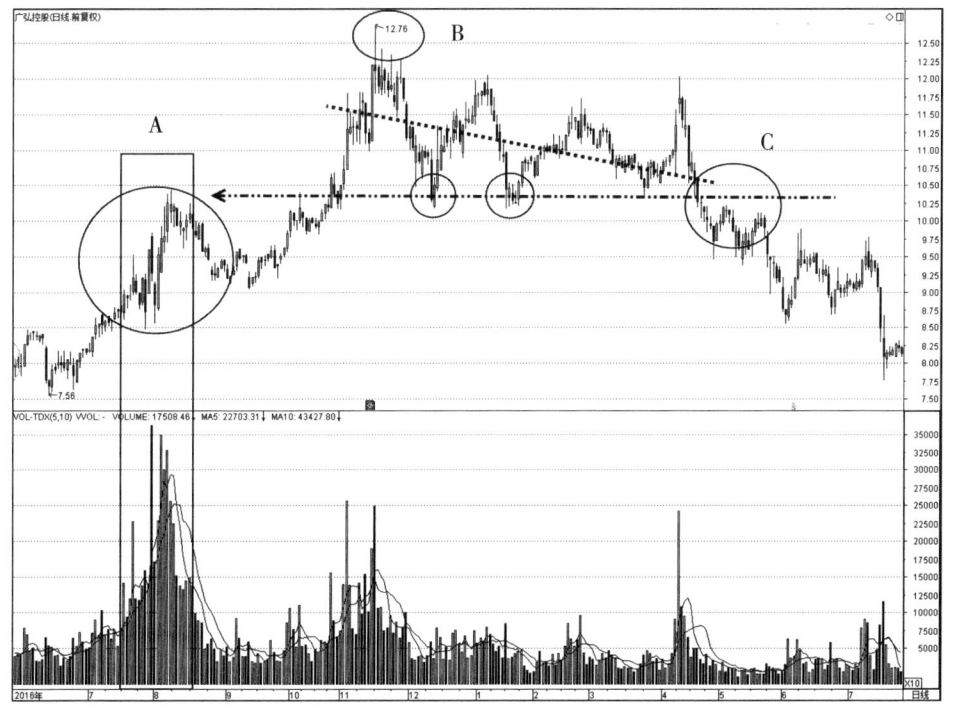

图 5-45

通常来说，在密集成交区上得到支撑，势必会转化为股价重新上涨的动力基础，而如图中 B 点之后的走势，数次探得支撑，股价的上涨高点却不断下降，导致股价运行重心也由此改变运行方向，这种现象就很值得交易者深思了：主力是否正在利用这个所谓的支撑，来回折返实施逢高减仓？

C点处股价向下突破A段的密集成交区。其实在C点之前，股价的一次变量急速冲高就已经露出不祥之兆。根据变量相关原理，我们也可以判别出这里可能会引发价格的巨变。

在图5-45中，从B点开始到C点，构筑了一个股价运行重心不断下行的下降三角形形态；而在C点突破前，又是以对股价先拉后打、连续急跌的形式展开向下突破，个中诱多伎俩、突然性急速突破综合出现，确实会让交易者猝不及防、难以招架。

应对类似向下突破密集成交区的案例，当大的形态走出来之后（如图B点之后），短线交易者策略上应放弃追涨，实在管不住手，或可选择急跌低吸。但是当C点出现之后，技术上已经非常明了，此时无论是追涨还是低吸都应当放弃，观望也许是最佳选择。

也许有人会说，当B点最高点出现后就应该清仓观望。如果从事后的角度看，这一决定无疑是英明的，但身临其境时，行情的变化不会让你一目了然。

就像两个圆环形状的磁铁，谁能确认哪一端具有吸引力或排斥力？只有将磁铁不断靠近，吸引力或排斥力才会渐渐显示出来。

八、历史密集成交区的时效性和心理关口

无论是作为成本区或是筹码套牢区的密集成交，都具有一定的时效性。存在时间越短的密集成交，其所具有的原始属性越强烈。比如具有成本属性的密集成交，必然会对股价具有较强支撑；具有筹码套牢属性的密集成交，必然会对股价具有较强压制。

如果密集成交缺乏相应的这种支撑或压制作用，那么不是在判断其原始属性上出现了误差，就是漠视了其存在的时效性。

存在时间越长的密集成交，其所具有的原始属性越微弱。密集成交经过较长时间之后，其本身所具有的支撑或压制作用会大幅降低或不复存在。

第五章 引力与成交量实战分析

（1）包括主力资金在内的买入者，在股价大幅上涨的过程中进行了多次换手之后，其成本早已不在原先的密集成交区。经过涨势中的折返操作，主力资金的持有成本会大幅低于原先的建仓成本。

同时，随着大幅减仓或出货，某些个股主力成本甚至可以忽略不计。不仅是主力资金可以做到这一点，散户交易者也完全可以做到这一点，通过不断的折返操作降低自己的持仓成本，一样可以让自己的成本大幅降低。

所以存在时间越长的密集成交区，即使当初是真实的成本区，也会在股价的运行中失去了应有的支撑。

（2）在密集成交中被套牢的筹码，会不断寻求逃离的机会。随着股价持续下跌，大部分持仓者会逐渐失去耐心和希望；部分持仓者会选择不同的反弹点减仓，悲观者则会不计成本地清仓；还有部分持仓者会在股价下跌途中选择补仓或急跌做 T 的方法来降低成本。

行情经过较长时间运行之后，能够一直持有原密集成交区筹码的只是少数人，多数持仓者在股价下跌过程，或是通过有效操作降低成本，或是操作失误使得成本更高，抑或是早已选择清仓逃离。基于此，存在时间较长的密集成交区，即使当初有大量套牢筹码，也会在股价的运行中失去了原有的压制作用。

这就是存在时间较长的密集成交区，其具有的支撑或压制作用会大幅降低或不复存在的技术原因。换句话说，密集成交的时效性发挥了作用。

但是在实战中交易者会发现，某些时间相隔很久远的密集成交区，对于股价的上涨或者下跌还是会起到很重要的支撑或压制作用。这又是为什么呢？

如图 5-46 所示，创业板指数在 A 段出现密集成交的高点。时隔 6 年之后，创业板指数在 B 段经过连续三次尝试，仍不能突破该密集成交区。其实案例中指数的这种情况和真实存在的套牢筹码压制已经关系不大，真正对股价上涨起到主要压制作用的是市场心理上的关口。

个股或指数历史上所形成的一些重要的密集成交区，会给市场心理带来重大的压力，同时畏惧重要关口的心理会迫使部分资金选择提前逃离。随着这个高点区域的临近，会让压制越来越明显，逃离的资金越来越多，最终形成又一次重要的股价转折点。

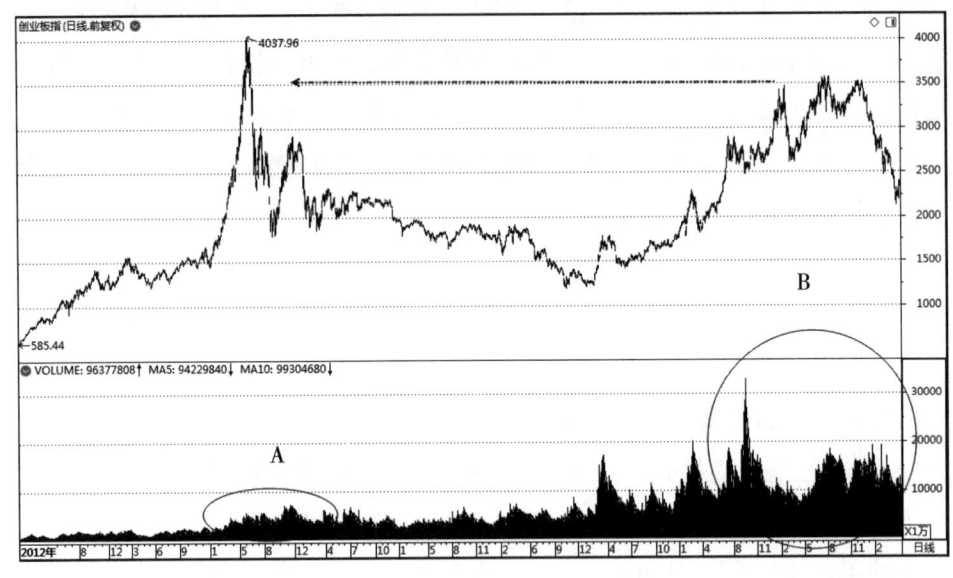

图 5-46

提前选择逃离的所谓"聪明钱"，并不会远离这个市场，而是会等待局势进一步明朗。如果最终证明行情确实遇阻回落，那么这些"聪明钱"短时间内不会再介入这个市场；如果行情出乎意料地向上突破了关口，那么这些"聪明钱"必然会在突破之后重新回到这个市场中来。这也是大盘突破一些重要的技术关口后，市场上的成交资金总量往往会爆出新高的原因。

如图 5-47 所示，沪指在 A 段接近前期密集成交区的高点时，尚未抵达高点区域便遇阻回落。但是指数并未就此止步，经过短暂调整后，沪指在 B 段终于突破前高，而这时的成交量则突然迸发出大于 A 段数倍的量值。

心理关口最终是否会被有效突破，也将佐证行情的级别。止步于心理关口上的行情，多数为个股的炒作行情，而一轮真正的大牛市行情，心理关口有时就是主力借机吸筹或震仓洗盘的区域，图 5-47 的案例也证明了这一点。

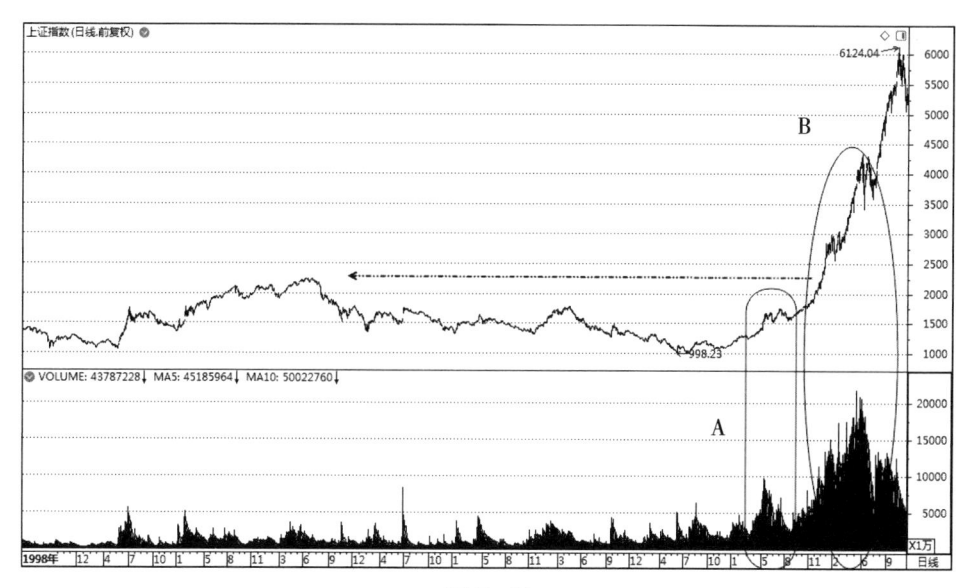

图 5-47

第六章

引力与波段操作的技术要点

第一节　引力让你发现股价波段高点和低点

引力源于成本，大部分时候受制于成本，过多过快地远离成本区间，引力就会开始发挥作用。借助引力的这个特点，可以发现一段涨势或者一段跌势的高点和低点，有利于我们进行相应的波段操作。

一、大波段与小波段

交易者选择股票进行交易，对于未来的盈利预期要有一个理性分析的过程和与之相符的清醒认识。如图6-1所示，该股在A段完成一波大幅拉升，并于2020年10月构筑顶部，之后股价转入到下跌趋势中。

B段股价反弹，这个反弹始于2021年3月，结束于6月，其间股价上涨趋向明显，成交量保持稳定。B段反弹最大的诱惑性，在于让持仓者或者买入者产生这是一轮新上涨趋势的期望，于是会对股价涨幅有过高的预期，从而错过了小波段（次级反弹）收获的时机。

其实从趋势上看，B段次级反弹的特征还是很明显的，反弹高点终结于A段双顶形态的颈线位附近，股价便无力继续上行；从均线上看，股价穿越250日年线就发生回落，显示年线压力巨大。趋势与均线于股价高点附近发生共振，更是突显出涨势的终结，这就为波段交易者发出了卖出信号。但是

第六章 引力与波段操作的技术要点

对该股涨幅预期过高的人，可能会漠视反弹结束、波段卖出的信号，依然充满信心地等待该股回落调整后再启升势。图 6-1 中 C 段的反弹与 B 段类似，只不过涨幅更大、涨速更快，诱惑力也就更强。

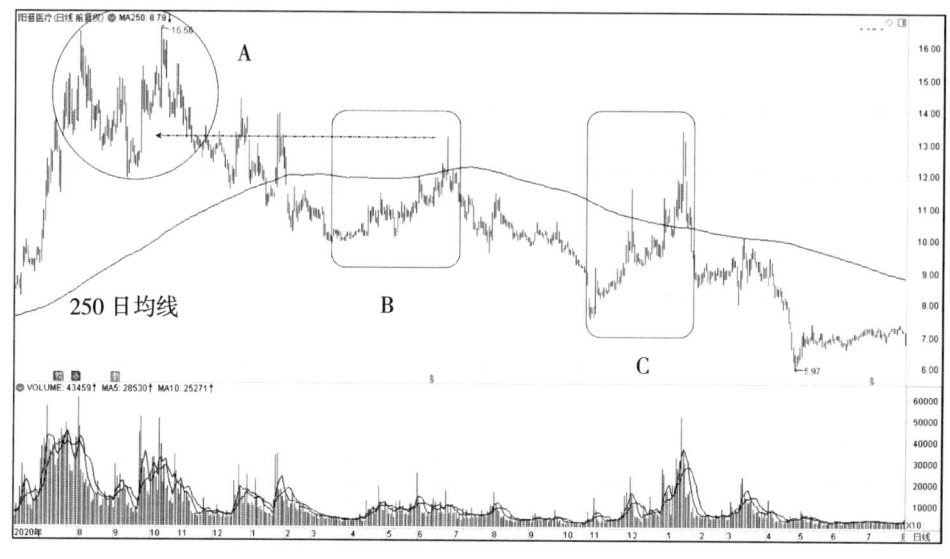

图 6-1

作为波段交易者，通过引力关系分析并不难发现 B 段和 C 段过度下跌之后，反向引力发生作用，牵引股价反弹。当股价反弹远离下跌趋势之后，必然要回归到趋势中来。通常来说，一波上涨趋势终结之后，个股在 1～2 年内再启一波大行情的几率非常小。

通过趋势、均线和引力分析，交易者首先要对目标个股有一个全面的了解，对于个股的技术环境要透彻分析研判，必须要明确自己参与交易的是个股的大波段还是小波段，绝不可以主观愿望来决定交易，否则不仅会让到手的波段盈利溜走，还会导致资金深套其中。

二、急速上涨个股的波段高点

实盘中一些急速上涨的个股，如果把握不住波段高点，持仓者卖出较晚的话，会让短线盈利大幅减少。如图 6-2 所示，其中有三个关键点只要能把握住，基本就能锁住大部分盈利。

图 6-2 中，该股连续以涨停板上涨，A 点是第一个关键点，因为当日成交量形成变量形态，变量形态下意味着筹码不再稳定，而是开始躁动，这是一个危险信号，也是第一个可以选择卖出的点。该股当日仍然能够封住涨停，持仓者可以等待股价第二天开盘后的表现。

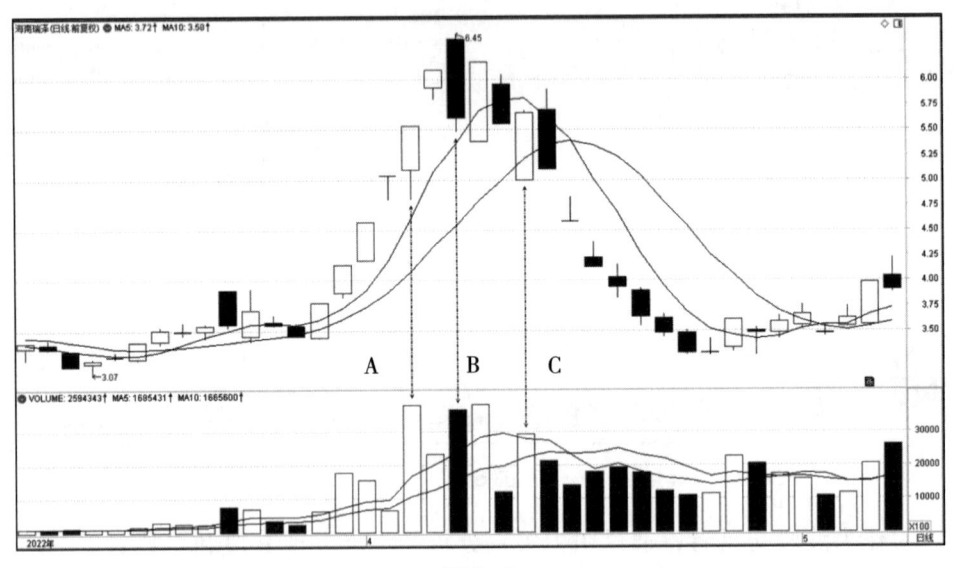

图 6-2

次日如果股价平开、低开，持仓者都必须及时做出卖出决定。而如图 6-2 中高开、小幅回补缺口并能再次封住涨停，持仓者仍可以继续持有。

B 点是第二个关键点，因为当日这根高开低走的阴线显示出了量能反向催化的特征。根据量能催化理论，既然量能放大不能催化股价继续上涨，就必然反向催化下跌。这是股价见顶的高危信号，也是波段交易的重要卖点。

量能反向催化的出现，意味着反向引力已经开始发挥作用，对于短线交易者和波段交易者来说，这是一个重要的卖出信号。

图 6-3 是 B 点当日的分时走势图。图中可见，当日开盘后，股价迅速走低，除非部分提前挂单的交易者，否则很难卖在当日最高点。股价全天走势处于多头反击中，可以看出盘中资金并不甘心股价就此沉沦下去。

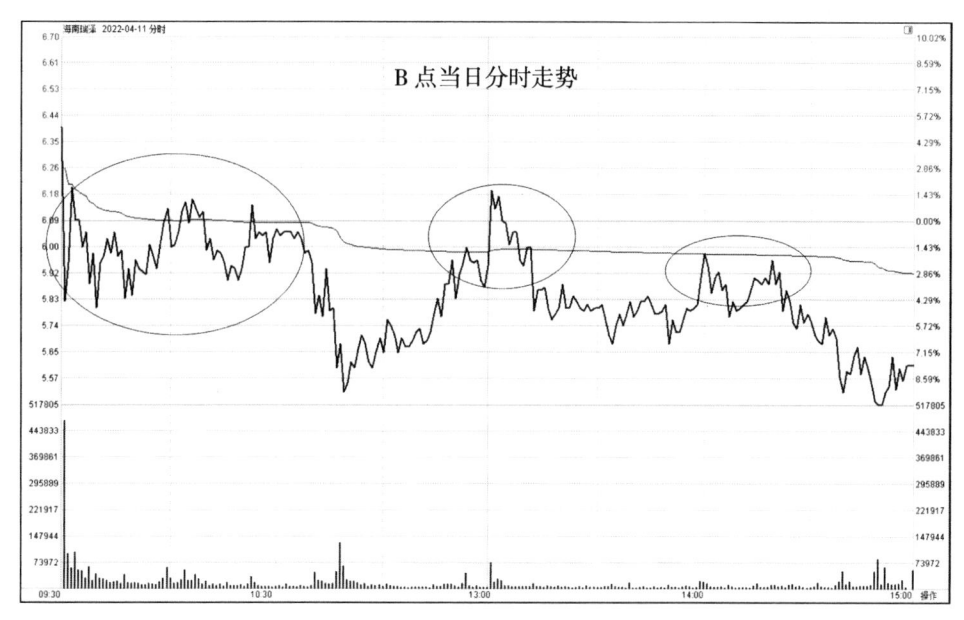

第六章 引力与波段操作的技术要点

B 点当日分时走势

图 6-3

图 6-2 中 B 点的另一个重要之处，在于股价低点已经接近 5 日均线。根据均线理论，5 日、10 日均线最重要的作用就是用来观测股价短期涨势强度。在 5 日线上结束回落并上涨的必然是最强个股；强度次之的个股回落到 10 日均线便会回归涨势；有效跌破 10 日均线而不能当日收复的调整个股，已经难以谈到强度，走势变化也会更复杂。

次日股价下破 5 日均线后再次涨停，说明该股强度仍在。已经在 B 点卖出或者空仓的交易者不可追涨买入，因为该股短期涨幅过大，而反向引力不可能经过一日调整就被消耗完毕。股价之后再次出现调整，也就证明反向引力仍在继续发挥作用。

C 点是第三个关键点，因为这一点上股价跌破 10 日均线。虽然股价得以回升，但结合之前的走势分析，股价整体涨升强度已经大幅下降。当日强势上涨，并不能代表次日还会继续。

其实在 C 点跌破 10 日均线，是短线交易者的买点。急速上涨的个股，第一回落波次迅速达到 10 日均线的，多会出现短线买点，但出现盘整振荡

- 191 -

后达到 10 日均线的除外。在 C 点处短线介入的交易者，必须密切关注次日的股价强度，一旦出现走弱迹象，必须立即卖出。

图 6-4 就是 C 点次日的分时走势，股价开盘即迅速回落，而后反弹明显受制于昨日收盘线，显示当日涨升强度明显不足，交易者不应犹豫不决，最迟也应在股价跌破收盘线或均价线时卖出。

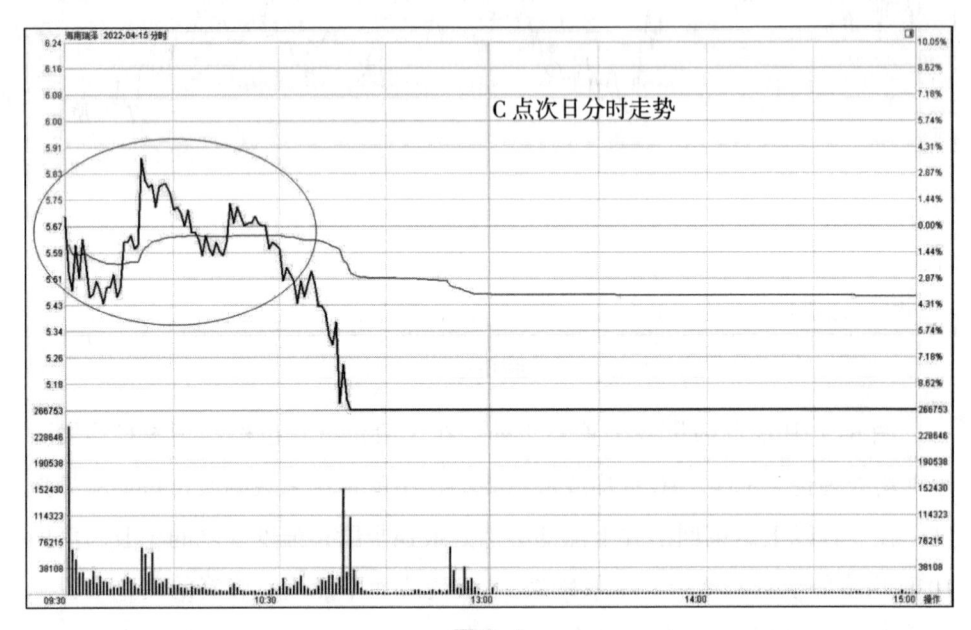

图6-4

急速上涨的个股出现量能反向催化，就是重要的警示信号，即使交易者不在量能反向催化当日卖出，也要高度关注股价的强度，一旦盘中发觉股价涨升强度降低，应及时选择卖出。

个股运行于上涨趋势或者次级反弹行情中，对于波段交易者来说就是大波段行情。这些个股不同于短期急涨个股的小波段，但是在大波段行情的最后阶段，股价往往也会以急涨的形式出现，对于这部分个股，可以参看急涨个股的操作方法。趋势性上涨的个股，最终的顶部构筑方式各有不同，前文已经有过讲述，在此不再赘述。

三、急速下跌个股的波段低点

趋势性下跌的个股底部构筑方式等技术性内容，可参阅第三章。本节主要讲解小波段或者短期急跌个股的交易方法。

急跌个股不管是出现在趋势转折之初，还是出现在趋势末尾的最后一跌中，当反向引力开始发挥作用时，股价都必然反弹，只不过反弹幅度与强弱并不一定。

如图 6-5 所示，该股的急跌出现在一波长期大跌之后，图中 A 点是一根明显的变量，股价也打开跌停板并有所回升，出现了量能反向催化的现象，意味着反向引力已经发挥作用。在当日和此后几日，股价相对平稳而成交量明显增加的情况下，已经显示出波段低点，交易者可选择时机买入。

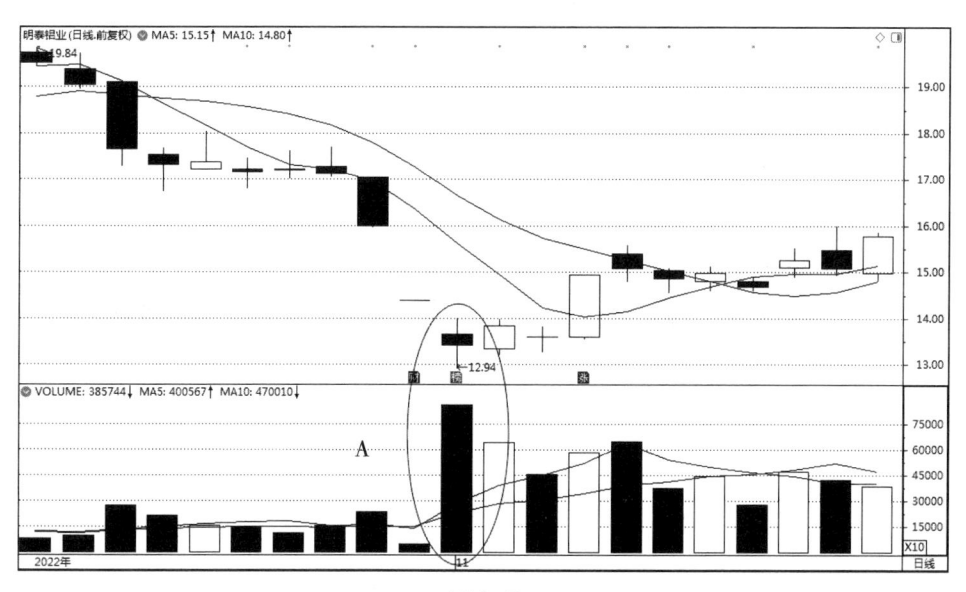

图 6-5

图 6-6 中，该股刚从上涨趋势转入到跌势就出现急跌，图中 A 段走出连续三根阴线，成交量也随之形成阴聚量形态，显示股价处在一个快速杀跌的过程中。不少持仓者逐渐加入杀跌的队伍中，导致跌速与跌幅越来越大。

A 段最后一根阴线收出较长下影，而成交量最大，显示出反击力量正在抗争，具有量能反向催化的特征，反向引力开始发挥作用。

对于图 6-6 中刚刚转势的个股出现的反向引力显示，交易者即使出手进行短线交易，也必须明确几个要点。

其一，不能在最后一根阴线下影线中找到介入时机的话，就放弃交易。

其二，降低盈利预期，随时准备卖出。

其三，绝不改变短线交易的初衷。

其四，如果股价走势与预期不符，研判后发现错误迅速止损。

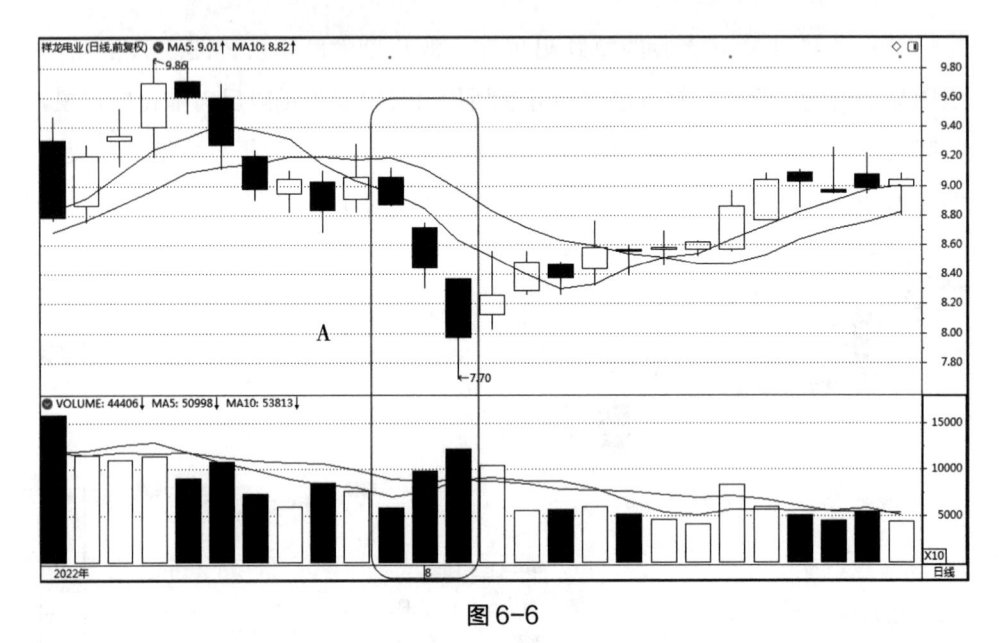

图 6-6

第二节　冲高止盈——盘中回购

波段交易者经常会遇到的一个问题是：有些个股在拉高过程中，会有明显的短线高点出现，如果不卖出，就要眼睁睁地看着到手的利润因股价回落而流失部分；如果卖出，却很有可能错过股价调整之后的突然拉升。

解决这个问题的办法是：其一，如果个股拉升已经具有较大幅度，可参考急速上涨个股波段高点的操作方法；其二，如果个股处在启动的初中期阶段，可以采取当日盘中"冲高止盈—盘中回购"的超短线操作方法。

第六章　引力与波段操作的技术要点

如图 6-7 所示，该股在涨势启动的初期阶段，股价在 A 点冲高回落，当日成交量呈变量形态，A 点与短期均线形成跳线形态，综合研判 A 点应是短线卖出点。但是分析该股技术环境上前期刚刚经过振荡盘整，本次涨势起涨时间较短，涨幅并不过大，A 点的卖出会让交易者担心踏空行情。

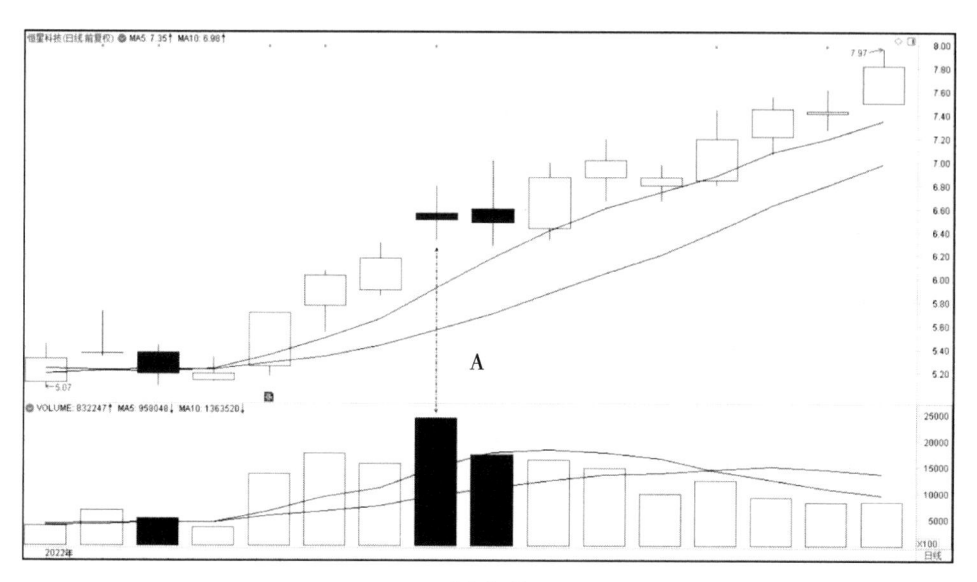

图 6-7

会不会踏空行情且不说，先来看看 A 点当日的盘口分时上有没有可以卖出的点。如图 6-8 所示，是 A 点当日的分时走势。从图中可见，当日股价高开后直封涨停板，但几分钟后就被打开，随即又强力封涨停，直至 10 点左右涨停板再一次被打开。应该说，至此的盘口表现该股当日确有卖出理由。

虽然该股本次起涨以来的涨幅并不算大，但是连涨三日后，在 A 点高开涨停却不能封住，就已经显示出反向引力正在发挥作用，而消耗引力就必须有一个回落调整的过程。

至于该股是选择多日调整，还是当日盘中调整，并不能确定。鉴于股价处于起涨初期，同时股价强度并没有明显降低，持仓的交易者还是应该选择以当日调整为交易策略，这样一是可以预防股价突然拉升踏空行情，二是有仓位作为保障，可以盘中做 T 来降低风险。

选择当日调整为交易策略，交易者就必须能够做到有时间盯盘，以便在第一时间确定盘中股价变化并进行相应的交易。比如图 6-8 中开盘直封涨停板后，在涨停板被打开之前，就及时卖出部分仓位。可能有人会问，我怎么知道涨停板会被打开？

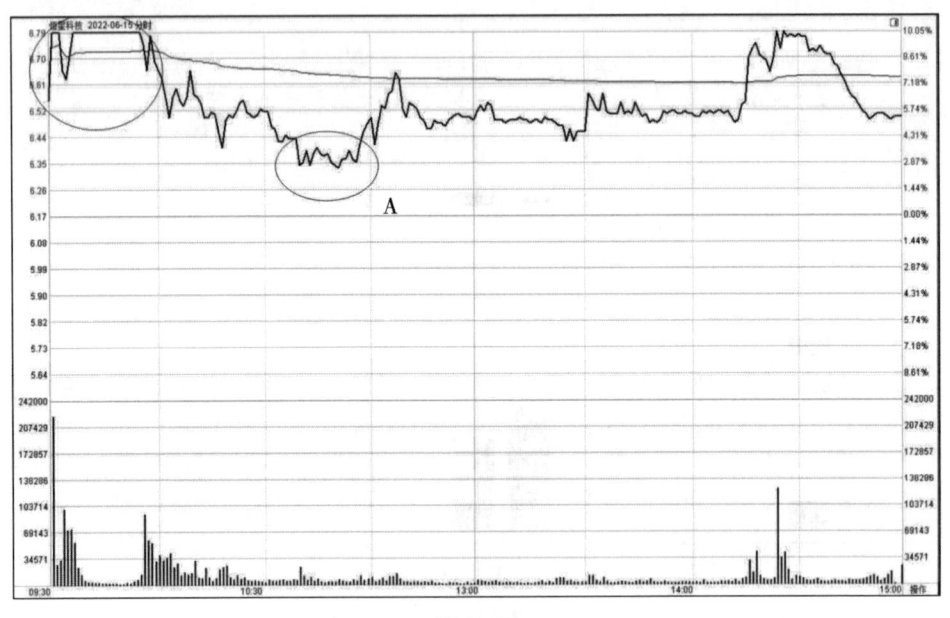

图 6-8

其实对于经常盯盘的交易者来说，这根本就不算个问题。涨停板的封单变化就是你判断涨停板会不会被打开的第一手数据，很少有涨停板个股会被一笔巨单打开，大多数都是被数笔卖单打掉，只要你及时挂出卖单，成交一般不会有问题。当然，为保证能够以最快速度成交，可以低挂涨停板价几分钱，只要不是挂单时间过晚，多数能以价格优先原则成交。

图 6-8 中，如果未能在第一次涨停板卖出，股价很快又封住板，这时可以等待，封住板的个股并不一定要卖出，但是当该股又一次出现即将打开涨停板的情况时，就绝不可再犹豫。对于选择当日调整为交易策略、准备冲高止盈—盘中回购的交易者来说，卖点一定要高，不然回购空间不足会压制你盘中再次买入的欲望，犹豫之间就难以完成环环相扣的交易计划了。

第六章　引力与波段操作的技术要点

股价打开涨停板后的回落过程中，交易者可在成交量逐渐平息、大卖单不再出现，成交单已经降至不及高点一半时，股价不再走低也未出现反弹时，买回所卖出的仓位。如图 6-8 中 A 点所示。

进行"冲高止盈—盘中回购"，必须做好交易失败的准备，也就是股价可能进一步下跌，或者次日继续调整。所以回购时的仓位要进行控制，绝不可满仓交易来赌一把，你必须有后备资金来应对一旦交易失败后，继续做 T 或者补仓的准备。

第三节　急跌补仓——回升减仓

股价的过度表现，多数隐藏着交易的机会。急速上涨是这样，急速下跌也是如此。反向引力会随着股价的过度表现迅速发挥作用，为交易者创造出短线或波段机会。

有些个股处在拉升的高点上，也并不意味着没有短线交易机会，但操作过程要把握稍纵即逝的机会，难度则更高。如图 6-9 所示，该股连续两个一

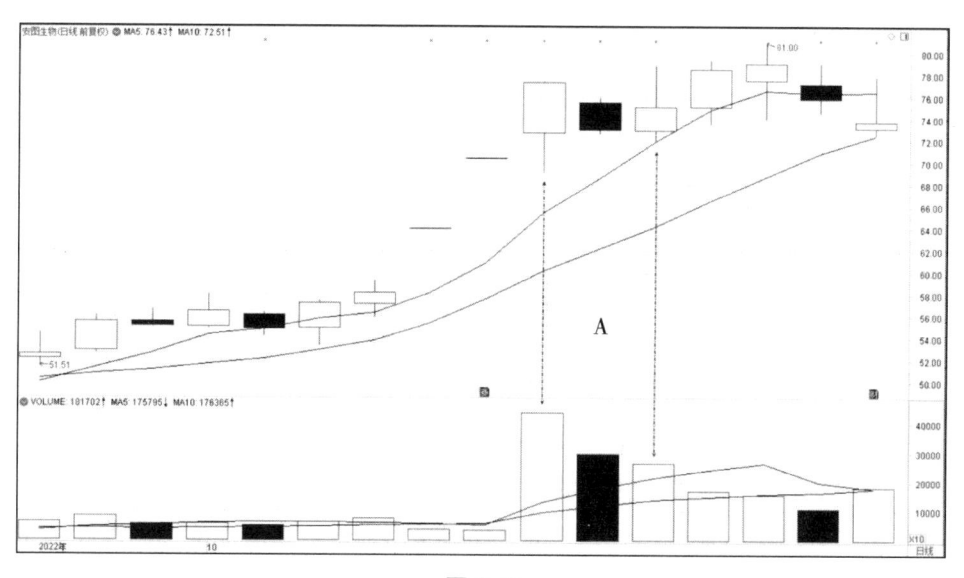

图6-9

字线涨停板后，股价在 A 点处出现振荡，成交呈现变量形态。持仓的交易者应该能够提前研判出，该股这种快速脱离短期均线的走势，极易诱使引力发生作用。当 A 点不再延续一字线涨停板时，就已经意味着振荡即将开始。

图 6-10 是图 6-9 中 A 点的当日分时走势。开盘后股价急速回落跌破收盘线，也就是前一日涨停板的价位，这个时候就是考验交易者盘口研判能力的关口：急跌能不能买？什么时候买？需要你迅速做出抉择。

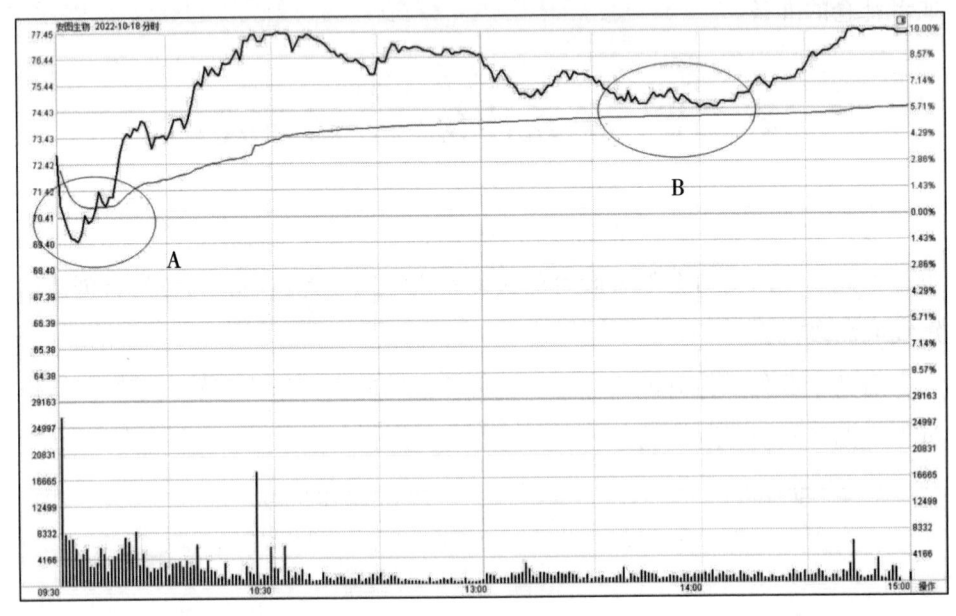

图 6-10

一般来说，交易者需要观测以下几个要点：其一，大卖单在减少；其二，买单已经托住了盘口；其三，股价没有向下继续远离收盘线的动力；其四，换手率没有大幅超标。符合以上要求后，交易者可及时介入，不必等待现价线拐头向上。之后突破收盘线是第二买点，最迟也要在均价线上买入，决不可追涨买入，否则一旦反弹空间不足，就难以盈利 T 出。

当股价在十点半左右达到涨停板却不能强势封住的话，交易者就应该至少卖出半数以上的仓位。因为股价已经显示出强度下降的迹象，尽管尚未完全走弱，但连续多日的快速上涨所累积的反向引力一旦爆发，必然要有一个回落调整的过程。

图 6-10 中股价在十点半之后逐波回落，至图中 B 点时才渐渐平息。B 点可不可以买？

B 点可以买，但是风险较大。因为该股之前已经显露出强度下降的迹象，实盘中我们不可能知道尾盘会有一个拉高的过程，大部分个股在这种盘口下会维持振荡或者进一步回落直至收盘。所以 B 点买入的交易者，不管收盘前股价拉不拉升，都要当天 T 出。对于不熟悉短线交易的人，还是尽量少操作。

图 6-9 中可见，A 点次日股价调整，A 点追高买入的人很难有盈利出逃的机会。该股在之后的回落中，股价第一次触及 5 日均线时，是一个短线交易机会。

被套的交易者对于持有个股突然出现的急跌，不要一味以沮丧的态度应对，其中可能就隐藏着减亏或解套的机会。尤其是当日并无利空，或者是受到大盘下跌影响，开盘后就出现急速下跌的个股，往往会有减亏的机会。

如图 6-11 所示，该股当日低开，开盘后出现急跌，交易者可使用上述的几个观测要点来捕捉股价低点。这种"急跌加仓—回升减仓"的交易方法，

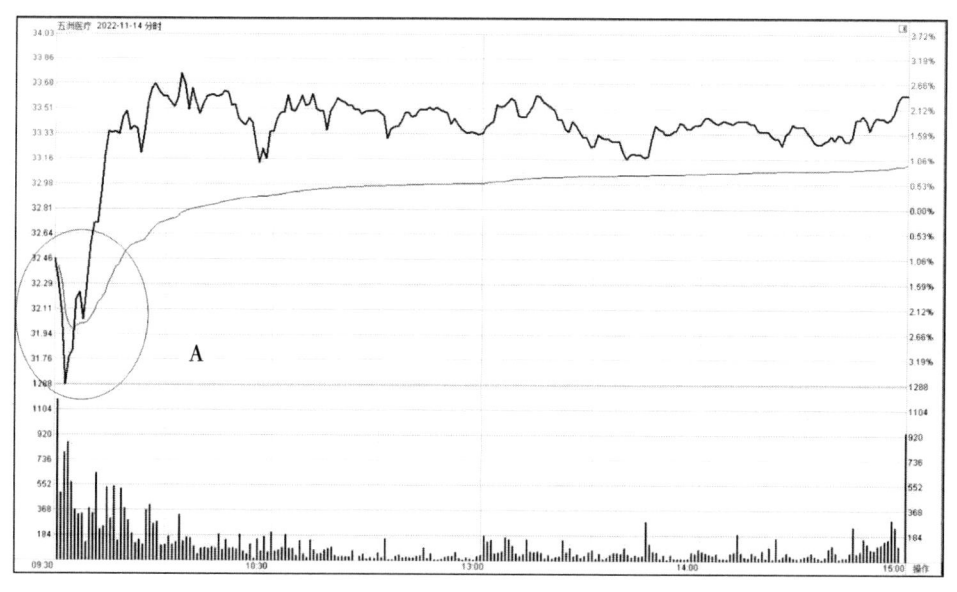

图 6-11

要求买点尽量低,一旦股价开始反弹,最好放弃交易,不要再去追涨。因为买得过高的话,一旦股价反弹孱弱,不但不能减亏,反而会加重亏损。图6-11中股价反弹后,由上涨转为振荡,应该就是短线交易T出的时机。

"急跌加仓—回升减仓"的交易方法,最好是选择早盘直线急跌的个股,跌幅达到-3%以上时准备介入;如果开盘大幅低开超过-5%,开盘后再继续下跌的个股,就要小心该股有跌停的可能性,不可贸然介入。

第四节 关注10点30分到11点的杀跌低点

在大盘与个股普遍处于下跌波次中时,在每个交易日上午的交易时段——10点30分到11点这半个小时里,比较容易出现当日的杀跌低点。交易者对于开盘后就一路走低的个股,如果早盘并不适合介入补仓或者做T,可以在上述这个交易时段注意寻找杀跌带来的机会。

开盘下跌的个股,有些并不出现明显的反弹,而是在振荡中一路匀速下跌,这种下跌不好捕捉买点,过早介入很有可能根本没有盈利T出的机会,所以等待急跌或者集中杀跌的出现,就是较好的选择。

如图6-12所示,该股开盘后在振荡中下跌,反弹波段很微弱,至A点进入10点半时间段,股价仍处于弱反弹波段中。这种走势下,交易者不可过早介入补仓或者做T,因为难以研判股价低点会在何处出现。

在A点至B点期间,该股股价快速下跌,成交量明显比之前的下跌阶段密集,这就是股价小级别集中杀跌的表现。实盘中,即使是级别不大的集中杀跌,也至少会给股价带来一波具有参与价值的补仓或做T时机。

10点30分—11点是最易出现弱市杀跌的魔鬼时间,这不但是对个股而言,对于大盘指数也会有一定的参考。如图6-13所示,创业板指数开盘后振荡下跌,于10点30分见到当日低点,之后逐步开始反弹。

实战中,最容易出现杀跌的有三个时间段,分别是早盘、10点30分—11点、尾盘半小时。尾盘杀跌的几率通常远小于上述两个时间段。交易者可

第六章 引力与波段操作的技术要点

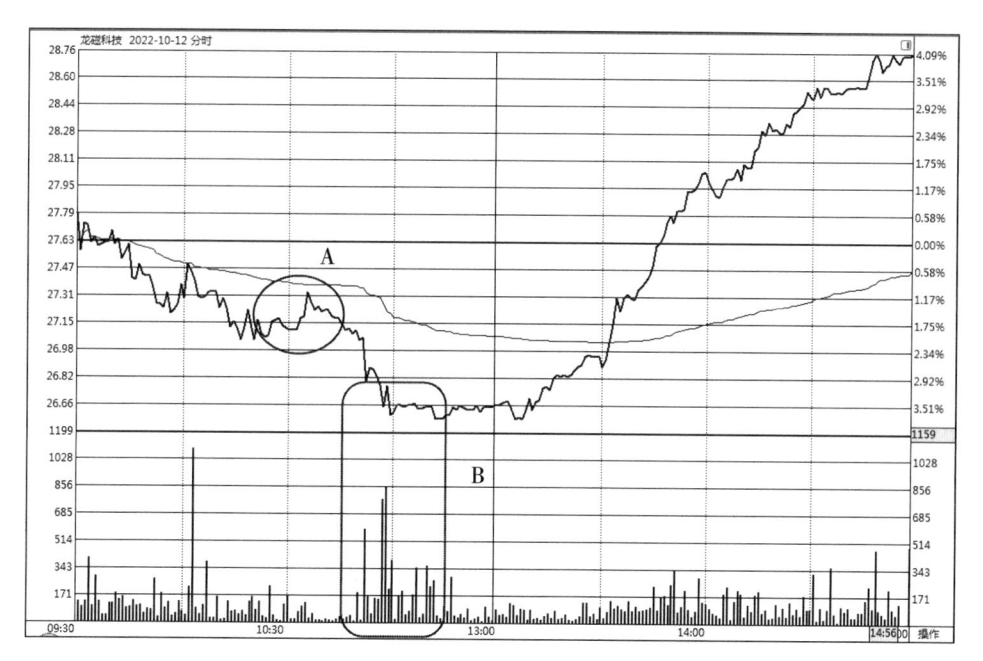

图 6-12

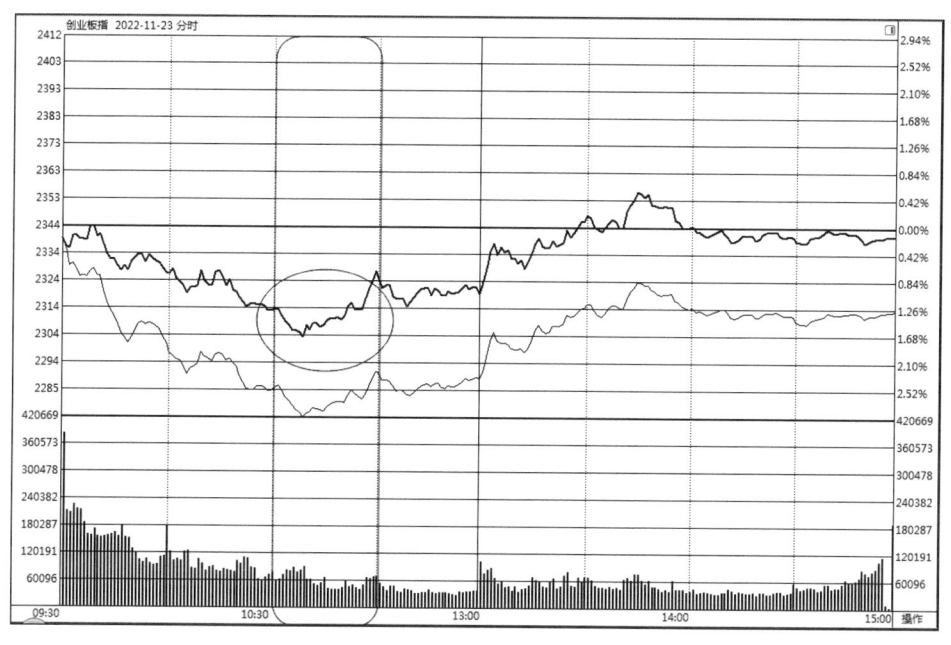

图 6-13

重点关注上述时间段，尤其是个股处于开盘后下跌，但跌幅不大、折返振荡为主时，不要急于介入，等等看股价在"魔鬼时间"会不会出现杀跌。有时候多一点耐心，就会有更好的买入价位等着你。

第五节　持续降低波段持仓成本

波段交易者可以将短线交易与波段操作相结合，灵活操作更能实现盈利最大化。对于波段中出现的明显高点，要舍得减仓，不要被踏空等情绪所困扰；股价走低时，要敢于买入，不要被涨势已经转折等言论干扰。

随着股价的折返波动，交易者通过低吸高抛，就能够不断降低持仓成本。在这个过程中，在紧紧抓住股价过度涨与跌的前提下，量能催化与反催化、引力与反向引力出现的节点，绝不可仅凭个人主观喜好就介入交易。没有技术研判的交易，就是赌博。

如图 6-14 所示，该股在聚量形态下展开一波升势，在 A 点处股价虽然涨停，但成交换手超过 59%。如此高的换手率，意味着有大量的筹码在逃逸，但股价却是以涨停板收盘，这种量价之间的矛盾，必然会让持仓的交易者心生疑惑，不知该如何抉择。

从换手率实战规则的角度研判，图 6-14 中 A 点的换手超过 59%，毫无疑问是一个需要卖出的信号，但是当日股价为什么能以涨停板收盘呢？

我们需要研判一下当日分时走势，如图 6-15 所示，是 A 点当日的分时走势。图中可见，当日股价走势非常稳健，一直保持着振荡盘升的格局。成交量方面，除去早盘有过明显放量的过程，全天并没有密集成交出现。即使是尾盘涨停板一直处在"封停—打开"的变化中，成交量也没有明显增加。

这种盘口告诉我们，早盘确有资金流出逃逸的情况，但在之后的时间里大资金并无大量逃逸行为，即使是在尾盘涨停板反复打开的情况下，大资金也只有少量逃逸。没有大资金的大量流出逃逸，股价受到的打压必然较小。

第六章 引力与波段操作的技术要点

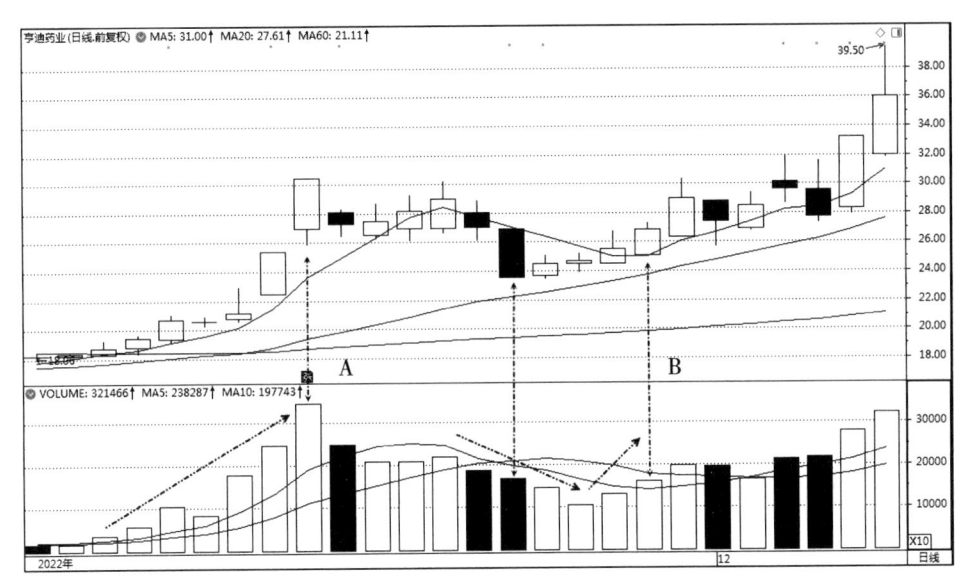

图 6-14

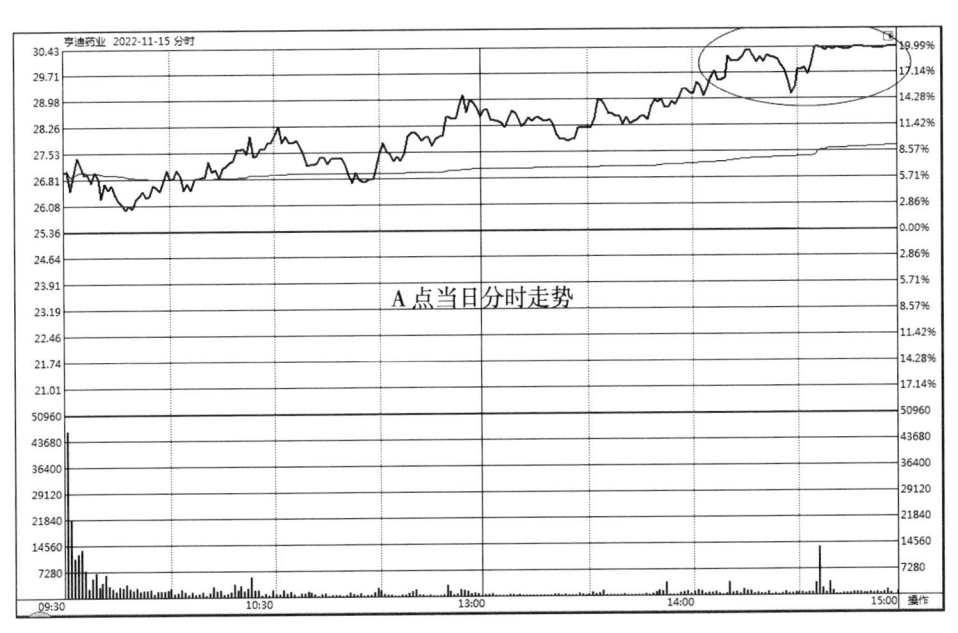

图 6-15

同时也了解到该股本次涨升恰逢板块炒作，市场并不缺少热门资金入场追涨，即使大资金有一定程度的逃逸行为，也被追涨买入资金所弥补。这也是该股最终能够以涨停收盘的主要原因。通过以上分析研判，交易者再结合换手率规则，就能够确定 A 点是一个短线卖点，即使卖错了也必然有机会在股价之后的振荡中买回来。

波段交易中，能够抓住股价短线高点卖出的机会，才能够不断降低成本，过早或过晚的卖出势必影响顺利完成交易。在研判股价短线卖点上，交易者应以换手率规则为主要参考原则，其他因素次之。

波段交易者选择短线高点卖出，要注意保持底仓的比例，以降低持仓成本为目的的减仓，只是减掉部分仓位，尽量不要采取全仓卖出。这里也要防范研判失误所带来的踏空风险，同时全仓卖出的话，也会给操作心态带来较大的影响。比如图 6-14 中 A 点之后，股价并没有立即展开下跌，而是横向振荡几天，全仓卖出的交易者很有可能会受到踏空情绪的影响，过早地把筹码再买回来。

比较适宜的买点有两个：其一，图中报收大阴线当天，在这一天买入，需要交易者有时间盯盘，可于盘中发现挂单、成交单等盘口变化，于盘中即时研判确定。其二就是图中 B 点，B 点时成交量形态已经改变了 A 点下跌以来的量能消散形态，转化为聚量形态，股价也已经跌上 5 日均线，说明涨升强度正在转强。

波段交易者通过一卖一买的短线交易，必然会使持仓成本得到不同程度的下降。在波段持有过程中，股价必然还会发生多次类似的折返变化，交易者只要把握住其中的一两次，就完全可以大幅降低成本，从而既降低了成本，也增强了抵抗股价大幅度折返的能力。但是必须注意一点，一旦错过了最佳交易点，就放弃操作，永远不要和市场比试谁更聪明。

第六节　超跌与超涨

引力与波段交易最核心的技术点，其实就是关注股价的过度表现，包括上涨和下跌两个方面。那么什么是股价的过度表现？

第六章 引力与波段操作的技术要点

相关的技术术语表述为：股价下跌时的过度表现分别是——超跌和超卖；股价上涨时的过度表现分别是——超涨和超买。

一、超跌和超卖

超跌是指短时间内股票价格超出人们预期的持续下跌，这种下跌往往是由恐慌情绪或其他意外事件所引发，短期内价格跌幅与跌速都极为惊人。

超卖是指对某种股票长时间过度卖出，大多数人认为股价的下跌趋势仍旧会继续保持，并且短时间内不会有起色。

超跌和超卖具有等级区别：超跌更多的是代表股价短期极限点位的临近；而超卖所指向的是交易者心理承受极限的到来。超跌是诱发引力使市场产生短中期反弹的主要动力，而超卖才是趋势反转的催化剂，换句话说，只有市场失望情绪达到顶点时，才有可能出现重要的股价低点和趋势转折。

1. 超跌

并不是所有的下跌最终都会形成超跌，只有短时间内超出人们预期的过度下跌，才有可能形成超跌。超跌往往紧随着大多数人的恐慌性抛售出现，所以在超跌形成的过程中，股价往往在 5 日均线的压制之下以较为陡直的角度下跌。

如图 6-16 所示，该股股价从 A 点展开下跌，并一直被 5 日均线压制，直至 C 点，整个下跌过程才暂告一段落。图 6-16 就是股价超跌形成的整个过程，实战中交易者如何利用超跌机会进行低吸并获取利润呢？

研判股价超跌的三个要件。

其一，股价受到 5 日均线压制连续下跌，这是超跌形成的基础要件。类似情况发生时，交易者可追踪该股。

其二，某日股价最低点距离 5 日均线的幅度达 10% 左右，这是超跌的确认要件。

图 6-16 中 B 点当日开盘就在 5 日均线附近，大阴线跌幅超过 -8%，大致满足确认要求。此时整个下跌过程就处在形成超跌的"门槛上"，交易者应当为下一交易日做好低吸的相关准备。

图 6-16

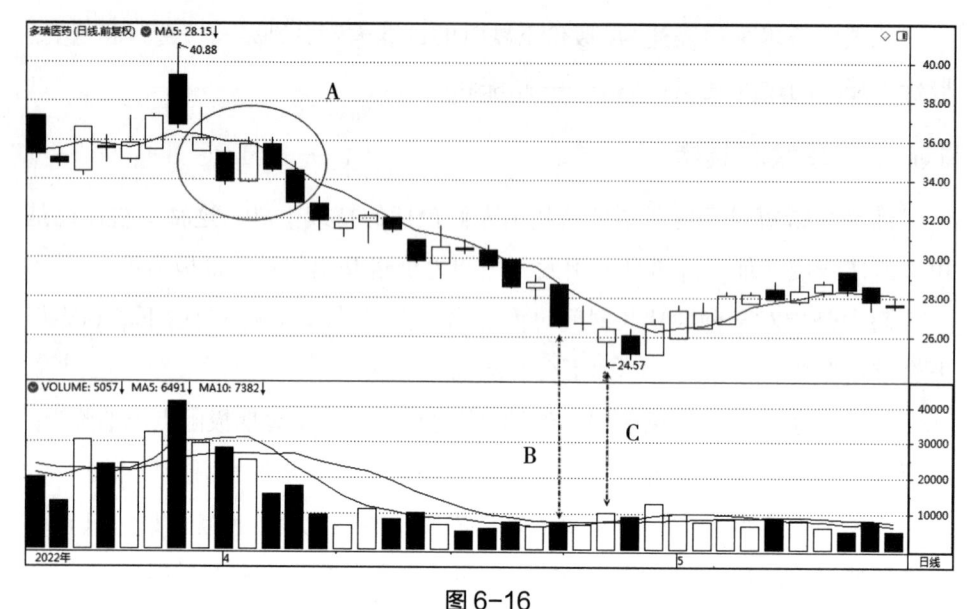

其三，次日盘中再度发生大跌（超过 -5%），这是超跌的低吸要件。

图 6-16 中，B 点次日股价并未继续大跌，而是收出一个小十字星。我们来看看当天发生了什么，图 6-17 就是 B 点次日的分时走势，当日整体走势呈现的就是一个弱反弹的形态。

图 6-17 中的这个弱反弹，可以说几乎毁掉了超跌的形成，这也是前面所说的"并不是所有的下跌最终都会形成超跌"的主要原因，超跌并不经常出现，随意可寻。如果接下来股价仍旧弱反弹或者发生横向振荡，那么此次超跌的形成要件就已经失去，交易者不再能以超跌研判这个下跌过程。

但是行情的发展总是出人意料，图 6-16 中 C 点处股价再次下跌，我们可以通过分时图进行研判。图 6-18 就是 C 点当日的分时走势。图中可见，当日大幅低开后，股价快速下跌，最大跌幅超过 -6%；成交量密集出现，意味着有杀跌筹码集中涌出。此时超跌的低吸要件已经满足要求，交易者可进场买入。

实盘中，上述三个要件在实战应用中并非一成不变，而是包含很多变化，交易者在股价大跌时应密切关注分时和分钟系统的变化，一旦条件满足，可

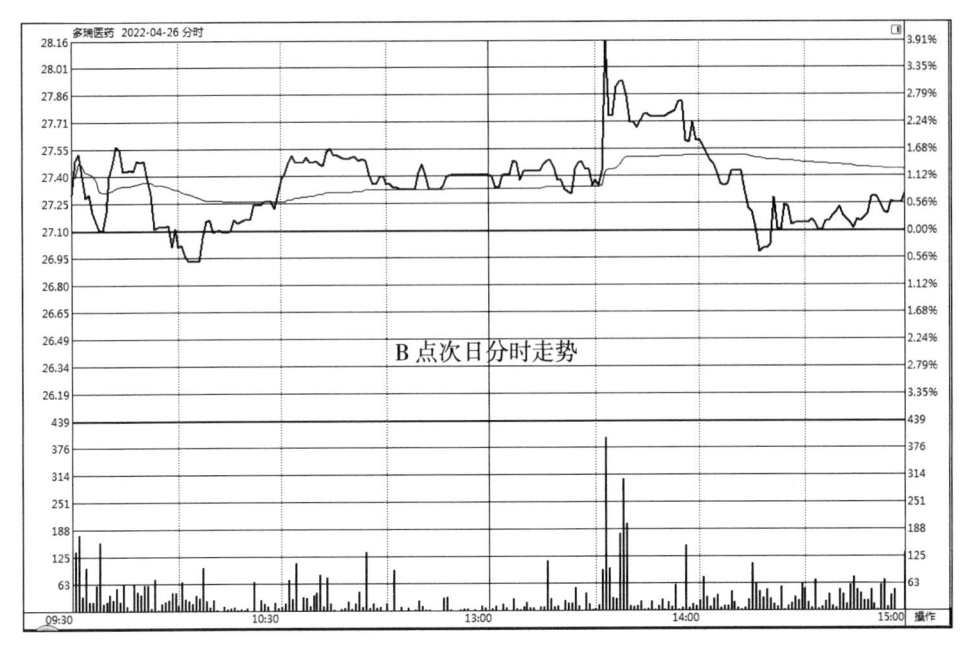

第六章　引力与波段操作的技术要点

图 6-17

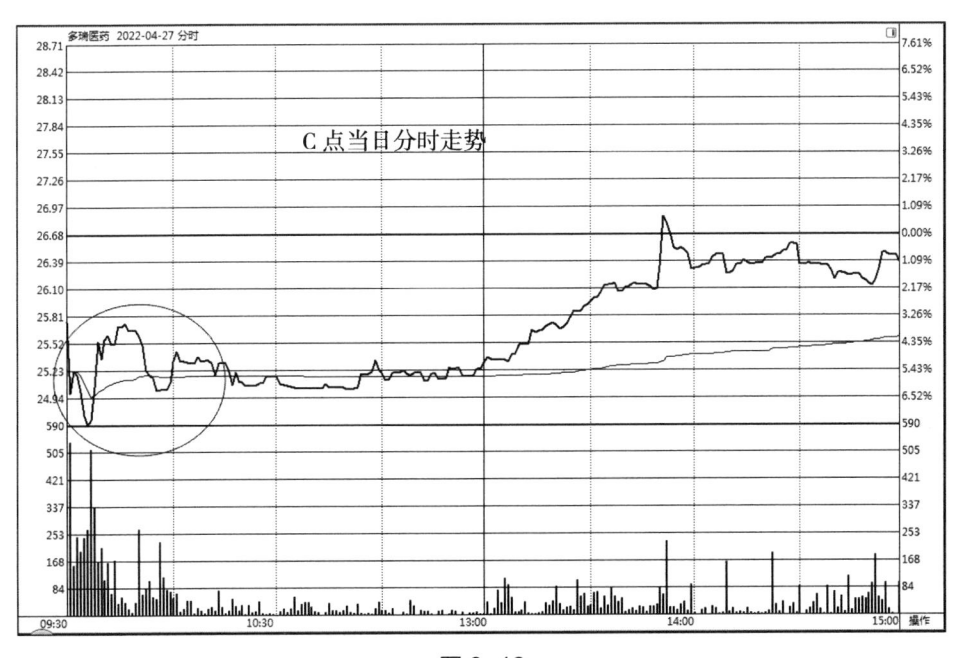

图 6-18

大胆低吸。通常来说，股价超跌之后有两种方向性选择：在上涨趋势中出现超跌，止跌回升之后恢复上涨趋势；在下跌趋势中出现超跌，止跌反弹之后继续下跌；超跌和超卖同时发生时，则引起趋势反转。

2. 超卖

技术形态上多以超跌为外在表现形式，也有部分个股是以超跌后加阴跌的形式实现超卖。超卖更多的表现为一种市场大众的心理倾向，即大多数交易者心理承受能力已达极限，对价格的下跌已由前期的恐惧转化为极端失望，不再对价格回升抱有希望。

如图6-19所示，该股先是出现股价暴跌急跌阶段，之后逐渐进入到跌势相对缓慢的阴跌阶段。在急跌阶段，有多次超跌出现，交易者可以参与做短线，但是到了阴跌阶段，股价毫无生机的表现必然会让持仓者度日如年，很多人会选择割肉离场来结束这种痛苦和煎熬。这也是股价走向超卖的必然现象。随着股价节节下滑，成交量也出现同步减少，这意味着市场经过长时间的下跌，能够抛售的筹码已经不多。股价在超卖中等待转势契机的到来。

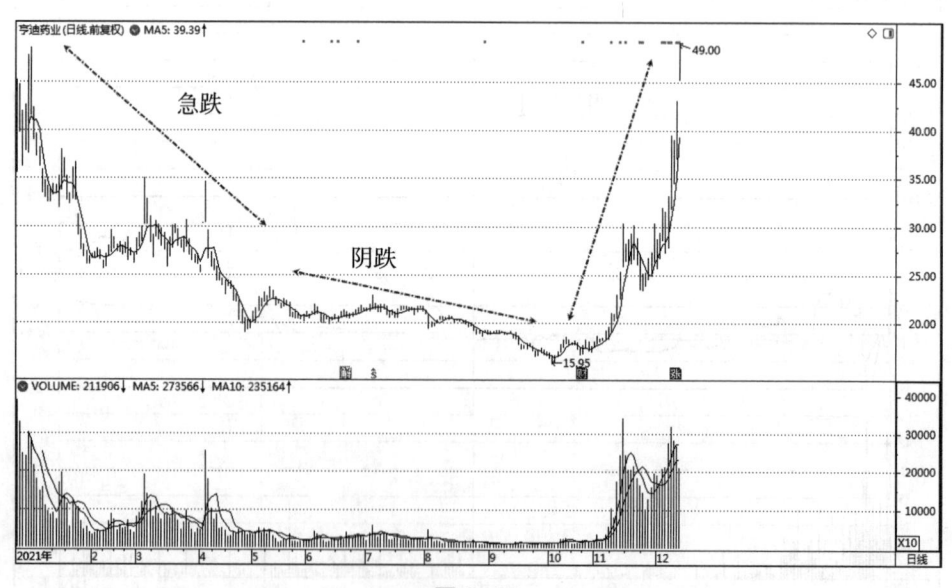

图 6-19

行情总在失望中发生。在最后的下跌转为上涨的过程中，成交量慢慢增大但并不明显，显示出有一种潜在的反击力量正在孕育，就像是有一只无形的手在支撑着股价缓慢抬升。随后股价明显上涨，成交量也随之明显放大，这就是超卖出现前后的市场技术环境。

二、超涨和超买

如果说超跌和超卖可以告诉我们股价的短线或波段低点在哪里，那么超涨和超买就会告诉我们股价的短线或波段高点在哪里。

超涨是指短时间内股票价格超出人们预期地持续上涨；超买是指某种股票长时间过度买入，即已经超出技术分析的范畴，但资金对于股票的买入仍处于疯狂追逐的状态中。二者之间有时也存在交叉，超买的股票在其上升的整个过程中，多数会有一个或者几个超涨阶段。

对比二者的定义可以发现，所谓超涨是股价短期内的过度上涨，这种上涨超出大多数人的预期，人们对于股票价格的上涨心存疑虑；而所谓超买是股价的上涨为大多数人所认可，并且人们认为股价仍旧还会保持继续上涨的势头。这是二者之间最大的区别。

从这个角度来说，超涨的股票有可能继续维持上涨势头，即便遇到调整，仍旧存在"挖坑"后继续升势的可能性。但是超买的股票大多会遭遇"头部"，即便不是股价的最高点位，也大多离此不远。对于波段交易者而言，超涨的股票可以采取"冲高止盈—盘中回购"的交易策略，而超买的股票应当坚决卖出。

实战中如何判别超涨或超买的股票呢？仅仅依据股价涨幅是否巨大这一条，是很难准确把握和区分其他上涨的股票和这两种类型股票的。一般来说，区分原则包括以下几点。

其一，股票从大趋势底部开始涨升后，第一次连续3~5个交易日脱离5日均线，则定义为超涨。这种类型超涨的股票，往往多会在之后出现一个短线调整，交易者可借机低吸买入。如图6-20所示，该股在A段连续5个交易日升离5日均线，之后出现一个短暂的调整后，股价再次开始上涨。

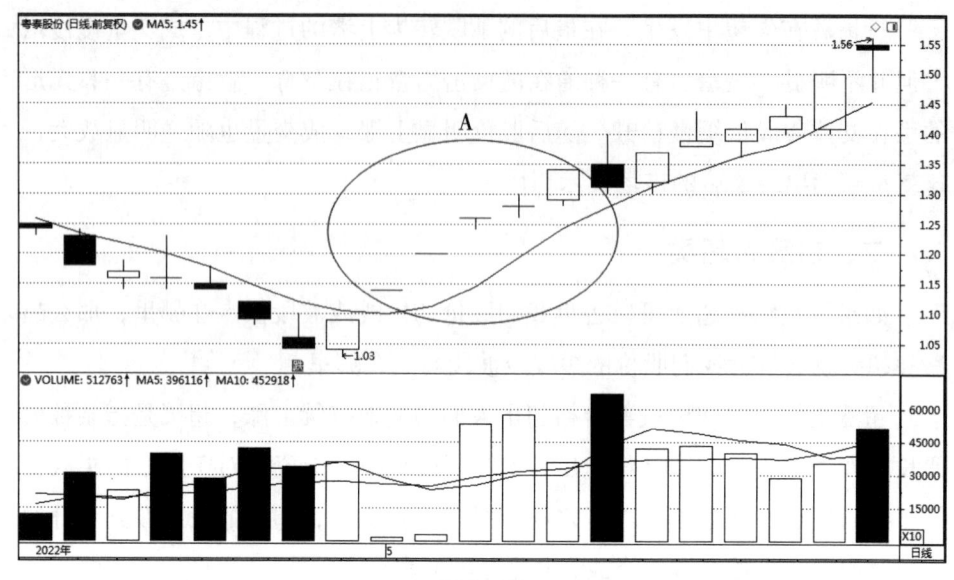

图 6-20

需要注意的一点是，并不是必须达到超涨的股票才会出现调整，很多股票并不超涨也可能转入调整，但超涨后的股票出现调整的概率更高。如图 6-21 所示，A 点处股价上涨，次日便开始进入调整，调整和超涨没有任何关系。对于反弹性质的涨升，要区别对待。另外，超涨的股票也并不必然都会在 3～5 个交易日进入到调整，这是一个概率性的问题，有些被资金狂炒的个股会直接进入超买阶段。

其二，经过长期大幅度的涨升后，在股价高位出现超涨或者虽然未出现超涨，但成交量显现出变量等形态，或是创出历史天量，而股价却不能再创新高，或者股价创新高，成交量不再跟随，量价开始背离。同期均线系统和股价运行重心横向或趋下移动，并不与股价上涨势头相一致，这时候股价的超买极有可能已经出现。

如图 6-22 所示，该股运行于上涨趋势中，在 A 点处出现超涨，随后股价进入到较长时间的回落调整阶段中。B 点处股价再一次出现超涨，但是股价只是以盘中调整的形式，触及 5 日均线后股价就开始回升，并未长时间展开回落调整。

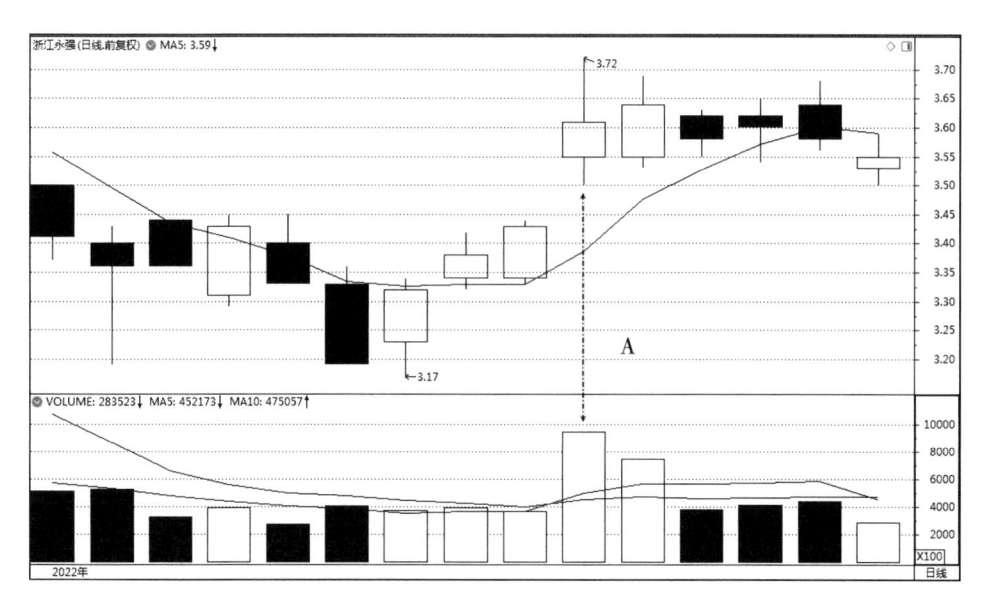

第六章 引力与波段操作的技术要点

图 6-21

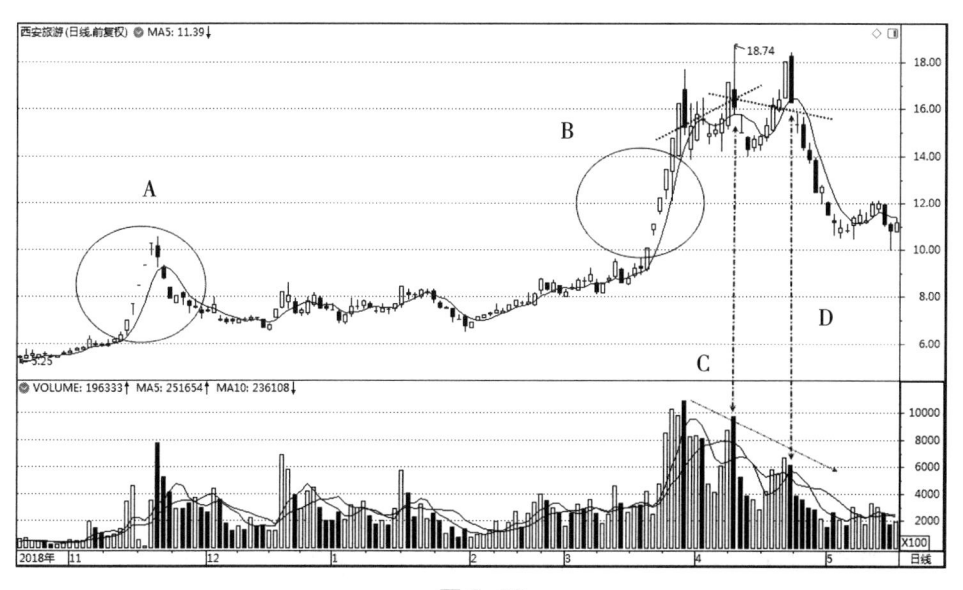

图 6-22

随后股价继续大幅上涨，并在高位开始振荡，至 C 点时股价创出新高，但成交量却不能同时刷新高点，逐渐形成量能消散形态。量价背离形态下，量能反向催化表现明显，昭示着反向引力发生作用，超买已经出现。

此后的 D 点股价再一次回升，但是成交量已经明显处于量能消散形态，意味着追涨资金大幅减少，高位的股价渐渐缺少资金的疯狂拥趸。同时，这一时期的股价运行重心也已经改变上行的态势，转而向下运行。这些技术形态都已经足够明显地提示出，超买之下，股价头部已经形成。

第七节　股价涨跌与仓位资金变化

股价总是处于涨与跌的循环之中，小波段股价的涨与跌涉及交易者仓位变化时，不过是部分仓位或小仓位的高抛低吸，以降低持仓成本。而大波段股价的涨与跌，将直接影响到交易者的波段交易能否成功。

一、涨势初期的个股

涨势初期，虽然股价处于相对低位，但股价的振荡极为频繁，暴跌时有发生，心态不好的交易者追涨杀跌反而容易出现亏损。交易者此时应回避短线交易，选取基本面上质地优良、营收稳定，技术面上经历过大跌，目前还在低价位上、有大资金潜伏运作的个股，分批建底仓。买点选在股价回落过程中，如无必要切记不要追涨。

交易者分批次建仓可投入总资金的 50%（如资金量较大，也可投入 20%～30%），这样仓位和资金处于平衡状态，即使股价继续深跌，心态也不会受到太大影响。

如股价继续下跌，每跌 10%，则投入部分剩余资金补仓，直至仓位达到八成。正常情况下，股价都会在这个阶段开始转势上行。

倘若真遇到极端情况，保留两成的资金，守住仓位，直至股价转势上行，并突破重要阻力位时，才考虑投入剩余资金满仓。也有很多交易者一直保留两成资金，主要用于短线交易，避免因手痒而妄动大仓，或者用于防止其他意外情况。

二、涨势中期的个股

在这个阶段，个股上涨趋势已经非常明确，在买入时机的把握上，还是应选在股价回落或者振荡的过程中。

仓位上，首次买入以 30%～50% 为宜，尽量不要一次满仓。

虽说在上涨趋势的背景下，满仓从技术上并无太大问题，但交易者很难保证心态不出现问题。一旦遭遇股价回调，忍耐不住恐惧的人可能会在股价大跌中减仓。而涨势中的短期回调，多数都会在集中杀跌出现后，反向引力发生作用，股价转势向上回归上涨行情。

因此，在这个阶段买入股票后，一旦被套，不必过于恐慌，要把被套看成盈利的一个过程。仓位上，可以借机在低位补仓，达到六至八成甚或是满仓后，静观其变。有技术能力的投资者可以寻求做盘中的 T+0。

不太容易控制住手痒的交易者，也可留下两成的资金尝试做短线交易。对于大仓位，则尽量保持稳定，这至少能保证一轮牛市结束时，获取不低于平均水准的收益。

三、涨势后期的个股

持有大幅上涨的个股，需要警惕和害怕的不是股价调整，而是怎样留住好不容易获取的利润，也就是常说的止盈。

如果个股涨势开始明显处于横向盘整，股价运行重心同步下移时，不妨先减掉五成仓位。这个决定非常难下，一旦做出决定，这部分已经兑换的资金，就绝不要再次投入其中。

随着行情的发展，个股趋势会慢慢显示出颓势。当股价跌破一些重要的技术关口而无力收复时，则再次减仓或清仓。

四、股价反转阶段

通常来说，感觉敏锐的交易者可以体会到趋势转化已经到来，而对于仍旧持仓的人来说，最需要做到的就是抛弃幻想，立即清仓。

五、跌势中期的个股

经过大幅下跌之后,个股开始出现反弹,大部分反弹的折返较快,非常难以把握。持仓者最佳的选择,就是利用反弹减仓、清仓甚至是割肉出局,切记不可再度增大仓位。

这一点说起来容易,做到很难。

即使是有经验的交易者,甚至是之前躲过了转折的顶部,这时却会参与到反弹当中去,最后反而是重仓被套。

六、跌势后期的个股

如果在这个阶段还有仓位,那么很可能已经深度套牢。交易者只能利用做T或被动等待等解套方法。

成熟的交易者就是懂得在跌势后期保持空仓或轻仓的人。

空仓是一种智慧,也是交易的一种方式,是交易者必须学会的一种调适手段。很多交易者不愿意空仓,理由就是怕踏空行情,总是手里没股心里就慌,极端害怕行情突如其来,把他一个人抛下。

对于中小交易者来说,其实根本不存在所谓的踏空行情。如果面对的是趋势性的上升行情,则其中肯定会有足够多的回档机会留给交易者介入,而大多数中小交易者几分钟内就可以做到满仓。如果只是一波反弹行情,不参与也许就是稳健型交易者的最佳选择。

第八节 加仓、补仓、做T

对于技术术语,有些人容易混淆,在与人交流技术感悟,或者谈论盘口技术研判时,不精确的术语表达,可能对于听者来说就是另外一种含义。

比如,加仓与补仓,很多人会误认为是同一种含义,其实不然,二者在含义、目的上有着诸多不同。

加仓是指在原有仓位已经盈利的前提下,加大仓位配置,以期获取更大

第六章 引力与波段操作的技术要点

的盈利。

加仓的前提是行情或股价并未出现过大幅的暴涨，仍旧处于上涨的初始阶段。在实际操作中，很多人只看到盈利却看不到风险，往往习惯在连续暴涨后加仓，希望增加盈利，但多数情况下，这种情形下的加仓很难得到期望中的结果。

补仓是指原有仓位发生亏损后，一次或多次买入，以求降低持仓成本、弥补亏损、获取盈利。如果行情是趋势性变化的急跌途中，补仓就会越套越深。当然，不能完全否定补仓的作用，在急跌多日之后补仓、反弹减仓，逐步摊低成本，也是一个不错的方法。当然，必须区分急跌是技术性的，还是基本面出现质变。技术性急跌才是符合补仓要求的品种。

补仓或加仓还有一种交易形式，就是盘中 T+0 交易。交易者持有某只股票，当这只股票盘中冲高时卖出、回落时买回；或者盘中急跌时买入、反弹时卖出，当日完成买入或卖出的交易，即为 T+0 交易。

T+0 交易需要交易者具有敏锐的盘感和迅速的分析判断能力，否则的话，不但无法获取超短线差价，还有可能导致越亏越多，或者仓位越套越重。

波段交易中，不论是加仓还是补仓，抑或是做 T，都是波段交易的补充形式。如图 6-23 所示，该股处于涨势启动初期阶段，A 点处股价经过回落调整后得到支撑，成交量也从前期的量能消散形态转化为常量，意味着跌势中资金逃逸趋于结束，股价在消耗反向引力后，必将再次启动。交易者可借机加仓操作。

如图 6-24 所示，该股前期从 38 元之上的股价高位，一直下跌到当前的 20 元之上，跌势途中几乎没有反弹。至图中当日，股价大幅低开、略经反弹后，就又回归到下跌中，至 10 点半左右时，股价止跌，持有该股的交易者必然已经大幅亏损。

在长时间大幅下跌之后，股价突然盘中再现急跌，只要没有基本面的实质性利空，交易者就应该进场补仓。股价的过度表现，必然会引发反向引力发生作用。即使是股价仅仅出现幅度不大的反弹，通过做 T 也能够降低一

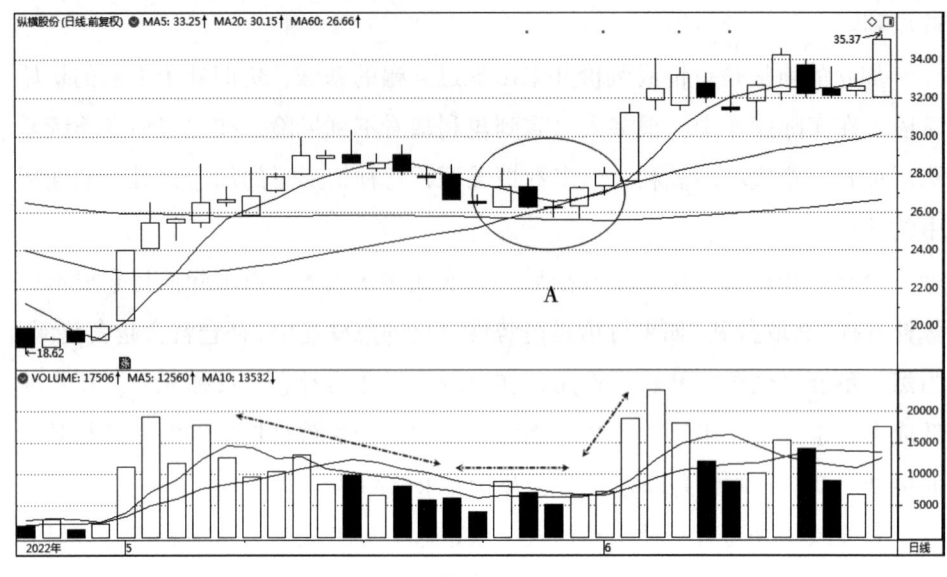

图 6-23

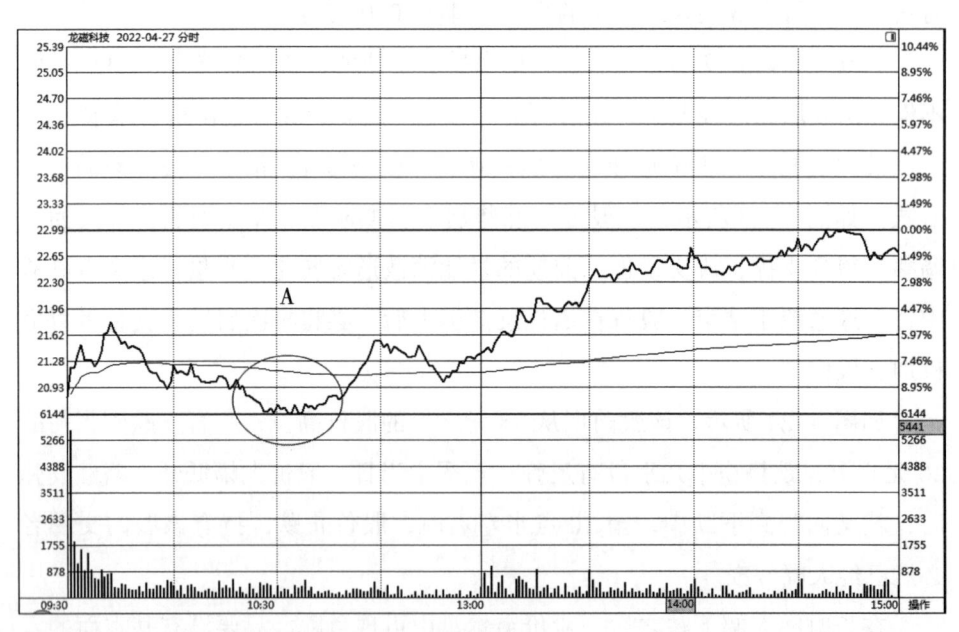

图 6-24

部分持仓成本。不要一味想着股价会迎来报复性反弹，一波涨升就让你解套赚钱。这种想法不太现实，往往会让你更加远离解套赚钱的那一天。

图 6-24 中，股价跌至 10 点半这个"魔鬼时间"时，交易者要敢于出手补仓或做 T，不要嫌弃做 T 或者补仓降低持仓成本的速度太慢，不着急、慢慢做，一直都是散户交易的至上法宝。